公認心理師 ベーシック講座

早川友恵／田邊宏樹［著］

神経・生理心理学

講談社

JN042282

以下のURLに，本書の正誤表等の情報を随時アップしています。

https://www.kspub.co.jp/book/detail/5262153.html

はじめに

　心理学は，人間とは・ヒトの「こころ」とは何かを科学的に探究する学問である。心理学には幅広い領域があるが，その中で「神経・生理心理学」の歴史は古く，古代ギリシャから哲学上の命題であり続けている「心身問題」，すなわちこころと身体がどのように結びついて人間を構成しているかという，古典的な哲学問題に最も近い心理学の学問領域である。この科目は，いわゆる公認心理師科目でもある。本書はその教科書としても成り立つよう，標準シラバスや国家試験のブループリントを押さえつつ，この領域のおもしろさをわかりやすく伝えることを目指して話題を選び，図を豊富に用いながら解説した。

　神経心理学（neuropsychology）は，脳の働きとヒトの精神活動との関係を，脳の損傷によって生じる障害の様子と損傷部位との関係から考えていく分野である。神経生理学は特に，認知・言語・思考・記憶・意思決定などの高次脳機能を明らかにすることに大きな役割を果たしてきた。近年，脳波・脳磁界・機能的磁気共鳴画像など非侵襲脳機能計測の進歩により，傷ついた脳によらずとも脳機能を明らかにすることが可能になってきたが，脳活動と認知過程との因果関係を示すことは容易ではない。脳損傷患者を対象とした伝統的な神経心理学的研究は，今後もヒトのこころの解明に重要な役割を果たしていくと考えられる。

　生理心理学（physiological psychology，psychophysiology）は，心理学的な現象を身体の変化を通して観察する分野であり，さまざまな生理学的手法により，こころの働きや行動のメカニズムを解明しようとする実証科学である。その手法は多岐にわたり，本書でも「こころの計測」のいくつかの章で脳機能計測や自律神経系機能などを概説した。近年では，こころのメカニズム解明にとどまらず，ストレスの評価や心理学的介入の効果を客観的に評価する目的で，臨床研究に応用されることも多い。

　神経心理学と生理心理学はともに，神経科学（neuroscience）につながる。神経科学は，神経系に関する研究を行う自然科学の一分野であり，神経系の解剖・生理・発生・病理学，遺伝学，薬理学，生化学などに併せ，近年では数学，物理学，情報学，データサイエンスなどを含む複合領域として，多くの研究者を集め，ますます魅力的分野になってきている。

　本書では，はじめて心理学を学ぶ大学生を想定して，取り上げる内容を取捨選択した。そのことで，紙面を割くべき他の重要な点や興味深い最新のトピックスに言及できなかった点をお許しいただきたい。心理学の中でも，特にこの分野は新たな発見が続いている。未来を生きる学生の皆さんには，こうした発見がもたらす科学的感動で本書の不足を補完していただくことを願う。

2021年12月

早川 友恵・田邊 宏樹

目次

第 1 章　脳神経系の構造と大まかな機能

　生理心理学は，ヒトのこころの働きや行動のしくみについて，神経系を含む身体の生理的活動を関連づけて実証的に解明しようとする学問領域である。一方，神経心理学は，大雑把に言えば脳とこころの複雑な関係を探る学問分野であるが，狭義には脳の損傷によって生じた症状を媒介にして脳とこころの有機的統合を目指す学問領域を指す[1]。生理心理学・神経心理学，両者ともに主要な舞台の1つは脳神経系である。そこでこの章では，まず脳神経系について概説する。

1.1節　ヒトの神経系

　ヒトの神経系は中枢神経系と末梢神経系に大別される（**図1.1**）。中枢神経系は神経細胞がたくさん集まっている脳と脊髄によって構成される。**図1.2**は脳・脊髄とそれらを取り巻く構造を示したものであるが，中枢神経系の組織は柔らかく脆弱なため，髄膜（硬膜，くも膜，軟膜）で覆われるかたちで頭蓋や脊柱の中に脳脊髄液に浸った状態で格納されている。一方末梢神経は脳と脊髄以外の神経系を指し，脳や脊髄を外部環境や内臓組織と結びつけている。この結びつきは，末梢の感覚受容器から中枢神経系へ向かう求心性神経と，逆に中枢神経系から末梢の効果器へと向かう遠心性神経に分けられる。また，機能的にみると，末梢神経系は感覚受容器や骨格筋などの効果器を通した外部環境とのやりとりを担う体性神経系（動物神経系ともいう）と，内臓の感覚と運動を伝える自律神経系（内臓神経系，植物神経系ともい

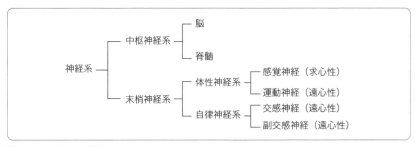

図1.1　ヒトの神経系

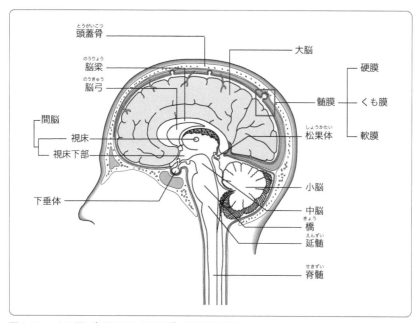

図1.2　ヒトの脳・脊髄とそれを取り巻く頭部の構造
（小澤一史・上田陽一（2019），神経系，In 河田光博・小澤一史・上田陽一（編），栄養解剖生理学，講談社，pp.209-233，図9.13より改変）

う）に分類される。さらに，体性神経系は感覚神経と運動神経に，自律神経系は交感神経と副交感神経に分けられる。交感神経は体内に貯蔵しているエネルギーを消費する方向に，一方副交感神経は体内にエネルギーを貯蔵する方向に，それぞれ働く。いくつかの例外を除くと，身体のほとんどの器官は交感神経と副交感神経の支配を受けており，両者の拮抗的な作用によりその活動が調節されている。

1.2節 ┃ 中枢神経系の発達

　脳は一見非常に複雑な構造にみえるが，個体発生の観点からみると理解がしやすい。ヒトの神経系は，まず胚の外胚葉の背の一部が肥厚し板のよう（神経板）になり，それが丸まることで管状の構造（神経管）を形成する。その後神経管が完全に閉じ，中空となる。この中空が後に脳室となり，その周りの組織が3つの主な脳の領域，すなわち前脳，中脳，菱脳となる。さらに発達が進むと，前脳の中空が3つの部分に分かれ，それぞれ2つの側脳室

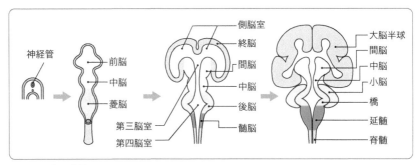

図1.3　脳の発達

と第三脳室となる。そして側脳室の周りの組織が終脳に，第三脳室の周りは間脳となる。一方中脳の中空は狭くなり中脳水道とそれを取り囲む組織に，菱脳の中空は第四脳室となりその周りは後脳と髄脳(ずいのう)に分化し，中枢神経系が完成する（**図1.3**）。

　脳の成長は他の臓器よりも早く，5歳くらいで大人の脳の85％ほどの大きさとなるが，そこから成長が完了するには逆に時間がかかることが知られている。また脳の部位によっても発達の速度には差があり，感覚器からの信号が入力される感覚野とよばれる部位や運動出力に関わる部位は比較的早く発達するのに対し，高次な認知過程処理に関わっている部位は発達が遅い。そして大人の脳になると1,200～1,500 gほどの重さになる。

1.3節 ‖ 中枢神経系の構造

　完成したヒトの中枢神経系は，その外見的特徴から大脳（大脳半球），小脳，脳幹に区分でき，そこに脊髄が加わった形をしている（図1.2参照）。大脳半球は終脳が左右に膨張し大きくなったもので，多数のしわが認められる。小脳は後脳の主な構造の1つで，大脳半球の下部に位置する。小脳も多数のしわがあるが，大脳のそれと比べると細かく整然と並んでいる。脳幹は，間脳，中脳，後脳の構造の1つである橋，そして髄脳（延髄）が並んだ脳領域の総称で，大脳皮質に取り囲まれるかたちで存在する。

1.4節 ‖ 大脳の構造と大まかな機能

　終脳は一般的に大脳とよばれ，大脳皮質，大脳辺縁系，大脳基底核から構

成される。大脳は大脳縦裂によって左右の大脳半球に分けられ，それぞれの半球の表層を大脳皮質が覆っている。左右の大脳半球は，脳梁とよばれる神経線維の束によってつながっている。ヒトの大脳皮質には多くの脳溝とその間の脳回があるが，特に中心溝，シルビウス溝（外側溝），頭頂後頭溝の3つの溝を基準に，大脳は前頭葉，頭頂葉，側頭葉，後頭葉に区分される。さらにシルビウス溝の奥側に島と名づけられた領域がある。ちなみに脳溝や脳回の数や位置は人種をまたいで人類共通であるが，細かな脳溝の走行や脳回の形には個人差がある。

A. 大脳皮質

　ヒトの大脳皮質を機能の観点から眺めると，大まかには中心溝とシルビウス溝を境に後方部が入力系，前方部が出力系となっている。大脳皮質の詳しい区分と機能については第2章で紹介することにし，ここでは大まかな機能とそれに対応する部位についてのみ説明する。感覚器から得られた視覚・聴覚・体性感覚（触覚）・味覚の情報は，視床を経由して大脳皮質の特定の領域に到達する。大脳皮質に入ったこれらの感覚情報は，感覚情報ごとに異なる特定の領域を起点にその周りの領域へと情報を伝える。このように主だった感覚の大脳皮質への最初の入力は中心溝より後ろ側にあり，その領域を含む周辺領域にそれぞれの感覚の情報を処理する感覚野が形成される。なお，嗅覚情報は鼻腔上の嗅神経細胞から前頭葉の下に位置する嗅球に入力され，嗅球から直接側頭葉下部の梨状皮質に入力されるため，情報の処理経路が他の感覚とは異なる。

　一方，前頭葉にあって中心溝のすぐ前にある中心前回には，最終的に運動指令を出す第一次運動野が存在する。その前方部に随意運動の計画・手順・開始などに関わる高次運動関連領野があり，さらに上位の運動制御に関わる前頭前野がある。このように，出力に関係する運動野は中心溝の前に位置し，さらに前方部に向かって高次の制御関連領域が広がる。

　ヒトの脳は入力（感覚器から来た情報）と出力（効果器への運動指令）を行っているだけではない。上で示したような特定の機能を担う領域を除く広範囲な大脳皮質領域がある。これらは連合野とよばれ，前頭連合野，頭頂連合野，側頭連合野，後頭連合野がある。連合野は複数の感覚情報の統合や感覚と運動の協応，認知，ワーキングメモリや長期記憶，言語，計画，推論など，ヒトの高次脳機能を具現化している。この領域は進化するにつれて大脳

皮質に占める割合が高くなることが知られている。

B. 大脳辺縁系

　大脳辺縁系は大脳皮質の内側にあり，側脳室を取り巻く帯状回，海馬傍回，海馬，前頭眼窩皮質，側頭極と，それらと解剖学的につながりのある扁桃体，側坐核，中隔，視床前核，乳頭体などの核から構成される。なお，大脳辺縁系を構成する部位は文献により異なるので注意されたい（**図1.4**）。

　大脳辺縁系は情動や，食欲や性欲など本能に結びついた行動，やる気などの意欲，自律神経機能の調節，さらに学習と記憶に深く関与している。大脳皮質がヒトの人らしさを示すような高次脳機能を担っているのに対し，大脳辺縁系は本能的な機能を担っている。

C. 大脳基底核

　大脳辺縁系のさらに内側には，大脳皮質と視床・脳幹をつなぎ情報の制御をする大脳基底核とよばれる部位がある。大脳基底核は，線条体（尾状核，被殻，腹側線条体），淡蒼球（外節，内節），視床下核，黒質（網様部，緻密部）から構成される（**図1.5**A）。このうち線条体と視床下核は大脳皮質の広い領域から入力を受ける。ここからの経路には，線条体から淡蒼球内節と黒質網様部へ直接つながる直接路，線条体から淡蒼球外節につながり，視床下核を経由して淡蒼球内節と黒質網様部へとつながる間接路，視床下核か

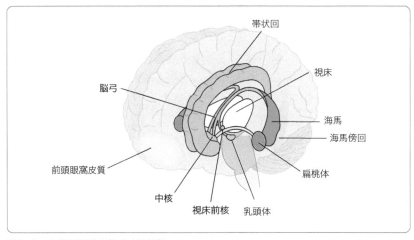

図1.4　大脳辺縁系を構成する部位

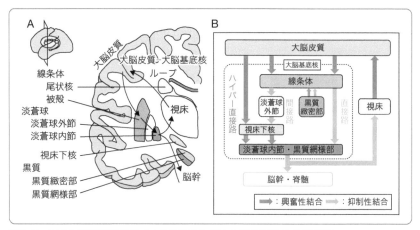

図1.5　(A)大脳基底核を構成する神経核と(B)大脳基底核の神経回路

ら淡蒼球内節と黒質網様部へ直接投射するハイパー直接路の3経路がある[2]。そして淡蒼球内節と黒質網様部から視床・脳幹・脊髄に出力される（図1.5B）。さらにこの情報は視床から大脳皮質に送られ，大脳皮質→大脳基底核→視床→大脳皮質というループを形成している。これを大脳皮質－大脳基底核ループといい，運動，眼球運動，認知や行動の制御，動機づけと情動の制御に関わる4つのループがあることが知られている。

1.5節 ‖ 小脳の構造と大まかな機能

　小脳は側頭葉後部から後頭葉にかけての下部に位置している。大きさは130 g前後で脳全体の重さの10％ほどであるが，大脳と比べ非常に細かいしわが整然と並んでおり，しわを伸ばしすべてを広げた面積は大脳皮質の70〜75％ほどになる（**図1.6**）。さらに神経細胞の数をみると，大脳皮質が数百億個であるのに対し，約1千億個と細胞数では大脳皮質を上回っている。小脳を詳しくみると，深部に小脳核があり，その上に進化的に古いとされている虫部と新しいとされる小脳片葉（虫部の左右にある）がある。小脳の解剖学的構造は，大脳のそれとはずいぶんと異なり，表面は小脳皮質によって覆われている。

　小脳皮質は3層構造で，**図1.7**にあるように表面から分子層（Aの黄色部分），プルキンエ細胞層（Aの緑部分），顆粒層（Aの赤部分）となっている。またここには特徴的な線維，平行線維と登上線維がある。1個のプルキンエ

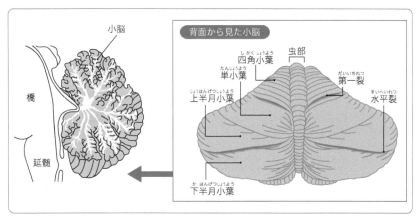

図1.6　小脳の構造

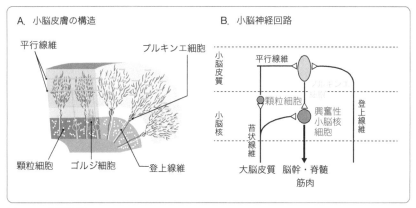

図1.7　小脳回路

細胞には約17万5千本の平行線維と1本の登上線維が接続し，このプルキンエ細胞が約500個集まった短冊状の微小帯域（幅1 mm，長さ10 mm）が1枚のコンピュータチップのような機能単位として働くと考えられている。これを小脳チップといい，小脳皮質全体をみるとこのような小脳チップが5千〜1万枚ほどある[3]。小脳皮質には小脳チップが整然と配列されており，横のつながりはない。さらに，小脳の各領域は大脳の1つの領域とのみつながっているという特徴がある[4, 5]。

　小脳はこれまで精緻な運動の調整や運動の学習に深く関与していることがわかっていたが，近年ではそれに加え，認知機能の学習や制御にも関わって

いることが示されている。小脳は，その回路構造から与えられた入力を望ましい出力に変換する情報処理をしていると考えられ，計算論モデルと生理学の両面から精力的な研究が続けられている。

1.6節 ║ 脳幹の構造と大まかな機能

脳幹は，間脳，中脳，橋，延髄から構成され（**図1.8**A），生命活動を営むための中枢であるとともに，さまざまな知覚情報や運動情報を中継する役割をもっている。また脳に出入りしている12対の脳神経のうち，視神経と嗅神経を除く10対は脳幹から出ている（図1.8B）。

それでは，それぞれの部位についてもう少し細かくみていこう。

間脳は視床，視床上部，視床下部からなる。このうち視床はさらに細かい核に分けられ，それぞれ異なる機能をもっているが，大まかにいうと大脳皮質への中継地点として情報の分析と統合の役割を担っている。視床上部は松果体と手綱核からなり，松果体は概日リズムを調節するホルモンであるメラトニンを分泌，手綱核はモノアミン代謝の制御中枢として知られている。視床下部は，内分泌と自律神経の調節を行う中枢である。視床下部も多くの神経核から構成されており，体温調節，食欲・摂食行動，生殖，ストレス応答などさまざまな生理機能に関与している。視床下部機能の中心を担っている

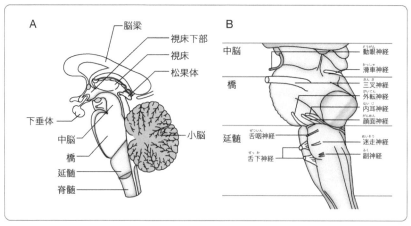

図1.8 （A）脳幹の構造と（B）脳幹から出ている脳神経
（B：小澤一史・上田陽一（2019）. 神経系. In 河田光博・小澤一史・上田陽一（編），栄養解剖生理学. 講談社. pp.209-233, 図9.8より改変）

のが視床下部下垂体系であるが，その他情動に関わるとされるパペッツの回路の一部である乳頭体核や，概日リズムに関与する視交叉上核，摂食や睡眠覚醒制御を行う視床下部外側野などがある。

　中脳は中脳蓋，中脳被蓋，大脳脚に分けられる。中脳蓋には上丘，下丘からなる四丘体があり，それぞれ視覚と聴覚の中継核である。一方中脳被蓋には運動制御に重要な役割をもつ黒質，赤核や，その他眼球運動や感覚に関わる神経核が存在する。さらに，中脳には快中枢として知られる腹側被蓋野，睡眠覚醒や広く情動・認知にも関わる縫線核，脚橋被蓋核などがある。

　中脳の下に位置する橋は，主に顔面の感覚，平衡感覚，聴覚，咀嚼に関与する神経核が集まっている。また覚醒や注意に関係する青斑核も橋にある。

　脳幹の最下部にあるのが延髄で，呼吸や循環，消化など生命機能の維持に重要な役割を果たしている。

　さらに，脳幹には中脳から延髄にかけて網様体とよばれる，有髄神経線維の網目に神経細胞が散在する構造がある。脳幹網様体は，睡眠覚醒，意識水準，呼吸や循環，血圧調整，排尿，パターン行動などさまざまな生命機能の制御を行っている。

1.7節 ‖ 脳の解剖学的・機能的ネットワーク

　ここまで，ヒトの脳の構造と大まかな機能についてみてきた。脳は複雑な構造をしており，大まかに機能をラベルすることができる部位もあるものの，実際は1つの領域のみでその機能を完結することはほとんどない。他の部位とネットワークを組んで情報のやりとりをしながら，機能を果たしていく。

　図1.9AはMRIで撮影したヒトの脳の断面である。脳の周囲部分等にみられる少し濃い灰色の部分にほとんどの神経細胞があり，内側の薄い灰色部分には神経細胞の細胞体（本体）はほとんどなく，神経細胞どうしの情報連絡のため神経細胞どうしをつなぐ神経線維が束で走っている。この濃い灰色の神経細胞がたくさんある部分を灰白質，神経線維がたくさん走っている白っぽい部分を白質という。名前の由来は，脳を肉眼で見た際，白質は白く光って明るく見えるのに対し，灰白質は白質より少し暗く灰色がかって見えることによる。白質が白いのは，脂質含有率が高いミエリン鞘などの髄鞘がたくさんあり，それらの光の乱反射度が高いためである。また，脳表面の凸凹のうち，みぞの部分を脳溝，脳溝と脳溝にはさまれたふくらんでいる部分

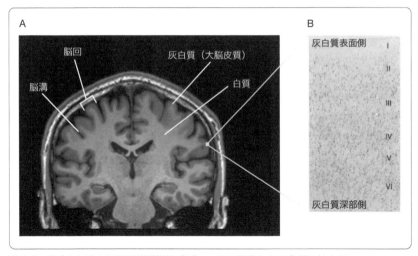

図1.9　(A)ヒト脳のMRI冠状断面と(B)ニッスル染色した灰白質の拡大図
(B：佐藤真 (2015)．大脳皮質の形成と機能発現を担う分子・細胞基盤について～神経細胞移動とその解明を支える技術～．生産と技術, 67, 80-85[6]．図2より)

を脳回という。灰白質を拡大してみると6層の構造をしていることがわかる（図1.9B）。各層は異なる種類の神経細胞が集まっており，それぞれ違う役割をもっていて，神経細胞どうしのつながり方も異なる。

　神経細胞どうしのつながりをネットワークというが，脳にはさまざまなレベルの解剖学的ネットワーク（回路）がある。例えば，視覚を処理する後頭葉領域には異なる役割をもつ小領域がいくつもあるが，それらは双方向性に結合し，ネットワークを組んで情報のやりとりをしている。また，大脳皮質と大脳基底核の間にも，大脳皮質の領域間にもいくつものネットワークがある。このように，脳にはいろいろな層（レベル）のネットワークが階層性をもって存在し，それぞれの層内で，そして層をまたいで情報をやりとりしている。さらに，脳には機能的なまとまりとしてのネットワークがある。解剖学的には直接つながりのない領域であっても，1つの機能の実現に関わる構成要素としての脳領域の集まりを脳機能ネットワークというが，この機能ネットワークも解剖学的ネットワークと同じくさまざまな層で階層性をもって存在する。このように，脳は解剖学的にも機能的にも非常に複雑な階層ネットワーク構造をしており，脳の本質はネットワークとそのダイナミクスであるとさえいえる[7]。こころの神経基盤を考える際に，このことは十分に理解しておく必要があろう。

練習問題

1. ヒトの神経系の構造に関する以下の記述で，正しいものをすべて選びなさい。

a. 末梢神経系の中で，内臓の感覚と運動を伝えるものを体性神経系という。

b. 大脳皮質の内側には，大脳皮質と視床・脳幹をつなぎ情報の制御をする大脳辺縁系がある。

c. ヒトの神経系は，胚の外胚葉由来のものである。

d. 延髄，橋，中脳，間脳をまとめて脳幹という。

e. 中脳にある腹側被蓋野は，不快中枢として知られている。

2. 小脳に関する以下の記述で，間違っているものをすべて選びなさい。

a. 小脳の神経細胞の数は，大脳の神経細胞よりも多い。

b. 小脳皮質は分子層，プルキンエ細胞層，顆粒層の3層構造をしており，小脳皮質のどこをみても同じ回路が形成されている。

c. 小脳皮質の各領域は，すべて大脳皮質の左右半球1つずつの領域と解剖学的につながっている。

d. 小脳皮質では，幅1mm・長さ10mmくらいの短冊状の領域にプルキンエ細胞が約500個ほど含まれており，これが1つの機能単位として働く。

e. 小脳の主な機能は精緻な運動の調整や学習であり，認知機能には関与していない。

〈引用文献〉
1. 山鳥 重・河村 満（2000）. 神経心理学の挑戦. 医学書院
2. 南部 篤. 大脳皮質―大脳基底核ループと大脳基底核疾患. https://www.nips.ac.jp/sysnp/ganglia.html
3. Ito, M.（2008）. Control of mental activities by internal models in the cerebellum. *Nature Reviews Neuroscience*, 9, 304-313.
4. 銅谷賢治・五味裕章・坂口 豊・川人光男（編）（2005）. 脳の計算機構. 朝倉書店
5. 田中宏和（2019）. 計算論的神経科学. 森北出版
6. 佐藤 真（2015）. 大脳皮質の形成と機能発現を担う分子・細胞基盤について～神経細胞移動とその解明を支える技術～. 生産と技術, 67, 80-85.
7. Sporns, O.（2010）. *Networks of the brain*. MIT Press.（下野昌宣（訳）（2020）. 脳のネットワーク. みすず書房）

第 2 章

大脳皮質の機能局在

ヒトの複雑で豊かな「こころ」は，脳の働きによって支えられている。大脳は大脳縦裂で2つの半球に分けられ，各半球にはそれぞれ5つの脳葉，すなわち前頭葉・頭頂葉・側頭葉・後頭葉・島（島葉）がある。本章では，大脳皮質の機能局在がどのように明らかにされてきたか，その歴史と最近の知見でわかってきた機能の概要を示す。

2.1節 機能局在論

ヒトは「こころ」がどこでどのようにして生まれるかを考え続けてきた。ここでは，古代の哲学的思索から，近現代の神経心理学的アプローチや非侵襲脳機能計測に至るまでの，脳機能局在論の道のりを紹介する。

A. 古代エジプト

古代エジプト人にとって，死は新たな人生のはじまりであり，感情・思考・意志など魂の存在する場所である心臓は，冥界を生き続けるために必要な魂の器と考えられていた。

古代エジプトにおいて，ヒトは死後「心臓の計量」といわれる審判を受けるとされていた。計量には天秤が使われ，一方には心臓が，もう片方には太陽神ラーの娘マアトが身にまとう，真実の象徴である「マアトの羽根」が置かれる。心臓がこの羽より重いと，魂はただちに怪物アメミットに食べられて，冥界での生は与えられないとされる。心臓と羽が釣り合うと，虚偽がなかったと判断され，その魂は肉体と再合一して，冥界での第二の生が与えられる。このように，心臓は第二の生を得るために必須の臓器であった。

紀元前3000年頃にはじまったミイラづくりは，冥界で生きていくための肉体の保存が目的だったとされている。ミイラをつくるとき，心臓は魂の帰還に備えて，体内に残された。その他の臓器は身体から取り除かれて壺で保管された。一方，脳は鼻腔などから取り出されたあと保存されることはなかった。この後も長く，心臓はヒトのこころや魂の存在する場所と位置づけられてきた。

B. 古代ギリシャ

　古代ギリシャは，多くの哲学者を輩出した時代であった。ヒトのこころと身体，そしてその関係について考察することは，哲学における大きな問題であり，これを心身問題という。西洋哲学の祖ともいわれるソクラテス（Socrates，BC469頃〜BC399）はヒトの"知"について生涯考え続け，その弟子であるプラトン（Plato，BC427〜BC347）は，叡智のこころすなわち高次の精神作用の源は脳にあると考えた。

　医学を迷信や呪術とは異なる科学に発展させたことで医学の父ともいわれるヒポクラテス（Hippocrates，BC460〜BC370頃）は，感覚器が脳とつながっていることから感覚や感情・思考・判断などの高次精神活動の場は脳にあると考えた。当時，世界の実体は四大元素（地・風・火・水）で構成されるとする考え方が広く支持されていたが，ヒポクラテスは多くの生体観察結果を背景に，生体を流れる液体に4つのタイプがあること，すなわち四体液説（血液，粘液，黄胆汁，黒胆汁）を唱え，この時代の哲学・医学者に大きな影響を与えた。

　一方で，プラトンの弟子のアリストテレス（Aristotle，BC384〜BC322）は，身体を流れる血液の冷却器官が脳であり，心臓がこころの座であると考えた。アリストテレスの著作『霊魂論』は，現代的な言い方をすれば生命科学の書であり，こころとは何かについて，実体のあるもので合理的に説明しようと試みている。その著作では，多くの章を割いて，現代の我々が五感といっているものについて述べ，視覚や聴覚などの感覚が生まれる背景に，各感覚に特化した感覚器の存在があることを示した。また，理性や思考をめぐらすなどの認知的過程の生物学的根拠を探究するなど，現代の神経科学的アプローチの原点がみられる。

C. 古代ローマからルネサンス期へ

　古代ギリシャが衰退する間に，ローマの勢力は拡大していった。ローマ帝国のギリシャ人医師ガレノス（Galenus，129頃〜200頃）は，自ら行った多くの解剖と外科手術により，大脳が感覚を受容し，小脳が筋肉の動きを制御していること，動脈が血液を運ぶことなどを明らかにした。さらに豊富な教養をもとに，身体とこころの関係を考え続け，生命に関する根源的原理は，後に魂とも訳された「生気（プネウマ）」であるとした。さらに，生気のうち脳にある動物生気は運動・知覚を，心臓にある生命生気は血液と体温

を，肝臓にある自然生気は栄養の摂取と代謝をコントロールするとした。また，四体液のバランスが情動や行動を特徴づけ「気質」を形成する，例えば，黄胆汁の多い黄胆汁質のヒトは激しやすい，などと考えた。こころの成り立ちを，後の時代で局所脳機能を探求するのとは異なり，脳全体が共通の特性をもつと考えた。

　身体と魂の関係の解明に多くの著作を残したガレノスの業績は，時代を超えてルネサンス期まで大きな影響を与えた。ローマ帝国は395年に分断統治が始まり，西ローマ帝国は476年に滅亡した。西ヨーロッパが小国による群雄割拠の時代を迎えたのに対し，東ローマ帝国は，その統治をギリシャやイスラム圏を含む広範な地中海地域に拡げ，次第に古代ギリシャからの考え方が浸透していった。ギリシャ語で書かれたガレノスの著作も東ローマ帝国に残り，ギリシャ・ローマ時代に確立した解剖を含む観察や実証による科学的視座は，東ローマ帝国に継承され発展していった。その背景には，西ヨーロッパではローマ帝国後期に国教に定められたキリスト教の世界観の影響で，対象を客観的方法で評価することや人体解剖が長く許されなかったこともある。11世紀に入り，アラビア語からラテン語に翻訳されたガレノスの著作は，再び西ヨーロッパに伝えられ，西欧医学に大きな影響を与えた。

　1453年オスマン帝国の侵攻により東ローマ帝国は滅亡し，東ローマ帝国内の多くの学者はイタリアを含む西ヨーロッパに流出した。この流出は，西ローマ帝国の後継国家を称した神聖ローマ帝国およびイタリアの諸都市を中心とする西ヨーロッパの「ルネサンス（再生）」に大きな影響を与えた。ルネサンスは，東方との貿易の中継地として富が集まった北イタリアを中心に，思想・文学・科学・美術・建築など多方面に，ギリシャ・ローマの古代文化を理想とする新しい文化をもたらした。レオナルド・ダ・ヴィンチ（Leonardo da Vinci，1452～1519）は，その手稿の中で，身体の詳細な構造を表し，その働きについて数学的説明を加えている。当時，神聖ローマ帝国の支配地であったベルギーの解剖学者で医師でもあったヴェサリウス（Vesalius, A.，1514～1556）の『人体の構造』もこの頃に書かれており，解剖学の名著として長く西欧医学に影響を与えた（**図2.1**）。

D. デカルトの心身二元論

　デカルト（Descartes, R.，1596～1650）は，近世哲学の祖として知られる。不確実で疑いの余地のあるものを，神の意志などで説明せず，徹底

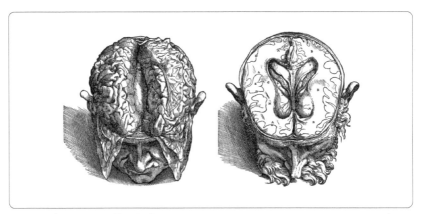

図2.1　**ヴェサリウスの描いた脳**（Vesalius, A.（1543）. De humani corporis fabricaより）

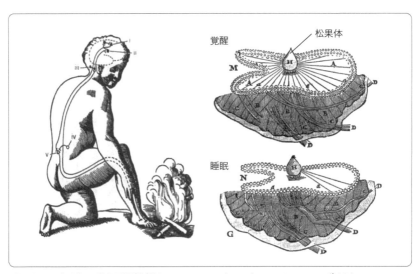

図2.2　**デカルトの考える脳機能**（Descartes, R.（1633）. *Treatise of man*[1]より）

して検証しようとする彼の哲学的態度は「方法的懐疑」とよばれた。デカルトは，自然現象に代表される現象一般を原因と結果の連鎖から成り立つと考えた。この「機械論的世界観」とよばれる考え方は，合理性による真理の探究を目指すものであり，その後の科学の発展に大きな影響を与えた。

　デカルトは，数学・幾何学・法学・医学を修め，『方法序説』など多くの著作の中で，古代から哲学の大きな命題であり続けた心身問題に新たな解釈

を加えた。これはいわゆる心身二元論といわれるもので，我々が生きるこの
世界は，魂・自我・意識や思考などの心的実体と肉体を含む物理的実体で成
り立ち，本質的に異なる両者は独立した存在であるとした。しかしながらデ
カルトは，その生涯の後半で，プファルツ公女エリーザベトと書簡を交わす
中で哲学的思索を深めてゆき，実体としてのこころと身体を認めつつ，2つ
が相互に関連することで，ヒトの情念や感情の問題を説明した。デカルトは，
脳をこころの存在する場所と考え，松果体をその中心に置いた（**図2.2**）。

E. ガルの骨相学とその反論

　脳がこころの存在する場所として認
められるようになった後，脳のどこが
こころの何と関連しているかが，次の
命題となっていった。

　ウィーンの医師ガル（Gall, F. J.,
1758～1828）は，脳の解剖と神経
生理学の研究成果から，大脳皮質の運
動野から脊髄を経て骨格筋に至る神経
線維（錐体路）の交差支配と動眼神経
核などの起始点を突き止めるなどの業
績を残した。さらに，後に骨相学
（phrenology）といわれるようにな
る脳機能局在論を提唱した。その背景
には，各器官は個別の機能をもつと考
える器官学や，精神的事象を原因と結
果の関係で理解しようとする機械論的
世界観の影響があった。

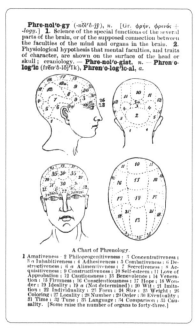

図2.3　ガルが示した脳機能地図
（1900年頃のウェブスター辞典より）

　ガルは，①脳は複数の器官の集合体
である，②各器官の働きが個人の気質をつくる，③脳は色・音・言語・名
誉・友情・芸術・哲学・盗み・殺人・謙虚・高慢・社交などの精神活動に対
応した複数の器官の集まりである，④器官の大きさは，個人の気質によって
変わり，その形状は頭蓋に一定の隆起として現れる，といった内容の学説を
公表した。その説はあまりに唯物的であり生得的であったため，神聖ローマ
皇帝から講演を禁止されることになったが，ガルはフランスなどに拠点を移

して，その後も積極的に自説を説いて回った（**図2.3**）。

統計的概念の乏しい時代に，極めて優れた文学者や犯罪者の特徴を典型例としてまとめた極端な主張は，結果として，多くの誤りを内包していた。また，奴隷貿易でアフリカからヨーロッパに連れてこられた人々の頭部の形状的特徴と人格との関係性を，彼らが置かれた劣悪な社会・教育環境の影響を考慮せず主張したことで，人種偏見という社会的影響をもたらした。

ガル自身は，その晩年に弟子と共著で発刊した『脳とその部位の機能』にみられるように，真摯に脳機能局在を考えたようであるが，爆発的人気を得た学説は，その助手によって興行的要素が強調され，通俗的悪用をもたらすことになった。

F. 局在論と分散論

ガルの学説の前後，ヨーロッパの脳機能研究は二分していた。オーベルタン（Aubertun, E., 1825 ～ 1893）は，特定の脳部位が障害された患者で，特定の機能が障害されることから，脳部位は個別の機能を担うとする局在論を主張した。一方，霊長類の脳の比較解剖で知られるグラチオレ（Gratiolet, L. P., 1815 ～ 1865）は，大脳を5つの領域（前頭葉，頭頂葉，側頭葉，後頭葉，島）に分けて記述し，こころの諸相はこれらの領野の活動を基とし，さらに複数の領野が連携することで生まれるとする分散論を主張した。

そのような状況の中，ガルの極端な脳機能局在論は，フランスの解剖学者フローレンス（Flourens, J. P., 1794 ～ 1867）による反論にあった。フローレンスは，さまざまな脳領域を慎重に部分切除し，切除により行動に変化がみられなかったことから，ガルの脳機能局在論を否定した。

この後も，脳機能局在の有無について議論は続くことになる。

G. ブローカとウェルニッケの発見

フランス革命後，ナポレオンの軍事政権が終わって間もなく，ブローカ（Broca, P. P., 1824 ～ 1880）は誕生した。ブローカは外科医としてパリ大学の教授を長く務めたが，比較解剖学や言語学にも興味をもち，多岐にわたる研究を行った。中でも，ブローカの名を最も後世に伝えた研究は，言語（発語）障害をきたす症例の報告であろう。ブローカは，30代の後半，長期にわたり進行性の言語障害と右麻痺を患っていた51歳の患者ルボルニュを診察した。当時，ルボルニュは，右手を動かすことができず，言語理

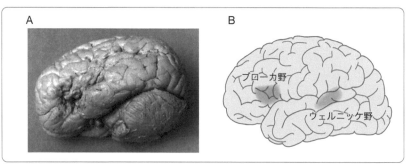

図2.4 （A）患者ルボルニュの脳と（B）左半球2か所の言語野
（A：Dronkers, N. F., Plaisant, O., Iba-Zizen, M. T. & Cabanis, E. A.(2007). Paul Broca's historic cases：high resolution MR imaging of the brains of Leborgne and Lelong. *Brain*, *130*, 1432-1441[2]. Figure.3Aより）

解には問題がないものの，発話は問いかけに対して"タン"と答えるのみ
であった。知能は正常で，ジェスチャーで大まかな意志疎通ができたという。
病気は31歳のときに言語障害から始まり，37歳のときに右下肢の運動麻痺
を発症し，44歳頃に寝たきり状態になった。ブローカの診察の数日後、ル
ボルニュは死亡した。ブローカが剖検を行った結果，左半球の前頭下部に比
較的限局した脳梗塞が見いだされた（**図2.4A**）。この症例は，脳機能局在
の存在を証明した歴史的報告となり，脳機能局在論争に終止符を打った。左
半球の前頭下部は運動性言語野またはブローカ野とよばれるようになった。

　ドイツの神経科学者で外科医のウェルニッケ（Wernicke, C., 1848～
1905）は，1874年に，すらすら話せるものの，発言内容は意味が通らな
い患者を報告した。この患者は左半球の上側頭回後部に脳軟化がみられ，ブ
ローカの症例と同様，脳機能局在を支持する症例となった。この報告の後，
言葉を聞いて正しく理解することができない（流暢性失語），内容が混乱し
て意味の通じないことを言う，聞いたことを復唱できないなどの障害をウェ
ルニッケ失語といい，左半球の上側頭回後部をウェルニッケ野とよぶように
なった。

　ブローカ野は，ブロードマンの脳地図（p.23参照）で44・45野／下前
頭回弁蓋部および三角部に相当する。ウェルニッケ野は22野／上側頭回の
後方に相当する（図2.4B）。

H. ペンフィールドの研究

　ペンフィールド（Penfield, W. G., 1891～1976）は，アメリカ生ま

れのカナダの脳神経外科医である。ニューヨークおよびモントリオールの神経学研究所で，当時，てんかんの先進的治療であった外科手術を行った。

　脳は，それ自体に痛みを感じる受容体細胞をもたない。そのため，外科手術時の麻酔は全身麻酔ではなく，切開部の局所麻酔のみとすることがある。この術式を用いると，患者は手術中も意識があるため，大脳皮質を電気刺激したときに生じる感覚を口頭で説明することができた。ペンフィールドは，中心溝より後方の脳回を電気刺激したときに体部位のどこが刺激されているように感じるか（体部位再現），対応関係をつぶさに調べていった。その結果，ヒトの大脳皮質の機能局在について2つの重要な点が明らかになった。1つ目は，隣り合った身体の部分は，脳の中でも隣り合って規則的に並んでいるという点である。すなわち，脳の図に，対応する体部位の図を描き加えると，まるで脳の中に小人（ホムンクルス）がいるかのようになる（**図2.5**）。2つ目は，体表面の大きさは脳の対応部分の大きさに比例しておらず，顔や

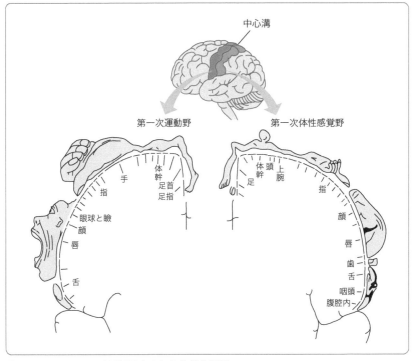

図2.5　ペンフィールドが明らかにした体部位再現
中心溝の前に第一次運動野があり，後ろに第一次体性感覚野がある。

手に対応する脳内領域が大きくなるという点である。これを皮質拡大といい，感覚器からの入力情報を処理する脳部位に共通する特徴である。

　ペンフィールドは，ヒトの側頭葉の電気刺激により過去の記憶が誘発されることから，側頭皮質が視覚記憶に関与することも明らかにしており，一連の膨大な研究結果から，高次機能も含め，脳には機能局在があることを示した。

I. 前頭葉白質切断術とその副作用

　モニス（Moniz, E., 1874 ～ 1955）は，ポルトガルの神経科医で，後に政治家に転じた。1935年，サルの乱暴な行動が前頭切術で落ち着いたという報告がなされた後，モニスは統合失調症や双極性障害などの精神疾患をもつ患者に対して，前頭葉と他の領野とを切り離す前頭葉白質切断術を行った。葉（lobe）を切断することからロボトミーといわれる。当時は精神疾患の根本的治療として注目され，ノーベル生理学・医学賞を受賞した。しかしながら，術後まもなく，無気力，受動的，意欲の欠如，集中力低下，感情反応の低下などの重篤な副作用があらわれることが報告され，精神疾患にこの方法を用いることはなくなった。一方で，ロボトミーの副作用は，前頭葉が人間性に関わる機能を担っていることを示した。こうした術式は，その後，難治性てんかんの治療法として，病変部切除と同時にてんかんの発生源と他の脳皮質とを遮断する目的で行われるようになった。

J. 前頭葉の損傷：フィニアス・ゲージの例

　1840年代，アメリカでは鉄道整備が盛んに行われていた。鉄道建築技術者であった25歳のゲージ（Gage, P. P.）は，1848年，ダイナマイトの不発に対応する際に鉄梃が左前頭葉を貫くという事故に見舞われた。鉄梃が左の頬骨，眼窩，前頭頭蓋を貫く重症であったが，事故後も意識はあり，介助されながら歩けたことなどが，当時の新聞に取り上げられた。2か月半ほどの入院加療で損傷部は治癒し，7か月の自宅療養を経て社会復帰した。ゲージは，事故前は穏やかな性格で効率的に仕事をする人物であったが，事故後しばらくすると，きまぐれ，非礼で，忍耐力や持続力に欠け，判断力や計画性が失われた人格に変容していることがわかってきた。復職もかなわず，不安定な生活の後，1860年に死亡した。1866年，ゲージの遺体は，事故当時に治療を行った医師の要請により遺族の了解を得て掘り起こされ，頭蓋は

現在もハーバード大学内の博物館で展示されている。

　近年，残された頭蓋骨のCTと標準脳のMRI画像の重ね合わせから，ゲージは前頭眼窩野・前頭極・内側前頭前野とその神経線維を損傷したことがわかった。事故後の行動との照合から，これらの部位が，情動反応，学習行動，価値の評価，予測や期待や意思決定に関わることが明らかにされた。

K. ブレインチップ

　1970年代初め，医師・生理学者のデルガード（Delgado, J. M. R., 1915〜2011）は，脳に埋め込む電子装置（ブレインチップ）を開発した。この装置は，外部信号を受信し，特定の脳部位を刺激することで，特定の行動や精神活動の変容を期待するものである。当時の実験結果には批判もあったが，ブレインチップは現在，パーキンソン病，てんかんや麻痺の治療に使われるまでに進化している。また，身体が動かない患者の脳活動を読み取って意志伝達をサポートしたり，感覚器を介さずに映像を脳に直接送って視覚を獲得するなど，ブレインマシンインターフェース（BMI）技術の発展につながっており，脳機能局在研究は新たな展開を迎えている。

L. 非侵襲脳機能計測

　脳波・脳磁界計測や機能的磁気共鳴画像など，近年のイメージング技術の進歩により，脳機能の可視化が可能になり，脳損傷例の観察に頼らずとも，「こころ」が，脳のどこでどのように成立するかがわかるようになってきた。特定の脳機能だけを必要とするような課題を考えることで，脳機能局在がより細かくわかるようになり，またその機能を支える脳内ネットワークも明らかになりつつある。非侵襲脳機能計測法とその成果については，各章で詳説する。

2.2節 ‖ 大脳皮質の機能の全体像

　ヒトは，その体に比して大きな脳を持ち，その表面には多くの凹凸がある。脳の表面の凹部分は脳溝とよばれ，脳溝に取り囲まれて盛り上がっている凸部分を脳回とよぶ。大脳皮質の脳溝と脳回は，ヒトの脳の特徴的な外見を形づくっており，脳部位を示す目安にもなっている。また，脳溝は脳機能を分ける目安にもなっている。左右半球は，脳溝を目安に，前頭葉・頭頂葉・側

頭葉・後頭葉・島に分けられる。脳表面全体のうち，前頭葉の占める面積は
おおよそ41％，側頭葉は21％，頭頂葉は21％，後頭葉は17％である（**図
2.6**）。

　前頭葉とその後ろの頭頂葉を分ける溝を中心溝という。頭頂葉，側頭葉，
後頭葉の3つの領域の境界をつくる明確な脳溝はない。頭頂葉とその後ろの
後頭葉を分ける溝を頭頂後頭溝というが，頭頂後頭溝は大脳の内側・縦裂側
から見ると，大きな溝として目につくが，外側から見ると，わずかな溝をつ
くっているのみである。これを頭頂後頭溝切痕という。側頭葉とその他の部
位を分ける溝をシルビウス溝（外側溝）という。この脳溝は長く，その最終
端は，頭頂葉に向かう上行枝と後頭葉に向かう水平枝に分かれている。シル
ビウス溝の水平枝を仮想的に延長し，頭頂後頭溝切痕と後頭前切痕（後頭葉
錐体圧痕）というくぼみを仮想的に結んだ線と交差するあたりが，3つの領
域の境界とされる。後頭前切痕は後頭極より4cm程度前方にあり，これよ
り後方が後頭葉，前方が側頭葉ということになる。シルビウス溝の奥には，
側頭葉と頭頂葉に覆われた島とよばれる部位がある。これらの部位は，相互
に関連しつつ異なる機能的役割を担っている。

　前頭葉は，実行機能（executive function）とよばれる能力に関わっ
ている。他の脳領域から入ってきた情報に基づいて，運動や行動を設計して

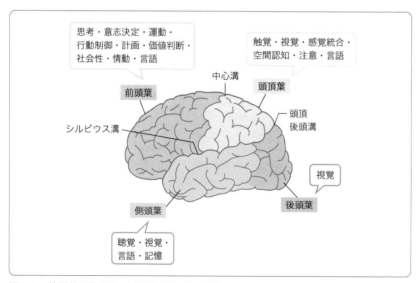

図2.6　前頭葉・頭頂葉・後頭葉・側頭葉の機能

実行に移す機能に関わる。身体運動には前頭葉の後方を使い，個人や社会的価値観を反映する行動には前頭葉の前方が使われる。頭頂葉は，異なる感覚情報に対して注意を向け，それらを統合することに関わっている。後頭葉は，視覚情報処理において中心的役割を担っており，視空間を形成して，形や色の識別，運動の把握，視覚物体へのアプローチに関わる。側頭葉は，聴覚，言語，記憶，視覚情報処理に関わっている。島には感覚情報が入力され，情動に関連した情報の生成と認知に関わっている。

2.3節 ┃ 大脳皮質の細胞構築：ブロードマンの脳地図

　大脳皮質は，脳溝によってさらに脳回に分けられる。脳回は，それぞれ異なる機能をもつ。

　19世紀の初頭から，顕微鏡の進歩や細胞染色法の発見により，多くの研究者が大脳皮質の詳細な観察に取り組んできた。最もよく知られているものは，ドイツの神経解剖学者ブロードマン（Brodmann, K.）の業績であろう。ブロードマンは，大脳皮質の神経細胞を染色して，その組織構造を長年にわたって観察し続けた。その結果，組織構造の違いに基づいて脳を52の領野に分けた。これをブロードマンの脳地図（**図2.7**）という。この脳地図は，上述のような細胞構築によってつくられたものであるが，その後の脳損傷例，神経生理学的検討や非侵襲脳機能計測により，各領野が異なる機能をもつことが明らかになった。

2.4節 ┃ 大脳皮質の脳機能局在

　機能分布は脳の基本的な構成原理であり，ブロードマンの脳地図は，ヒトのこころの複雑な成り立ちを考えるために，重要な目安となっている。一方で，脳のネットワークを考えずにヒトのこころを極端な脳機能局在に還元することは避けなければならない。ブロードマンの脳地図に基づき，主要部位の脳機能を**表2.1**にまとめる。

2.5節 ┃ その他の脳部位の機能

　脳のうち大脳皮質だけがヒトのこころの形成に関わるわけではない。ここ

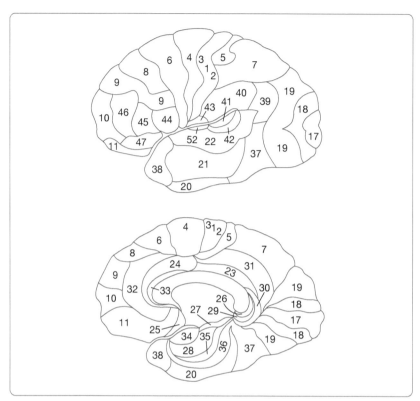

図2.7　ブロードマンの脳地図

では，大脳皮質以外の脳部位の働きについて，その概要をまとめた。詳細は本書の各章を参照されたい。

　大脳基底核は大脳の深いところにあり，大脳皮質とその下の間脳につながる組織を結びつける神経核の集まりである。最も大きな働きは随意運動調節であり，他にも認知機能，感情，動機づけなどに関わる。パーキンソン病はこの部位が関係する代表的疾患であり，随意運動の障害とともに，何もしていないときにふるえる安静時振戦（しんせん）が現れ，手足の動きがぎこちなく，遅くなる。

　大脳辺縁系はさらに深いところにあり，複数の組織で構成される。主な組織は海馬と扁桃体である。前者は主に記憶の形成に関わり，後者は主に情動の発現に関わる。

　間脳は２つの大脳半球に包まれるように存在する組織である。間脳は感覚

表2.1　主要部位の脳機能

脳機能は，新たな発見の続く研究分野であるので，この表は参考にとどめられたい。

ブロードマン脳地図	脳回名等	機能
BA1・BA2・BA3	中心後回	体性感覚野
BA4	中心前回	運動野
BA5・7	上頭頂小葉	体性感覚連合野
BA6	下頭頂小葉	前運動野・補足運動野
BA8	前頭眼野	眼球運動野
BA9・BA10（内側）	内側前頭前野	実行機能・社会的行動・予測・共感
BA11・BA12	眼窩前頭皮質	意思決定・報酬に基づく行動
BA13・BA14	島	嗅覚・味覚・痛み
BA17・BA18		第一次視覚野・第二次視覚野
BA19		視覚連合野
BA20	下側頭回	視覚（形・色）
BA21	中側頭回	視聴覚統合
BA22	上側頭回	音声言語（ウェルニッケ野）
BA24・BA25・BA32	前帯状回	社会的認知・行動調節・情動
BA27	梨状葉皮質	嗅覚
BA34・BA35・BA36	海馬傍回	記憶
BA39	角回	言語処理・体外離脱（側頭−頭頂接合部）
BA40	縁上回	言語（音韻）処理
BA41・BA42	上側頭回	第一次聴覚野・第二次聴覚野
BA43		味覚野
BA44・BA45	下前頭回	発語（ブローカ野）
BA9（外側）・BA46	背外側前頭前野	ワーキングメモリ・意欲・抑制・注意・切り替え・計画

情報が統合される視床，自律神経の中枢である視床下部，種々のホルモンを分泌する脳下垂体で構成される。視床下部は，食欲，性欲，睡眠などを司る重要な場所であり，脳下垂体から出されるホルモンの調節も行っている。また，ストレス応答において中心的役割を担っている（第13章参照）。

練習問題 ✏️

1. 大脳皮質の機能局在論の歴史に関する以下の記述で，正しいものを2つ選びなさい。

a. デカルトは，その生涯を通じて精神と肉体は互いに独立して存在しているとする心身二元論を説いた。

b. ガルの骨相学は器官学に基づく脳機能局在論の立場をとり，頭蓋骨の形から人格や特性を読み解いた。

c. ブロードマンは，大脳一次体性感覚野の刺激により，ホムンクルスとして知られる脳機能局在を明らかにした。

d. 1848年，事故で前頭葉を損傷したゲージは，事故後に社会性を失い，計画的行動が困難になった。

e. ペンフィールドは，大脳皮質の細胞構築を観察して，脳の機能地図を作製した。

2. 大脳皮質の機能局在に関する以下の記述で，正しいものを2つ選びなさい。

a. 前頭葉の背外側前頭前野は，ワーキングメモリや反応抑制に関わる。

b. ブローカ野は，右半球の前頭下部にあり，発話に関わる。

c. 側頭葉のブロードマン脳地図41野は，第一次視覚野である。

d. 中心溝より前の脳回である中心前回は，運動野である。

e. 扁桃体は，側頭葉の内側部にあり，記憶の形成に関わる。

〈引用文献〉
1. Descartes, R. (1633). *Treatise of man*.
2. Dronkers, N. F., Plaisant, O., Iba-Zizen, M. T. & Cabanis, E. A. (2007). Paul Broca's historic cases : high resolution MR imaging of the brains of Leborgne and Lelong. *Brain*, *130*, 1432-1441.

第 **3** 章 脳活動の生理学

これまでの章では，主に脳の構造と大まかな機能についてみてきた。この章では，脳の活動という生理的側面に焦点を当てて解説する。

3.1節 脳神経系の細胞の種類

発生学的に見ると，脳神経系の細胞は，神経細胞（ニューロン）とグリア細胞（神経膠細胞）の2種類に大別される。グリアの由来は"のり"を意味する英語glueである。一口に神経細胞といっても，その種類はかなりあり，それぞれが存在する脳部位や役割が異なる。一方グリア細胞にもいくつか種類があり，そのうち脳内に存在するのがアストロサイト（星状膠細胞），オリゴデンドロサイト（乏突起膠細胞），ミクログリアである。脳の中には神経細胞だけでも1千数百億個もあり，大変な数の細胞が働いているが，数としてはグリア細胞のほうが多く，神経細胞の50倍との試算もある。

これまで，グリア細胞は電気的な活動をしないことから脳内の情報伝達には関与していないと考えられていたが，近年，アストロサイトが後で述べる多様な神経伝達物質受容体を発現し，神経細胞の活動に応答して自らも伝達物質を遊離することによって神経細胞の活動を修飾すること，オリゴデンドロサイトが形成する髄鞘は神経活動に応じて拡大すること，ミクログリアがシナプスの再編成に関わっていること，などグリア細胞が脳活動に積極的に関与することを示す発見があり，今では脳内情報伝達は神経細胞だけでなくグリア細胞の活動も含んで考える必要があると認識されるようになってきた。しかし本章では話を単純化するため，脳活動におけるグリア細胞の関与については触れずに進める。

3.2節 脳活動とは

脳活動とは一体何を指すのだろうか？　それは神経細胞の活動だろうと考える人が多いかもしれない。しかし，1つの神経細胞が活動をしたからといって，一般的にはそれを脳活動とはいわない。では脳活動とはどのような

ことを指すかというと，それは一度にたくさんの神経系の細胞の活動から始まる一連の生理反応の流れの総称となる。この章では，この「一連の流れ」について解説していく。

その前に，まず神経細胞がどういう細胞なのかについて説明する。**図3.1**に示したように，神経細胞は他の細胞とは異なり，細胞体の他に樹状突起と軸索がある。樹状突起という名は木の枝に形が似ているところからつけられたもので，この樹状突起は3.3節Bで詳しく述べるシナプスとよばれる構造体の一部を形成し，そこで他の神経細胞からの信号を受け取る。すなわち樹状突起は他の細胞からの情報の入力部となっている。一方，信号の出力は軸索から行う。樹状突起がたくさんの枝をもっているのに対し，軸索は通常1つの神経細胞に1本である。細胞体には他の細胞と同じく核がありDNAが格納されているが，多くの神経細胞は一度成熟し分化するとそれ以上は分裂をしない。すなわち，一部の例外を除き，成熟した神経細胞は増殖をしない（グリア細胞は他の細胞と同じように分裂・増殖する）。また，神経細胞はその種類により形に違いはあるが，基本的な構造は変わらない。

神経細胞の軸索には，ミエリン鞘（髄鞘）が巻き付いているもの（有髄神

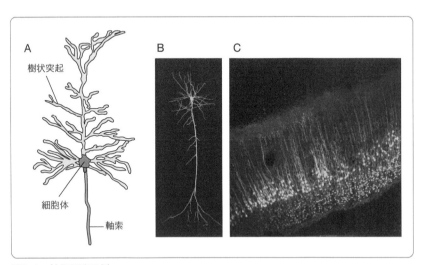

A
樹状突起
細胞体
軸索

B

C

図3.1　神経細胞の例
A：神経細胞の模式図
B：実際の神経細胞（Jin, X., Prince, D. A., & Huguenard, J. R.（2006）. Enhanced excitatory synaptic connectivity in layer v pyramidal neurons of chronically injured epileptogenic neocortex in rats. *Journal of Neuroscience, 26*, 4891-4900. Figure. 3Aより）
C：大脳皮質の神経細胞の様子（GENSATproject/gensat.orgWebより）

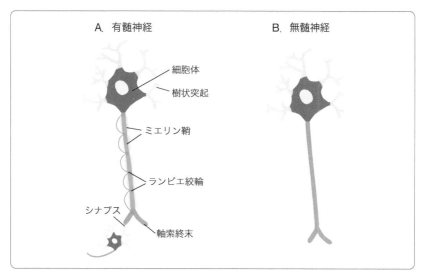

A. 有髄神経
B. 無髄神経

細胞体
樹状突起
ミエリン鞘
ランビエ絞輪
シナプス
軸索終末

図3.2 （A）有髄神経と（B）無髄神経

経）と巻き付いていないもの（無髄神経）がある（**図3.2**）。脳にある神経
細胞はオリゴデンドロサイトによってこのミエリン鞘が形成されている（ち
なみに末梢神経はシュワン細胞によって髄鞘がつくられている）。ミエリン
鞘に規則的に存在する隙間はランビエ絞輪とよばれ，後述する活動電位をす
ばやく伝達するためのしくみである跳躍伝導に重要な役割を果たす。また軸
索の末端を軸索終末といい，そこにある終末ボタンは他の神経細胞の樹状突
起とシナプスを形成する。情報の伝達はこのシナプスを介して行われる。

3.3節 ┃ 神経細胞と情報の流れ

　では次に，神経細胞間の情報の伝達はどのように行われるのかについてみ
ていこう。神経細胞は他の神経細胞から信号を受け取り，それを他の神経細
胞に届けることで情報を伝達する。その信号には電気的なものと化学的なも
のがある。

A. 神経細胞の信号の元となる静止膜電位

　電気的な信号を理解するには，まず細胞の内外でさまざまな物質や電解質
が異なる濃度で存在し，細胞の内外で電位差が生じていることを知っておく

必要がある。電解質が分かれて生じた荷電粒子をイオンといい，陽イオンと陰イオンの2種類に分類できる。例えばカリウムイオン（K$^+$）は細胞内に，ナトリウムイオン（Na$^+$）と塩化物イオン（Cl$^-$）は細胞外に，それぞれ多く存在している。一般に分子は拡散を妨げる障壁がなければ濃度の高いほうから低いほうへ拡散するが，神経細胞には絶縁体である脂質二重層でできた細胞膜があり，イオンなどの物質の移動を阻むバリアとなっていて，そのままでは通り抜けできない。導電体である電解質液に絶縁体である細胞膜が挟まれたこの構造は，電気を蓄えたり放出したりするコンデンサのような振る舞いをし，電荷が分かれているときには細胞膜を挟んで電位差が生じる。

　ではこのとき，あるイオンが膜を通ることができるようになったら，どのようなことが起こるだろうか？　カリウムイオンを例にとってみてみよう。カリウムイオンは細胞の内側の濃度が高いため（内側から外側に濃度勾配ができている），拡散によって細胞の外に出ようとする。一方で，細胞の内外に電位差があり細胞膜の外側が内側に比べてプラスの電荷を帯びていると，プラスの電荷をもつカリウムイオンはよりマイナス側に引きつけられる（外側から内側に電位勾配ができている）。このように，イオンの移動は濃度勾配と電気勾配の2つの力が働く。

　実際に，細胞膜には，膜輸送に関わるイオンチャネルやイオンポンプ，トランスポーター，情報の受容に関わる受容体やGTP結合蛋白質，接着分子など，イオンを透過させたり物質に結合する膜蛋白質が存在し，特定のイオンを選択的に通すことができる。イオンの濃度勾配と電位勾配によって生じる電位差を膜電位というが，通常の神経細胞では，細胞内が細胞外に対して通常−60〜80 mVくらいの電位がある。この分極している状態を静止膜電位といい，他の神経細胞からの信号によってこの状態からプラス方向に変化することを脱分極，マイナス方向に変化することを過分極という。

B. シナプスを介した神経細胞間の情報伝達

　では次に，他の細胞からどのように信号が伝わるのかをみていこう。先ほど示したように，神経細胞間の情報伝達はシナプスを介して伝わる。**図3.3**のように情報伝達が行われる神経細胞と神経細胞の間にはごくわずかな間隙（シナプス間隙）があり，くっついてはいない。この隙間は電子顕微鏡で確認できるくらいのわずかなもので，20〜30 nmほどである。前出のように，シナプスは神経細胞どうしをつなぎ情報を伝達する非常に重要な役割をもつ

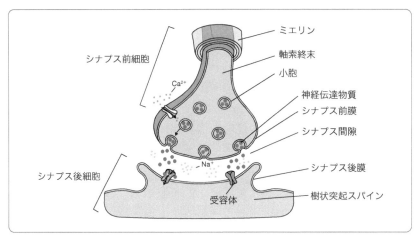

図3.3　シナプスの構造

構造で，物質のやりとりを行う化学シナプスと電気シナプスの2種類ある。数としては圧倒的に化学シナプスのほうが多いため，ここでは化学シナプスについて解説する。

　シナプスは，情報を伝える側（シナプス前細胞の軸索終末にある終末ボタン），情報を受け取る側（シナプス後細胞にある樹状突起の表面や樹状突起スパイン），その両者の間（シナプス間隙）から構成される。化学シナプスでは，情報の受け渡しは電気的なものでなく神経伝達物質とよばれる物質を介して行われる。神経伝達物質は確認されているだけで数十種類あり，化学的性質によりアミノ酸類，アミン類，神経ペプチド類に分類される。さらに伝達物質は興奮性と抑制性の伝達物質に分けることができ，グルタミン酸やアセチルコリンは前者の，γ-アミノ酪酸（GABA）やグリシンは後者の代表例である。

　電気的な信号が終末ボタンまで伝わると，シナプス小胞に包まれた神経伝達物質はシナプス前細胞のシナプス前膜からシナプス間隙に放出される。シナプス後細胞の樹状突起の表面や樹状突起スパインのシナプス後膜には神経伝達物質依存性のイオン透過型受容体や代謝型受容体がある。シナプス間隙に放出された神経伝達物質がこれらの受容体に結合すると，特定のイオンがシナプス後膜を通過し，シナプス後細胞の局所的な膜電位を変化させる。これが情報を受け取る側のシナプス後膜にみられるシナプス後電位である。シナプス後電位には，通過させるイオンの種類により，興奮性シナプス後電位

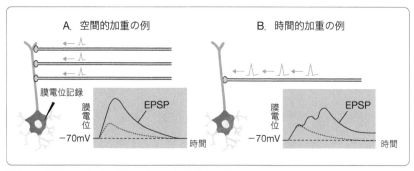

図3.4　興奮性シナプス後電位とその加重的振る舞い

（excitatory post synaptic potential：EPSP）と抑制性シナプス後電位（inhibitory post synaptic potential：IPSP）があり，それらの相対的な活動度（加重のされ方）により，その細胞が活動電位を発生するか否かが決定される。このようにシナプス後電位は加算的な振る舞いをするため，アナログ的であると表現されることが多い（**図3.4**）。

　このように，シナプスを介した信号の伝達は神経伝達物質を介した化学的なものであるが，神経伝達物質が受容体に結合すると特定のイオンがシナプス後膜を通過し，膜の電位変化という電気的な信号に変換される。

C. 活動電位

　シナプスの電位変化が軸索の起始部にある軸索小丘に伝わり，脱分極がある閾値を超えると，軸索に活動電位という大きな電位変化が生じる。この活動電位には加重はなく，全か無か（活動電位を生じるか生じないか）のどちらかである。活動電位は閾値を超えると急

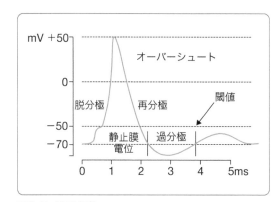

図3.5　活動電位

激に脱分極が進み，オーバーシュートした後，再分極し過分極を経て静止膜電位に戻る（**図3.5**）。また，ミエリン鞘がある有髄神経は跳躍伝導により

神経終末までの伝導速度が速く，髄鞘化していない無髄神経は細胞体から神経終末の方向に次々に脱分極が進むため伝導速度が遅いという特徴がある。このように，神経細胞の中での信号伝達は，電気的な活動として伝わる。

　以上みてきたように，神経活動というのは1つの細胞で完結するのではなく，情報（信号）を他の神経細胞に次々に受け渡していくことで起こる。そして，細胞内の信号は電気的に伝わるが，細胞間の信号伝達は多くの場合シナプスにおいて神経伝達物質を介した化学的なやりとりとなる。したがって，神経活動に伴う情報の伝わり方は，「→電気信号→化学信号→電気信号→化学信号→」という連鎖になる。

3.4節｜ 神経細胞の活動に必要なエネルギーと供給のしくみ

　このような神経活動を継続的に行うためには，エネルギーが必要であり，それにはアデノシン三リン酸（ATP）を用いる。ATPはリン酸1分子が離れたり結合したりすることでエネルギーの放出・貯蔵，物質の代謝・合成に重要な役割を果たしている化合物であり，脳のみならず生体が活動するためのエネルギーとして不可欠なものである。しかし，ATPはATPとして体内にたくさん貯蔵することができず，また食事から直接摂ることもできないため，常に，体内で産生する必要がある。ヒトは，解糖系と，細胞内のミトコンドリア（TCA回路，電子伝達系，酸化的リン酸化）で行われる2つの系によりATPの産生を行うことができる。解糖系はブドウ糖（グルコース）があれば酸素がなくてもATPを産生できるが，一度に2個のATPしかつくれない。ミトコンドリアによる産生系はブドウ糖に加え酸素が必要だが，一度にたくさんのATPをつくることができる。したがって，ヒトは通常後者の系を使ってATPを産生する。しかし，脳ではATPを産生するのに必要なブドウ糖も酸素もたくさん貯蔵しておくことができない。ではどのようにしてブドウ糖と酸素を調達しているのだろうか？

　脳はたくさんの血管によって覆われている。また，大脳皮質内をみても，**図3.6**の電子顕微鏡写真のようにたくさんの血管・毛細血管が張り巡らされている。脳に血管が張り巡らされている理由の1つは，ブドウ糖と酸素を血液によって運ぶことである。血液中のブドウ糖はインシュリンやグルカゴンといったホルモンにより常に一定の量になるよう調整されている。一方，酸素は赤血球のヘモグロビンによって肺から脳に運搬される。血液が脳の毛細

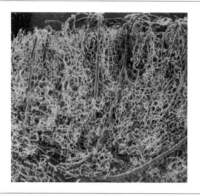

図3.6　電子顕微鏡でみた大脳皮質内の毛細血管の様子
(Duvernoy, H. M., Delon, S., & Vannson, J. L. (1981). Cortical blood vessels of the human brain, *Brain Research Bulletin*, 7, 519-579. Figure.60より)

血管まで来ると，周りの組織や細胞に酸素とブドウ糖を渡し，二酸化炭素を受け取って脳の外に戻る。ここで，第5章で説明する脳活動計測においてポイントとなるのがヘモグロビンである。

　酸素は赤血球のヘモグロビンにくっついて動脈により脳まで運搬される。ヘモグロビンは酸素を必要としている脳の領域のごく近傍で酸素を手放し，静脈により脳の外へと戻っていく。このように，ヘモグロビンには酸素のくっついている状態とくっついていない状態の2つの状態がある。酸素のくっついているヘモグロビンを酸素化ヘモグロビン（oxy-Hb），酸素を手放し酸素をもっていないヘモグロビンを脱酸素化ヘモグロビン（deoxy-Hb）という。この酸素化／脱酸素化ヘモグロビンは，磁性体としての性質が異なることが知られている（この性質の違い自体は1930年代に見つかっていた）。具体的には，酸素化ヘモグロビンと比べると，脱酸素化ヘモグロビンは20％ほど磁化率が高い（＝金属としての性質をもつ）。MRIを用いた脳活動計測では，この性質がとても大きな意味をもつ。

3.5節 神経活動に伴う血液動態反応と神経−血管カップリング

　さらに，脳内の酸素化／脱酸素化ヘモグロビンの量比は，神経活動と関係があることがわかっている。

　具体的に説明するため，脳内の小さな領域を想定しよう。そこに数千個の

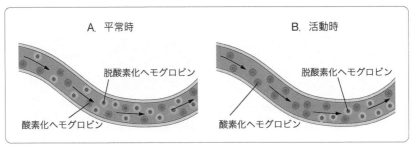

A. 平常時　　　　　　　　　　　　　　B. 活動時

脱酸素化ヘモグロビン　　　　　　　　　脱酸素化ヘモグロビン

酸素化ヘモグロビン　　　　　　　　　　酸素化ヘモグロビン

図3.7　神経細胞の周りにある毛細血管

神経細胞が存在するとする。神経細胞は通常でもある程度活動しているので，一定の割合で酸素を使う。したがってこのあたりを走行する毛細血管内をみると，酸素化ヘモグロビンと脱酸素化ヘモグロビンがある一定の割合で存在する。これをその領域の脳の平常時の状態とする（**図3.7**A）。

　次に，その場所にある神経細胞が一斉に活動したとしよう。するとそれに伴いたくさんの酸素が必要になる。そのときに同じ毛細血管をみると酸素を手放した脱酸素化ヘモグロビンが一瞬増える。しかし，その後すぐに消費した酸素より多くの酸素化ヘモグロビンが血液に乗ってこの領域に集まる。すなわち，多くの神経細胞が活発に活動した領域では，一瞬だけ脱酸素化ヘモグロビンが増えるものの，すぐにそれを凌駕する多量の酸素化ヘモグロビンが血液に乗って押し寄せ，脱酸素化ヘモグロビンを押し出す。結果的に，神経細胞が活発に活動している領域では，平常時より酸素化ヘモグロビンが増え脱酸素化ヘモグロビンが減る（図3.7B）。このように，神経細胞が一斉に活発化すると，その領域の血流は速くなり血液量も増える（局所脳血流変化）。このような変化は，神経活動に伴う血液動態反応（hemodynamic response）と名づけられている。ここでのポイントは，上記のような変化は神経細胞が一斉に活発化した局所の領域にのみ起こり，脳全体で起こるわけではない，ということである。つまり，神経活動が活発になると，活発になった局所の領域でのみ血液動態（血液量・速度・成分）が変化する。このことを神経–血管カップリング（neuro-vascular coupling）という。

　神経活動に伴う血液動態反応には，神経活動に比べて反応が遅いという特徴がある。例えば大脳皮質の神経細胞は，外部からのごく短い刺激に対し，数十～数百msといったミリ秒単位で反応を始めるが，それに呼応して起こる血液動態反応は刺激開始から1～2秒後にやっと起こり始め，5～6秒後

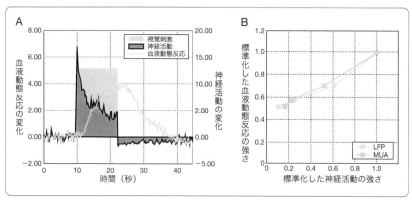

図3.8 （A）刺激に対する神経活動と血液動態反応，（B）神経活動と血液動態反応の強さの関係（Logothetis et al., 2001[1]）

にピークになる。**図3.8**Aのグラフは，ロゴセティス（Logothetis, N. K.）らがサルを用いてそのことを実験的に証明したものである[1]。これをみると，神経活動は視覚刺激が始まった直後に一番強く反応し，その後活動は弱くなっていくが刺激が続く間は活動していることがわかる。そして刺激がなくなるとすぐに神経細胞の活動もなくなり，逆に抑制される。一方血液動態反応をみると，刺激開始から遅れてゆっくりと始まり，刺激開始後5秒以上経ってピーク近くの反応となっている。さらに血液動態反応は刺激が止まってもすぐに消失するわけではなく，ゆっくりと元のレベルに戻る。このように，神経−血管カップリングは確かに存在し，神経活動に伴って血液動態も変化するが，その変化は神経活動に比べてゆっくりしている。

さらに，神経活動とそれに伴う血液動態反応の大きさにはある範囲で線形の関係があることが知られている。つまり，神経活動が大きければ，それに伴う血液動態も大きく変化するということである。図3.8Bは先ほどのロゴセティスらが行った実験の結果であるが，これをみると神経活動の指標であるLFP（local field potential）やMUA（multi-unit activity）と，血液動態反応にほぼ線形の関係があることがわかる。神経活動とそれに伴う血液動態反応に関係があることは，脳機能計測にとって非常に重要である。なぜなら，この関係がわかっていれば，血液動態反応から神経活動の大きさ，つまり脳活動の大きさを推定できるからである。

以上，この章でみてきたように，神経活動が集団で活発に活動すると，それを起点とした生理反応が脳内に起こる。実際に脳で起こっていることは紹

介したよりもっと複雑であるが，ここでは特に神経細胞の活動とそれに伴う血液動態反応に焦点を当てて解説した。一般的にはこれらをまとめて脳活動といっており，第4章，第5章で紹介する非侵襲脳機能計測ではこの一連の生理反応のどこを計測しているのか，きちんと理解しておくべきであろう。

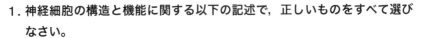

練習問題

1. 神経細胞の構造と機能に関する以下の記述で，正しいものをすべて選びなさい。

a. 通常，神経細胞の膜はマイナスに分極しており，それを静止膜電位という。

b. 神経細胞間の情報伝達はシナプスを介して行われるが，シナプスには化学シナプスと物理シナプスの2種類がある。

c. シナプス前膜から放出された神経伝達物質は，シナプス後膜にある受容体によって取り込まれ，シナプス後細胞内の酵素によって分解される。

d. 神経伝達物質には数多くの種類があるが，すべて興奮性の信号を伝達する。

e. 興奮性シナプス後電位による脱分極がある閾値を超えると，軸索に活動電位が生じる。この際，脱分極の大きさに依存し活動電位の大きさが決定される。

2. 神経活動に伴う血液動態反応に関する以下の記述で，間違っているものをすべて選びなさい。

a. 神経活動にはエネルギーが必要であり，そのエネルギーにはアデノシン三リン酸（ATP）が使われる。エネルギーとしてATPを使用するのは脳だけであり，その他の臓器では使われない。

b. ATPは酸素とブドウ糖から産生されるが，それらは常に脳に十分な量が蓄えられていないため，血液に乗せて供給される。

c. 神経細胞が活発に活動している脳部位では血流が速くなり血液量も増える。これを局所脳血流変化という。

d. 局所脳血流変化は神経細胞が活発に活動してから数分後に起こり始めるため，脳活動の指標とすることは難しい。

e. 局所の神経細胞群の活動の大きさとその周りの血液動態反応の大きさに
　　は一定の範囲で線形の関係がある。

〈引用文献〉
　1. Logothetis, N. K., Pauls, J., Augath, M., Trinath, T., & Oeltermann, A. (2001). Neu-
　　rophysiological investigation of the basis of the fMRI signal. *Nature*, *412*, 150-
　　157.

第4章 こころの計測1 非侵襲脳機能計測：脳波，脳磁界

ヒトの脳波は，1924年に発見された。脳波が精神活動で変化することから，発見から年月を経ずに心理学研究に用いられるようになった。その後，ヒトのこころを理解したいという私たちの夢は，傷ついたヒトの脳の分析を待たずして可能になった。第4章と第5章では，この非侵襲脳機能計測について，その計測原理・方法および代表的知見を紹介していこう。

4.1節 非侵襲脳機能計測[1]

脳機能計測法は，神経活動によって生じる電気的変化を記録するものと，神経活動によって生じる血流の変化を記録するものに大別される。ヒトの大脳皮質の神経細胞の数は，およそ100〜180億といわれている。この神経細胞の活動すなわち電気的変化が，こころの生物学的基盤をなす。神経細胞の活動を一次信号とすると，神経活動に必要なエネルギーを供給する物質の変化を二次信号という。二次信号は，血液中を循環しているブドウ糖の増減とブドウ糖を分解する血中酸素量の増減によって決まる。一次信号は神経活動なので極めて速い現象であり，二次信号はそれに遅れて生じる生体反応である。

脳活動を計測する主な方法には，脳波（electroencephalogram：EEG），脳磁図（magnetoencephalography：MEG），陽電子放出断層撮影法（positron emission tomography：PET），機能的磁気共鳴画像法（functional magnetic resonance imaging：fMRI），近赤外光スペクトロスコピー（near-infrared spectroscopy：NIRS）などがある。一次信号により脳機能を明らかにしようとする技法がEEG，MEGであり，二次信号により脳機能を明らかにしようとする技法がPET，fMRI，NIRSである。4章では一次信号，5章では二次信号を中心に説明する。

脳機能計測法は，その特性を空間分解能と時間分解能およびヒトを傷つけるかどうかの侵襲度で表すことができる（**図4.1**）。空間分解能は活動位置をどのくらい細かく特定できるかの指標で，時間分解能は近接した時刻の現象をどのくらい細かく区別できるかの指標である。非侵襲計測に位置づけら

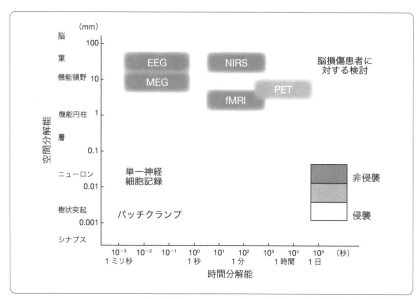

図4.1 脳機能計測法の空間分解能と時間分解能

れるEEGやMEGは，ミリ秒レベルで神経活動を観察できる一方で，空間分解能は他の方法に比べ劣る。同じく非侵襲計測に位置づけられるfMRIは，数mm程度の部位の違いを特定できる一方で，時間分解能はEEGやMEGより劣る。

4.2節 脳波の発見

ヒトの脳の電位変動すなわち脳波を記録したのは，ドイツの精神科医・神経生理学者のベルガー（Berger, H.）である。初めて記録に成功したのは1924年であったが，脳の起源とする電気変動であることを繰り返し確かめて学会発表を続け，1929年に最初の論文を公表した（**図4.2**）。

ベルガーの発見に先立つこと50年，1875年にイギリスの生理学者・医師のカートン（Caton, R.）は，イヌやウサギの脳の電位変動を報告したが，その微弱な電位変動の意味は定かではなかった。それからヒトの脳の電位変動が初めて記録されるまでは，電子工学や神経生理学が飛躍的に前進した時代であった。ベル（Bell, A. G.）による電話の発明（1878年），エジソン（Edison, T. A.）による電球の発明（1878年），レントゲン（Röntgen,

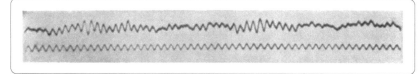

図4.2　ベルガーが記録した脳波
（Berger H. (1929). Über das Elektrenkephalogramm des Menschen. *Archives für Psychiatrie*, 87, 527-570より）

W. C.）によるX線の発見（1895年），アイントホーフェン（Einthoven, W.）による初めての心電図記録（1895年）は，この時代の業績である。この時代は，後に続く神経生理学の基礎を築く輝かしい発見があった時代でもあった。「シナプス」の命名者としても知られるシェリントン（Sherrington, C. S.）は，筋肉への神経信号伝達・筋肉の相反神経支配の存在を発見した。エイドリアン（Adrian, E. D.）は，感覚器を刺激したときの神経活動を記録して，刺激が神経信号に転換されることを明らかにした。これらの功績により，両者は1932年にノーベル生理学・医学賞を同時受賞している。1920年頃には，毛細管電位計やブラウン管を応用したオシロスコープ（電気変動を視覚化する装置）が開発・改良され，エイドリアンはこれらを使用して，今日の神経生理学研究に続く数多くの実験を行った。心理学の分野でも大きな躍進があり，世界で最も早く実験心理学の研究室を開設したヴント（Wundt, W. M.）は，1873年に『生理学的心理学綱要』を出版し，古典的条件づけで知られる生理学者パブロフ（Pavlov, I. P.）の活躍もこの時代である。

　このような時代に，ベルガーはヒトの精神活動を明らかにするために，脳地図で知られるブロードマンらと同じ研究室で，脳血流計測・脳温度計測を始め，視覚遮断実験なども行った。脳波計測はこれらの研究に遅れて着手し，1924年に，減圧開頭手術*により頭蓋の一部がない患者の頭皮から電位変動を記録することに成功した。最初に記録された一定周期で変動する律動波は，α波であった。しかしながら，当時の神経生理学では説明が不可能な現象であったため，その後10年余りの間，この電位変動がノイズではなく本当にヒトの脳から出たものであるかどうか多くの検証を重ねて，論文を出し

＊減圧開頭手術：脳内の病変のために脳圧が亢進することがあり，脳圧を下げるために頭蓋の一部を切除する手術。

続けた。この間，前述のエイドリアンも脳波の研究を行い，1935年にはベルガーの業績を認めα波を「ベルガーリズム」と命名して報告した。1938年，ベルガーは国際心理学会の招待講演で脳波の報告をするまでになるが，その3年後，68歳で自らの生涯を閉じた。

わが国では，1936年頃から脳波計の開発と計測が並行して進み，1942年には，名古屋帝国大学の勝沼精蔵により「脳波」というよび方が提案された。1947年には，東北大学の本川弘一が委員長を務める脳波研究委員会が発足し，1951年には国産初の脳波計が心理学研究に使用された。

4.3節 ‖ 脳磁界の発見

神経活動によって生体に電流が流れると，その電流の向きと直交する向きに磁場が発生する。右手親指の指す方向を電流の向きとすると，親指以外の指の方向が磁場の向きに一致することから「右ネジの法則」といわれる。

磁気の強さは，磁束密度で表現され，テスラ（tesla：T）という単位で表現されるが，地球がもつ磁気が10^{-3}テスラ程度であるのに対し，脳磁界は10^{-13}テスラ程度である。このような微弱な磁界の記録には，特殊な磁場センサーの開発が必須であった。特定の物質はある温度以下まで冷却すると電気抵抗がゼロになる（超伝導）特性をもち，この状態の物質を超伝導体という。ノーベル物理学賞の対象となった超伝導に関する理論研究とその実証研究および，高性能の磁気センサー（超伝導量子干渉計）の開発により，1970年初頭にコーエン（Cohen, D.）が脳波と同じα波帯域の脳磁界の計測に成功した。

4.4節 ‖ 脳波・脳磁界の発生機序

大脳皮質は6層構造をしており，形の異なるさまざまな神経細胞で構成されている。神経細胞は，その形状から錐体細胞と星状細胞に大別される。錐体細胞は，大脳皮質の表面に対して垂直方向に，尖端樹状突起とよばれる長い樹状突起をもっており，そこを流れる電流は打ち消しあうことなく，脳波・脳磁界の電源になりうる。一方，星状細胞は細胞体に向かって流れる電流が打ち消しあい，脳波・脳磁界の電源になりにくいとされている（**図4.3**）。

神経細胞の興奮は，シナプスを介して次の神経細胞に伝えられる。伝えら

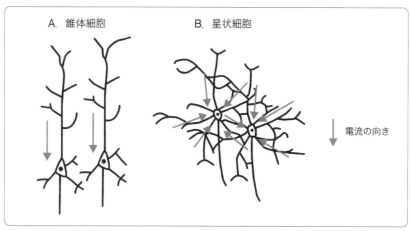

図4.3　(A)錐体細胞と(B)星状細胞のシナプス後電位の流れ

れる電位には，活動を促進させるタイプ（興奮性シナプス後電位）と，促進
させないタイプ（抑制性シナプス後電位）がある。前者の持続時間は比較的
長く（10〜20 ms程度），近傍の数千万の錐体細胞で一斉に同じ方向の電
流が流れることで，脳波電極や磁気センサーで記録できる活動になる。

4.5節　脳波・脳磁界の記録

　脳波の記録には，微弱な生体
信号を安定に記録するために電
気抵抗の低い銀−塩化銀電極を
用い，国際10-20法に従って
電極を設置する（**図4.4，表
4.1**）。10-20法では，鼻根部
と後頭結節を結ぶ線と左右の耳
介前点を結ぶ線の交点を中心に，
各線上を10，20，20，20，
20，10%の間隔で区切る。こ
の方法の利点は，頭の大きさに
関係なく電極を配置することが
でき，大脳の全領域をほぼ等間

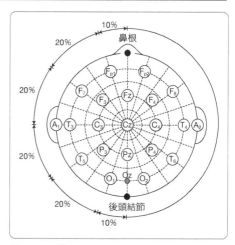

図4.4　国際10-20法における電極配置

表4.1 電極設置部位と電極名

部位名称	電極名
前頭極（front polar）	Fp1, Fp2
前頭部（frontal）	F3, F4
中心部（central）	C3, C4
頭頂部（parietal）	P3, P4
後頭部（occipital）	O1, O2
前側頭部（anterior-temporal）	F7, F8
中側頭部（mid-temporal）	T3, T4
後側頭部（posterior-temporal）	T5, T6
正中前頭部（midline frontal）	Fz
正中中心部（vertex）	Cz
正中頭頂部（midline parietal）	Pz
正中後頭部（midline occipital）	Oz
耳朶（auricular）	A1, A2

隔でカバーできることにある。最近では10-20法の間を埋めるような多電極の脳波キャップを用いる場合も多い。電極を設置するときには，頭皮の皮脂を取り除き，導電性ペースト（電極糊）などで固定する。テープ等で固定する場合もある。接触抵抗は10キロオーム以下であることが望ましいとされている。

　脳波は2つの電極間の電位差の時間変化を記述したものである。そのとき，電極の一方を頭皮上に置き，他方を耳朶（耳たぶ）など電位がゼロに近い点に置くと，脳の電位変化そのままを記録できる。この方法を単極誘導という。2つの電極をともに頭皮上に置くと，部位間の電位差を記録することができる。この方法を双極誘導という。いずれの場合も，脳活動を記録するための電極を活性電極（active electrode），関電極などと表現する。一方脳活動のない部位に置いて，計測時に電位の基準点を与える電極を基準電極（reference electrode），不関電極と表現する。その他にボディーアース用の電極を設置する。

　脳磁界計測には，超伝導量子干渉計といわれる磁気センサーを用いる。センサーは，ヘルメット状の断熱，非磁性容器の内側にあらかじめ設置されており，液体ヘリウム（－269℃）で冷却して，超伝導状態に保たれている。

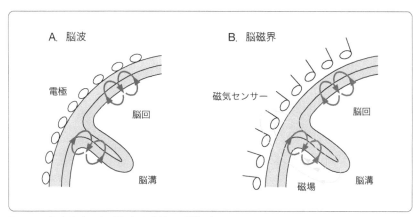

図4.5 （A）脳波および（B）脳磁界で計測可能な脳活動

脳が発する磁場そのものを計測できることが脳磁界計測の利点であり，したがって脳波計測における基準電極のようなものは必要としない。

　脳波，脳磁界ともに，脳活動以外の電気（磁界）変動の混入を避けるために，電気（磁気）シールドルーム内で記録される。

　図4.5は，脳波および磁気センサーと，脳回，脳溝との関係を単純化して示したものである。脳波は，発生源から電極に至るまでの間，脳脊髄液・頭蓋骨・頭皮を経て，次第に減衰し拡がっていく。頭皮上に設置した電極では，脳回および脳溝に広く拡がる電位を記録している。一方，脳磁界は脳が発する磁場を減衰せずに記録できるものの，脳回の電流がつくる磁場はセンサーでキャッチできず，脳溝の電流がつくる磁場のみが記録できるとされている。

4.6節 脳波・脳磁界のデータ処理

　脳波・脳磁界のアナログ信号は，デジタル信号に変換してコンピュータに取り込まれる（**図4.6**）。このとき，データを1秒間に何回取り込むかが重要であり，これをサンプリング周波数（単位：Hz）という。短時間で変動する活動を記録しようとするとき，周波数が低いと元の信号変化を再現できないので，注意する必要がある。

　収録したデータには，処理対象となる信号以外の成分（ノイズ）が混入している。ノイズには，生体に由来しない交流電源（東日本：50 Hz，西日本：60 Hz）の影響や，生体由来の筋電図・心電図・眼球運動・瞬きなどが

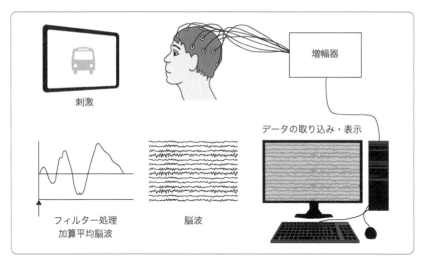

図4.6　脳波計測システム

ある。ノイズを除き，観察したい脳活動の周波数帯域を残すためには，帯域フィルターを適用する。高い周波数成分を除きたいときには，high cut filter（low pass filter）を，低い周波数成分を除きたいときには，low cut filter（high pass filter）を使用する。帯域フィルターは，計測した時系列データの大きさや反応時刻に影響を与えるので，その適用は慎重であらねばならない。収録データにどのような周波数成分が含まれているかを理解するためには，フーリエ変換を使って分析する。除きたい周波数成分の処理後に逆フーリエ変換を使って再合成すると，帯域フィルターをかけていることになる。また，特定の成分を除いたり抽出したりするために，独立成分分析（independent component analysis：ICA）や主成分分析（principal component analysis：PCA）を用いることもある。

4.7節┃脳波・脳磁界データの観察ポイント

　脳波・脳磁界データを観察するときには，周波数，位相，波形，振幅，潜時（刺激から反応までの時間），活動分布や活動源などを評価対象にする（**図4.7**）。

　活動分布を描く際，観測点以外の情報は数学的補間によって補われる。活動源の推定には，逆問題解法が用いられる。逆問題解法は，活動分布（現

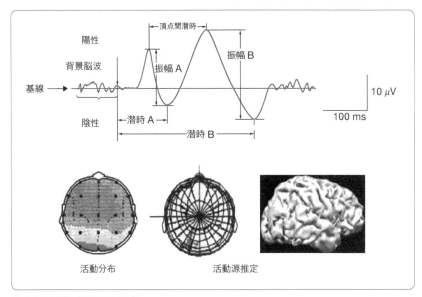

図4.7 脳波・脳磁界の観察
刺激後反応が現れるまでの時間を潜時といい，反応の大きさを振幅という。活動源を推定するときは，結果から原因を推定する逆問題解法を用いる。

象）から活動源（原因）を推定する数学的手法であり，仮想的に置いた活動源がつくる分布と，実際の計測結果から得られた活動分布との一致度を，一定の信頼度をもって解とする。解を得る際には，頭皮・頭蓋骨・脳の伝導率や，脳の実形状を計算に組み込んで計算する。特に，脳磁界では磁気共鳴画像から求めた脳の実形状で，活動源を灰白質に仮定して解くことも，よく行われる。

4.8節 ‖ 自発脳波[2]

　脳波は，自発脳波と誘発脳波に大別される。自発脳波はさまざまな周波数成分で構成され，以下のように分類されている（**図4.8**）。δ波は100～200 μV，θ波は50～100 μV，α波は50 μV程度，β波は20 μV程度，γ波は20 μV程度の振幅を示す。脳波の周波数成分は，成長とともに変化する。幼少期には徐波成分が多く，成長とともに高い周波数成分が多くなり，高齢になると，再び徐波成分が多くなる。α波は後頭部に優位に出現し，閉瞼で増加して，開瞼で減少する。この現象をα-ブロックという。与えられた課

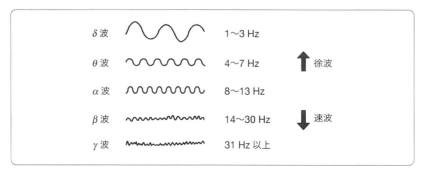

図4.8　自発脳波の分類

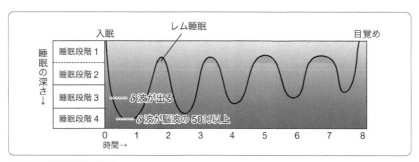

図4.9　睡眠深度と脳波

題に集中しているとき速波が多くなり，計算など高次精神活動によりγ波などの高い周波数成分が増加する。

　自発脳波の変化は，睡眠深度の目安になっている（**図4.9**。睡眠については，第14章を参照されたい）。睡眠は，入眠期の睡眠段階1から深睡眠の睡眠段階4までの4段階に分けられ，睡眠が深くなるとともに徐波が多くなる。うとうと状態の睡眠段階1では頭頂部から鋭い波形が出て，寝息をたて始める睡眠段階2では，睡眠紡錘波（sleep spindle）が現れる。さらに睡眠が深くなる睡眠段階3ではδ波が多くなり，睡眠段階4ではδ波が半分以上になる。朝起きるまでこれを繰り返すが，その間，睡眠が浅くなって急速な眼球運動（rapid eye movement：REM）がみられる時期があり，この状態をレム睡眠という。それ以外の時期をノンレム睡眠という。幼小児は，睡眠時間全体に対するレム睡眠の割合が多く，加齢とともに減少する。近年では，レム／ノンレム睡眠が記憶に対し異なる役割を果たすことが報告されている[3]。睡眠中には，体温が低下し，目覚めとともに上昇する。入眠時には

成長ホルモンが，目覚めの時刻が近づくとコルチゾールが放出される。睡眠から覚醒のスイッチを入れるには，視床下部で産生されるオレキシンが重要である。ストレスやうつ状態でオレキシンが減少する報告もあり，心理学において脳波による睡眠の質の評価は見直されている。

自発脳波は，脳機能障害の診断に用いられる。医療現場で異常脳波の鑑別診断を行うときには，過呼吸（3分間の深呼吸）・強い光刺激（点滅するフラッシュ）・音刺激・薬物投与などの負荷を与えて，負荷前の安静時脳波との違いを観察する。異常脳波をきたす代表的な疾患にてんかんがある。てんかんは，発作時の痙攣（けいれん）や意識障害を主症状とし，突然鋭い波形（棘波（きょくは））が出現する。認知症では徐波成分（θ波）が多くなる。自発脳波は，器質性脳障害以外に，睡眠時無呼吸症候群の評価に不可欠な診断方法になっている。なお，睡眠と概日リズムについて，詳しくは14.4節を参照してほしい。

4.9節 ┃ 誘発脳波

外部刺激で誘発される脳波を誘発脳波または事象関連電位（event-related potential：ERP）などという。視覚・聴覚・触覚刺激などが感覚受容器に与えられたことで起こる電位を外因性電位といい，感覚刺激の種類に関わりなく，また刺激がないことでも起こる電位を内因性電位という。

自発脳波が$100\,\mu\text{V}$程度であるのに対し，誘発脳波は$5\sim10\,\mu\text{V}$と小さいので，その可視化には加算平均などの処理が必要である。誘発脳波は刺激提示から決まった時刻に現れるので，刺激提示を起点にした，加算平均法が用いられる。加算平均法は，コンピュータによる演算機能の進歩により普及し，刺激に同期しないノイズは$1/\sqrt{n}$（nは加算回数）で減じていくので，この方法により刺激に同期する反応が明確になる。

A. 視覚誘発電位（visual evoked potential：VEP）

VEPは，光や色刺激，市松模様，格子縞，図形，顔，図地分離*刺激などの視覚刺激で得られる外因性電位である。刺激強度・面積や提示視野が任意に決められる点で，刺激条件を制御しやすい。100回程度の加算平均と，帯

＊図地分離：ヒトの物体認識に重要なプロセスであり，背景（地）から対象（図）を分離して知覚する働きである。一般に図は手前に，地は背景になる。視覚だけでなく聴覚にもみられる。

域フィルター0.5〜100 Hzの使用で，刺激後100 msに陽性電位（P100），145 msに陰性電位（N145）が得られる。これらの電位は，後頭部の電極で最大となる。その後に陽性電位（P200）が現れるが，これは視覚認知課題や注意で大きくなる。この成分は，後頭から頭頂にかけた広汎な電極で記録される（**図4.10**）。

P100成分の振幅は，高輝度刺激で大きくなり，ぼやけた刺激で小さくなる。また特定の空間周波数で振幅が増大することから，自覚的手法による通常の視力検査ではない客観的視力検査として用いられ，また視神経疾患の評価に用いられる。一般に，心因性視力障害では減衰しない。半側視野刺激のP100成分は，例えば右半視野刺激では刺激が投射される左後頭電極よりも，右後頭電極で振幅が大きいことがある。これは後頭葉に発生する電流の向きによる。顔または顔らしい刺激の誘発電位では，刺激後170 msに陰性電位（N170）が現れる。

B. 聴覚誘発電位（auditory evoked potential：AEP）

AEPは，音刺激によって誘発される外因性電位である。短・中・長潜時聴覚誘発電位（出現時刻：10 ms以内・10〜50 ms・50 ms以上）に分けられる。音刺激はヘッドフォンを通してクリック音を与えることが多い。主に頭頂の電極で，両耳または片耳刺激の反応を記録する。

短潜時聴覚誘発電位は，聴性脳幹反応（auditory brainstem response：ABR）ともよばれ，刺激から10 ms以内に蝸牛神経に始まり脳幹から聴覚野の活動を反映する7つの成分で構成される。他覚的聴力検査として用いられる一方，主成分が生命維持に重要な脳幹の活動を反映するため，脳死判定に用いられる。中潜時聴覚誘発電位は，聴覚野の機能を反映する。帯域フィルター0.5〜2,000 Hzを適用し，100回程度の加算平均を行う。刺激後50 msまでに陰性−陽性−陰性成分が出現する。覚醒状態の影響を受けやすい。

AEPを用いて選択的注意のメカニズムを明らかにした実験がある。この実験では選択的注意の代表的現象として知られているカクテルパーティ効果のメカニズムを明らかにした（第11章参照）。チェリー（Cherry, E. C.）の両耳分離聴課題を用いた報告では，左右の耳に異なる周波数の音刺激を与え，注意を傾けた音刺激のAEPの振幅が，注意を傾けていない音刺激のAEPの振幅より大きいことを明らかにした。この実験により，注意によっ

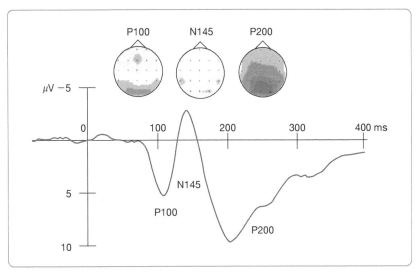

図4.10　視覚誘発電位の主要成分とその電位分布図

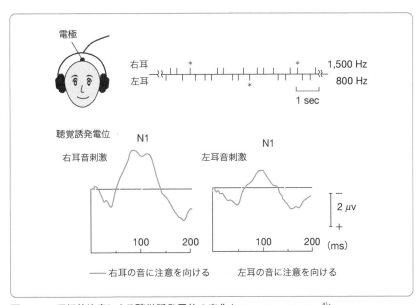

図4.11　選択的注意による聴覚誘発電位の変化 (Hillyard et. al., 1973[4])
両耳分離状態で，左右の耳に異なる周波数の音を聞かせる（50 ms）。注意を向けている音が出現した
ときの誘発脳波は大きくなる。

て入力情報が選択される，脳内のメカニズムが明らかになった（**図4.11**）[4]。

C. 体性感覚誘発電位（somatosensory evoked potential：SEP）

SEPは，触覚受容体細胞の刺激で誘発される外因性電位である。上肢または下肢に閾値の3倍程度の電気刺激を与えて誘発することが多い。刺激後20〜30msの短潜時反応は，受容体細胞から脊髄を経て対側の体性感覚野に伝わるまでの解剖学的な構造を反映する。刺激後100〜1,000msの中・長潜時反応は，帯域フィルター0.5〜2,000Hzで処理し，100回程度の加算平均を行う。刺激後175ms頃に対側の側頭で陰性電位，200ms頃に頭頂領域で陰性電位が得られる。

D. P300[5]

P300は，1965年サットン（Sutton, S.）らにより報告された内因性電位である。誘発にはオドボール課題（oddball task）を用いる。この課題では，識別可能な2種類の刺激を異なる頻度（高頻度：80%，低頻度：20%）でランダムに与え，低頻度刺激の提示回数のカウントなどが課される。帯域フィルター0.5〜100Hzを適用し，20回程度の加算平均を行うと，刺激後300〜400ms頃に頭頂領域を中心とした陽性電位が得られる。振幅や潜時は，刺激の種類や課題の難易度によって変化する。活動源は，海馬傍回などの大脳深部と広汎な大脳皮質が考えられている。P300は加齢の影響を受けるため，認知症の評価に用いられる。また，注意研究や隠蔽したいと思っている記憶の評価にも用いられる。さらに，身体を動かせない疾患の方の意思を読みとるブレインマシンインターフェースに応用されている（**図4.12**A）。

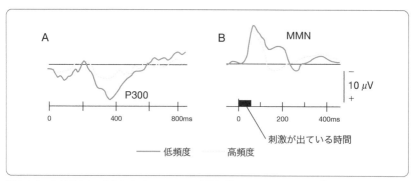

図4.12　（A）P300成分と（B）ミスマッチ陰性電位（Sams et al., 1985[6]）

E. ミスマッチ陰性電位（mismatch negativity：MMN）[6]

　MMNは，1978年ナータネン（Näätänen, R.）らにより報告された内因性電位である。MMNの記録は，出現頻度の異なる2種類の刺激をランダムに提示するという点でP300を記録する際のオドボール課題に似ているが，刺激に注意を向けない状態で行う。高頻度刺激により無意識のうちに生成された予測と入力刺激が一致しない（逸脱刺激）ときに出現する（図4.12B）。統合失調症や自閉スペクトラム症で，振幅低下がみられる。

F. N400[7]

　N400は，1980年クタス（Kutas, M.）とヒルヤード（Hillyard, S.）によって報告された内因性電位である。文章を提示し，文末で意味的に逸脱した単語が提示されたとき（例：He spread the warm bread with socks），その逸脱語の提示後250～500 ms頃に陰性電位が観測される。最も大きな反応がみられる時刻が刺激提示後400 ms頃であることからN400とよばれる。通常は帯域フィルター0.5～50 Hzを適用し，20回程度の加算平均を行う。脳波では，頭頂領域を中心とした広い範囲の電極で記録されるが，活動源推定に優れた脳磁界計測の結果で，N400の活動源は左半球優位の側頭領域に広範な脳領域であることがわかっている。

　N400の記録にプライミングの手法を用いることがある。プライミング効果とは，先行する刺激（プライマー）の特性が後の刺激（ターゲット）の処理を促進または抑制する効果のことを指す。実験では，両者が意味的に関連する条件（例：バターとブレッド）と，関連しない条件（例：ナースとブレッド）が与えられ，ターゲットに対する語彙判断などが求められる。先行

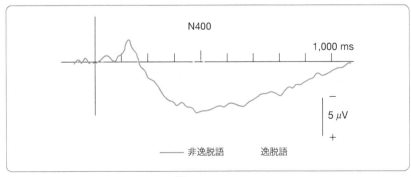

図4.13　N400成分（Lau et al., 2008[8]）

刺激の影響は，知覚や意味レベルで起こるが，N400振幅は関連する場合に小さく，関連しない場合に大きい。関連しない刺激に対する処理負荷によると考えられている（**図4.13**）。

G. 随伴性陰性変動（contingent negative variation：CNV）

　CNVは，1964年にウォルター（Walter, W. G.）らによって報告された内因性電位である。予告刺激（例：クリック音）の後に，ボタン押し反応を求める命令刺激（例：フラッシュ光）を提示する。予告刺激と命令刺激の間隔を一定（例：1秒）にして，命令刺激でボタン押しする状況で脳波を記録する。予告刺激の直後に前頭・頭頂領域の電極で緩徐な陰性にシフトする電位変動が現れ，その後，命令刺激前には頭頂領域から緩やかな陰性変動が現れる。最初の陰性変動は"予告"の提示に対する定位反応で，その後の陰性変動は命令実施に関連して生じる運動準備や期待に対する反応と考えられている。

4.10節 ｜｜ 誘発脳磁界

　脳磁界計測でも，脳波と同様の課題を用い，刺激後の磁界変動を観察する。帯域フィルターや加算平均処理など，脳磁界の記録や解析手法の基本は，脳波と共通する。脳磁界にも外因性・内因性の反応がある。脳波計測と同様の課題であっても，あえて脳磁界計測を行う最大の利点は，脳磁界計測が活動部位の特定に優れている点にある。そのため，脳磁界計測では，脳活動を観察するとともに，MRI撮像で得られた脳の構造画像上に，活動源推定の結果をプロットすることが多い。

A. 視覚・聴覚・体性感覚誘発脳磁界

　視覚刺激による誘発脳磁界では，刺激後100 ms頃に後頭葉鳥距溝を活動源とする反応が，次いで145 ms頃に後頭－側頭下部（ventral stream）を活動源とする反応が現れる（**図4.14**）。鳥距溝に活動源をもつ100 ms成分は，網膜部位再現性を示す。すなわち，中心視野刺激では鳥距溝の後頭極よりの先端部が，周辺視野刺激は鳥距溝の奥に活動源が得られる。

　視覚誘発脳磁界の初期成分で網膜部位再現性を示すのと同様に，聴覚誘発脳磁界の初期成分は周波数再現性を，体性感覚誘発脳磁界の初期成分は体部

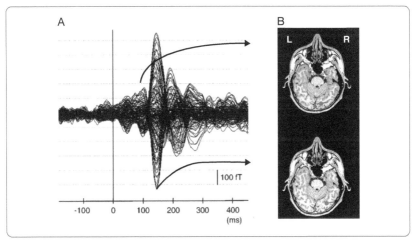

図4.14 （A）左半側視野刺激の視覚誘発脳磁界と（B）最初の成分および2番目の成分の
　　　　活動源
（Hayakawa, T., Miyauchi, S., Fujimaki, N., Kato, M., & Yagi,A. (2003). Information flow re-
lated to visual search assessed using magnetoencephalography. *Cognitive Brain Research*,
15, 285-295[3]. Figure.2およびFigure.4より改変）

位再現性を示す。

B. N400脳磁界

　言語の脳内処理過程を検討する試みとして，単語によるプライミング効果
を検討した実験が多くある。脳波と同様に，ターゲット単語の提示後に左半
球側頭葉に分布するN400脳磁界が記録できる。N400脳磁界は長い持続
時間を示し，ピーク潜時の活動源はウェルニッケ野のある左半球の上側頭回
付近で得られる。また，大脳皮質に活動源があることを仮定して解く逆問題
解法では，左半球のウェルニッケ野・側頭極・ブローカ野での処理がN400
脳磁界に関わっていることが明らかにされている（**図4.15**）[10]。

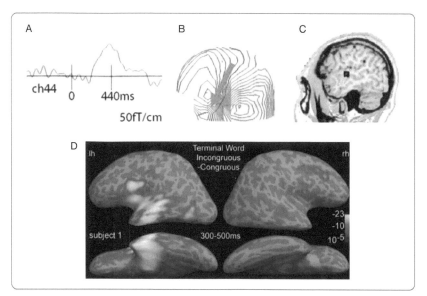

図4.15　単語提示後の誘発脳磁界

（Halgren, E., Dhond, R. P., Christensen, N., Petten, C. V., Marinkovic, K., Lewine, J. D., & Dale, M.（2002）. N400-like magnetoencephalography responses modulated by semantic context, word frequency, and lexical class in sentences. *Neuroimage*, *17*, 1101-1116[10]. Figure.2およびFigure.3より改変）

（A）ターゲット語提示後400 ms頃にピークを示す脳磁界（チャンネル44），（B）この成分の左半球の磁場分布，（C）活動源，（D）刺激後300〜500 msの成分の灰白質の活動。文脈が一致している場合としていない場合の差分を示す。

練習問題 ✏️

1. 脳波に関する以下の記述で，正しいものを1つ選びなさい。

a. 脳波はベルガーによって発見された。最初に記録された脳波はγ波である。

b. 脳波の発生源は，灰白質の錐体細胞を流れる抑制性シナプス後電位と考えられている。

c. 視覚誘発反応の代表的成分をN400とよび，この成分は後頭葉を中心とする視覚情報処理過程を反映する。

d. P300は，刺激の種類にかかわらず，記憶など高次認知反応を反映する内因性電位である。

e. 脳磁界は脳の神経活動を反映しており，各種脳機能計測法の中では空間

分解能に優れている。

2. 成人の自発脳波に関する以下の記述で，間違っているものを1つ選びなさい。

a. 周波数帯域8〜13 Hzの脳波をα波という。閉瞼で抑制される。

b. 睡眠深度が深くなると，周波数帯域1〜3 Hzのδ波が増加する。

c. 周波数帯域4〜7 Hzの脳波をθ波という。認知症で増加する。

d. 課題に集中すると，周波数帯域31 Hz以上のγ波が増加する。

e. てんかん性異常脳波では，しばしば鋭い波形の波（棘波）が現れる。

〈引用文献〉

1. 宮内 哲・星 詳子・菅野 巖・栗城眞也・徳野博信（編）(2016). 脳のイメージング. 共立出版
2. 大熊輝雄・松岡洋夫・上埜高志・齋藤秀光（2016). 臨床脳波学 第6版. 医学書院
3. Born, J., & Wilhelm, I. (2012). System consolidation of memory during sleep. *Psychological Research*, *76*, 192-203.
4. Hillyard, S. A., Hink, R. F., Schwent, V. L., & Picton, T. W. (1973). Electrical signs of selective attention in the human brain. *Science*, *182*, 177-180.
5. 入戸野宏（2005). 心理学のための事象関連電位ガイドブック. 北大路書房
6. Sams, M., Paavilainen, P., Alho, K., & Näätänen, R. (1985). Auditory frequency discrimination and event-related potentials. *Electroencephalography and Clinical Neurophysiology*, *62*, 437–448.
7. Kutas, M., & Federmeier, K. D. (2011). Thirty years and counting : finding meaning in the N400 component of the event-related brain potential (ERP). *Annual Review of Psychology*, *162*, 621-647.
8. Lau, E. F., Phillips, C., & Poeppel, D. (2008). A cortical network for semantics: (de)constructing the N400. *Nature Reviews Neuroscience*, *9*, 920-933.
9. Hayakawa, T., Miyauchi, S., Fujimaki, N., Kato, M., & Yagi, A. (2003). Information flow related to visual search assessed using magnetoencephalography. *Cognitive Brain Research*, *15*, 285-295.
10. Halgren, E., Dhond, R. P., Christensen, N., Petten, C. V., Marinkovic, K., Lewine, J. D., & Dale, M. (2002). N400-like magnetoencephalography responses modulated by semantic context, word frequency, and lexical class in sentences. *Neuroimage*, *17*, 1101-1116.

第5章 こころの計測2　非侵襲脳機能計測：PET, MRI, NIRS

第3章で述べたように，一般にヒトの脳活動はたくさんの神経細胞の活動から始まる一連の生理反応の総称である。また第4章の冒頭にもあるように，脳活動を生体反応信号と考えた場合，神経細胞の活動を一次信号，それに伴う代謝や血液動態の変化を二次信号といい，一次信号を計測する代表的な手法が脳波（EEG）と脳磁図（MEG），二次信号を計測する代表的な手法がこの章で紹介する陽電子放出断層撮影法（PET），機能的磁気共鳴画像法（fMRI），近赤外光スペクトロスコピー（NIRS）である。なお，この章で紹介する計測法は一次信号を測る計測法より空間分解能に優れ，生体の画像化の歴史そのものでもあるため，まず生きているヒトの脳の画像化の話から始めることにしよう。

5.1節 脳の画像化の幕開け

生きているヒトの頭の中を見たいというのは，人間にとって昔からの夢であった。そしてその実現への期待は，1895年にレントゲンによってX線が発見されたときにとても大きくなった。当時の人々は，これで生きている人の頭の中，すなわち脳もみられるようになると思ったようだ。当時アメリカで新聞王とよばれたハースト（Hearst, W. R.）から依頼を受けたエジソンも挑戦した。しかしX線を使って脳を可視化することはできなかった[1]。その理由は，レントゲン写真が被写体の投影像，すなわち影であるからである。X線は組織によって透過率が異なるため，影であっても陰影がつくが，これだけでは三次元物体の中を見ることはできない。

X線CTとよばれる装置が病院に登場し，実際にX線を使って脳の内部を見ることができるようになったのは1970年代初頭である。X線の発見から実に70年あまりの歳月を要した。X線CTによる生体内の可視化原理はそれほど難しいものではなく，簡単にいうとある物体のレントゲン写真をいろいろな角度から撮影し，そのデータを数学的に再構成することで，その物体の内部の情報を得るというものである。このような手法は，天文学の地図作成や電子顕微鏡画像で既に使われていたが，生体を画像化するためには膨大

58

な計算が必要で，十分な計算能力をもつコンピュータの出現を待たなければならなかった。X線CTは，1950〜60年代のコーマック（Cormack, A. M.）による先進的な理論研究と，それに続くハウンズフィールド（Hounsfield, G. N.）による装置開発により医療画像装置として大きな発展を遂げ，両者は1979年にノーベル生理学・医学賞を受賞している。しかし残念なことに，X線CTは現在に至るまで，脳を含む身体の構造は可視化できても，機能をみることはできない。

5.2節 ┃ 陽電子放出断層撮影法（PET）

PET（positron emission tomography，日本語ではポジトロン断層法あるいは陽電子放出断層撮影法と名づけられているが，単にPETということが多い）は，原子核が放射線を出してより安定な原子核へと自発的に崩壊する性質を用いて，体内の物質の分布や挙動を計測する方法および装置名である。1970年代にワシントン大学のテルポゴシアン（Ter-Pogossian, M. M.）らによって実用化され，今日に至っている。

PETでは，放射性同位元素で標識された特定物質（これをPETトレーサーあるいは分子プローブという）を作成し，それを体内に注入してその挙動を調べる。例えば，体内のブドウ糖の集積部位を調べるには，まずブドウ糖のOH基を^{18}Fというフッ素の放射性同位元素で置き換えたPETトレーサー，^{18}F-FDG（フルオロデオキシグルコース）を作成する。それを体内に注入すると，体内に入った^{18}F-FDGは体内に元から存在するブドウ糖と同じように振る舞い，たくさんブドウ糖が集まっているところにはこの^{18}F-FDGもたくさん集積する。その集積の様子を，検出器を使って計測し可視化する。

ではどのようにして集積の様子を可視化するかというと，それには放射性同位元素の，ある性質を使っている。体内に投与された放射性同位元素（陽電子放出核種）は，一定の確率で陽電子を放出し，放出された陽電子は近傍にある電子と結合し2個の光子（511 keVのγ線。これが放射線）を発する。この2個の光子は180度反対方向に飛ぶ。PETは検出器でこのγ線を検出し，蓄積した検出データから数学的手法により発生部位を特定する。例えば^{18}Fは注入後からγ線を出して安定な原子核へと崩壊していくため，この際に発せられるγ線を捉え，これがどこから出てきているのか，得られたデータか

ら推定する。発生源の推定に数学的手法を用いて画像化するという点ではX線CTと同じである。要約すると，PETは，まず自分が見たい体内の物質を放射性同位元素で標識し，検出器に向かって飛んできたγ線を手がかりに収集したデータを，数学的手法により画像化することで，その物質の体内での集積の様子を可視化する装置といえる。

PETでは，半減期の長い放射性同位元素を使ってしまうと放射性物質が体内に長く残り被曝の影響が強くなってしまうため，物質の標識に使う放射性同位元素は半減期がせいぜい数時間のものを使うことが多い。例えば，よく使われる^{11}Cの半減期は20分，^{15}Oは2分，比較的長い^{18}Fでも110分である。しかしこのように短い半減期の放射性同位元素を用いると，保存しておいたり，遠くで作成したものを取り寄せて使用することができない。さらに，このPETトレーサーは作成が難しく，どのような物質も作成できるわけではない。

図5.1は，アルツハイマー病患者と健常者でアミロイドβ蛋白の集積とブドウ糖代謝をみたものである。アミロイドβ蛋白のPETトレーサーであるPIB（pittsburgh compound-B）を用いてアミロイドβ蛋白の集積をみ

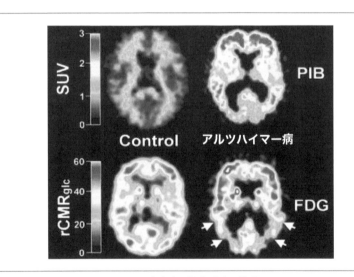

図5.1　PETでみたアルツハイマー病患者と健常成人の比較
（Klunk, W.E. et al.（2004）. Imaging brain amyloid in Alzheimer's disease with Pittsburgh Compound-B. *Annals of Neurology*, 55（3）, 306-319[2]. Figure. 4より）
上：アミロイドβ蛋白沈着の指標であるPIBの集積の様子，下：ブドウ糖代謝の指標であるFDGの集積の様子

てみると，健常者（control）ではほとんどみられないが，アルツハイマー病患者では大脳皮質のあちこちに集積している様子がわかる。逆に，ブドウ糖のPETトレーサーであるFDGを用いてブドウ糖の集積をみてみると，健常者では全脳にわたり灰白質部で集積が認められ，ブドウ糖による活発な代謝が認められるが，アルツハイマー病患者では側頭葉（矢印のあたり）での代謝がかなり落ちていることがわかる。このように，PETではPETトレーサーさえ作成できれば，さまざまな物質の代謝や集積を見ることができる。

　PETの最大の利点は何といっても，さまざまなPETトレーサーの作成により特定の分子の挙動や代謝の様子が可視化できるという点である。これにより，神経伝達物質，ブドウ糖や酸素の代謝，血流（水の動き）など，さまざまな脳活動に関係する物質の挙動を計測できる。一方PETは，少量の被曝，そして生体の構造を可視化できないという欠点がある。また，PETは数mm～1cm程度の空間分解能があるため，PETトレーサーの集積の様子からだいたい脳のどの領域かを推定することはできるが，脳の構造自体を画像化できるわけではないため，複雑な形状をしている脳の詳しい場所を特定するためにはMRIやCT画像との重ね合わせが必要になる。さらに，生体への被曝の影響を考えPETで用いる放射性同位元素は半減期の短いものが多く，PETトレーサーを作成可能なサイクロトロンをPETカメラのすぐそばに設置する必要があり，これらの装置はとても高額で維持費もかかる。

5.3節 ‖ 機能的磁気共鳴画像法（fMRI）

A. 磁気共鳴画像法（MRI）

　磁気共鳴画像法（magnetic resonance imaging：MRI）を使った脳活動計測は，現在最も多くのヒト脳機能研究に使われている。MRIにより得られる画像はX線CTの画像と似ているが，その原理はまったく異なる。そこで本節では，まず磁気共鳴の話から始め，それがどのように脳活動の計測と関わってくるのかについて説明する。

　磁気共鳴とは，正確には核磁気共鳴現象を指し，強い磁場内に置かれた特定の周波数で振動する原子が，同じ周波数の電波を照射したときにそのエネルギーを吸収する現象のことである。この状態で電波の照射を止めると，原子は吸収したエネルギーを同じ周波数の電波として放出し，元の状態に戻る。

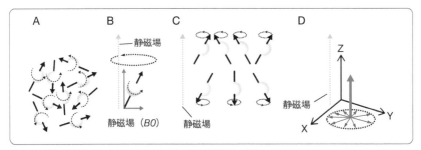

図5.2　静磁場内での^{1}Hの振る舞いと巨視的磁化ベクトル

このとき放出した電波を捉えたものが磁気共鳴信号であり，これが磁気共鳴画像の元となる。したがって，磁気共鳴を使って生体の信号を計測するMRIは，強い静磁場（磁石），電波，そして位置情報を得るための傾斜磁場から構成される。

　ではここからもう少し詳しく上記のプロセスをみていこう。原子核には，磁石としての性質をもつものがいくつもあるが，通常のMRIで計測の対象としているのは，生体内にたくさんあり検出感度が高い水素原子（^{1}H）である。なぜなら，人体を構成する分子の60〜70%は水，20〜30%は脂質であり，そのどちらにも水素原子が含まれているからである。水素の原子核は正の電荷をもつ1個のプロトン（陽子）からできており，量子力学的に自転（スピン）しているとみなすことができる。さらに，^{1}Hはこの自転により磁気モーメント（磁気的な性質）を形成する。簡単にいうと，個々の^{1}Hは小さな棒磁石とみなすことができる。この^{1}Hは，磁場のないところではそれぞれバラバラの回転軸で回っているため，その磁力は互いに打ち消し合って全体としてみると磁石としての性質は現れない（**図5.2**A）。

　しかし磁場の中に入ると，上記の様相は一転し，個々の^{1}Hの自転軸は静磁場の方向と同じか，180度反対方向のどちらかを向き，さらに歳差運動（傾いた角度を一定に保ちながら軸の上端が水平円運動をする運動のこと。首振り運動，味噌すり運動ともいう）という特別な回り方をする（図5.2B）。歳差運動の回転周波数をラーモア周波数といい，これは原子核の種類で決まる磁気回転比と磁場の強度の積によって決まる。回転速度はとてつもない速さで，例えば3テスラ（テスラは磁場強度の単位。1テスラ＝10,000ガウス）の静磁場のMRI内での^{1}Hの回転周波数は，42.6 MHz/T×3 T＝127.8 MHz（＝1億2,780万回転／秒）である。

歳差運動する¹Hは静磁場と同じ方向を向いて回転しているもの（これら
は磁場方向と同じ向きを向いているため低エネルギー状態という）と反対方
向を向いて回転しているもの（これらは磁場方向に逆らっている分余計にエ
ネルギーを要するため高エネルギー状態という）に分かれるが，この際少し
だけ静磁場と同じ方向を向いているものが多い（図5.2C）。これは3テス
ラ・常温という条件下で約10万分の1の割合で多いに過ぎないが，¹Hの数
から計算すると水1 mm³あたり335兆個ほどの¹Hが余計に静磁場の方向
と同じ方向を向いて自転していることになり，これでも計測には十分な数で
ある。このことにより，巨視的にみる（ある大きさの体積に含まれる磁気
モーメントの総和を考える）と，その方向に磁化が発生しているとみなすこ
とができる。これを巨視的磁化ベクトルという。静磁場内の¹Hはそれぞれ
バラバラに歳差運動をしているため，その回り方（専門的な言葉では位相と
いう）は揃っていない。したがって，巨視的磁化ベクトルは静磁場と同じ方
向に発生する（図5.2D）。

　静磁場に入っただけでは核磁気共鳴現象は起こらない。核磁気共鳴を起こ
すには外部からエネルギーを与える必要がある。そのエネルギーが電波であ
る。¹Hと同じラーモア周波数の電波を照射すると，それぞれの¹Hは，（1）
照射された電波の位相に揃って回り出し，さらに（2）一部の低エネルギー
状態の¹Hは電波からエネルギーを吸収し高エネルギー状態へと遷移する。
この2つの現象を合わせて励起という。このとき，低エネルギー状態と高エ
ネルギー状態の¹Hの数が同じになるにつれて静磁場方向の巨視的磁化ベク
トル（縦磁化成分）は消失していき，同時に回転の位相が揃ってくるにつれ
て静磁場方向に垂直な成分（横磁化成分）が出現してくる。これは実際には
かなり複雑な現象であるが，単純化すると静磁場方向を向いていた巨視的磁
化ベクトルが，回転しながら静磁場と垂直な方向に倒れて回転しているとみ
なせる（図5.3A）。

　ではこのように励起状態にある¹Hに電波を照射するのを止めるとどうな
るだろうか？　まず，（1）エネルギーの供給がストップすることから，高
エネルギー状態にあった¹Hの一部が低エネルギー状態へと戻り，巨視的磁
化ベクトルの縦磁化成分が回復し，（2）近くにいる¹Hどうしがつくる磁場
が干渉する（専門的にはスピン−スピン相互作用という）ことにより，各
¹Hの回転の位相がずれて巨視的磁化ベクトルの横磁化成分が徐々に減衰す
る。この2つを併せて緩和といい，特に（1）は縦緩和，（2）は横緩和と名

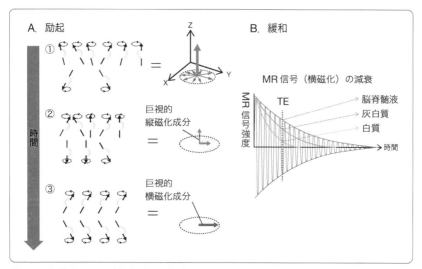

A. 励起

① Z Y X

=

巨視的
縦磁化成分

②

=

巨視的
横磁化成分

③

=

時間

B. 緩和

MR信号（横磁化）の減衰

MR信号強度

TE

脳脊髄液
灰白質
白質

時間

図5.3　（A）励起および（B）緩和の概略
横磁化の減衰速度は組織によって異なる。

づけられている。この緩和現象の際に，静磁場に垂直な方向にアンテナであ
る受信コイルを置くと，巨視的磁化ベクトルの横磁化成分の回転に伴って電
磁誘導が生じ，受信コイルに発生した正弦波（サイン波）様の起電力は振動
しながら横磁化成分の減少に伴って減衰する。これは自由誘導減衰（free
induction decay：FID）とよばれ，磁気共鳴信号の実体である。この減
衰のスピード（緩和時間）は，^{1}Hが組織内でどのような環境にいたか，ど
のような分子と結合していたかによって異なる。例えば，脳の白質，灰白質，
脳脊髄液に存在する^{1}Hはそれぞれ緩和時間が違い，この差を利用して組織
にコントラストをつけることができる。

　しかし上記のような緩和時間の違いだけでは，断層画像にすることができ
ない。これではその信号がどこから来たかという空間的位置情報が検出でき
ないからである。位置情報の取得にはもう1つの磁場，傾斜磁場を使う。先
ほどラーモア周波数は原子核固有の磁気回転比と磁場強度の積で決まると述
べた。磁気共鳴はラーモア周波数と一致した電波でなければ起こらないため，
空間の3方向それぞれに傾斜磁場を置くことで，選択的に励起する面を特定
し，周波数と位相の情報から位置の情報を取得することができる。1970年
代からこのようなMRI撮像法の開発がラウターバー(Lauterbur, P. C.)
とマンスフィールド（Mansfield, P.）を中心に進み，この功績によって両

者は2003年にノーベル生理学・医学賞を受賞している。

　MRIは電波の当て方や信号収集の方法・タイミングなどによって，さまざまな特徴をもつ画像を生成できる。脳に焦点を当てても，撮像の仕方により，脳の構造だけでなく，脳腫瘍や脳浮腫などの病変，脳内の血管，神経線維束，脳活動なども可視化できるなど，非侵襲脳計測装置の中で最も適応範囲が広い。さらに空間分解能も高く，撮像法にもよるがヒトを対象とした撮像でも0.5〜数mmくらいの解像度で画像を取得できる。

B. 機能的磁気共鳴画像法（fMRI）

　緩和における横磁化成分の減衰は，実際にはスピン–スピン相互作用だけではなく，静磁場の不均一やMRI内に磁化率の異なる物質が入ることによる磁場の乱れによっても起こる。ここで脳活動と関連してくるのが，酸素化／脱酸素化ヘモグロビンである。第3章でも触れたように，脱酸素化ヘモグロビンは酸素化ヘモグロビンよりも磁化率が高く，磁性体としての性質をもつ。そのため脱酸素化ヘモグロビンが多く存在するところでは周りの磁場が乱れ磁場強度が不均一となり，そのような場所では通常よりも横緩和の減衰が早い。このことに着目した小川誠二は，MRIにより生体内の酸素化の程度を定量的に計測できることを示し，脱酸素化ヘモグロビンの磁性効果によるMR信号の強度変化をBOLD効果（blood oxygenation level dependent effect）と名づけ，これが脳活動の指標となることを示した[3, 4]。第3章で示したように，実際には神経活動が活発に起こると酸素化ヘモグロビンを含む血液が必要以上にその領域に押し寄せるため，脱酸素化ヘモグロビンは平常時より少なくなり（**図5.4左**），その領域の横緩和の減衰は遅くなるが（図5.4右），いずれにしても脱酸素化ヘモグロビンの磁体効果によるMR信号変化には変わりない。このBOLD効果を指標とした脳活動計測であるfMRIは，MRIの高磁場化と高速撮像技術の普及に伴って瞬く間に広まり，現在に至っている。

　MRIは1台あれば撮像の方法を変えることによって解剖学的な構造も神経線維束も脳活動も計測できる。また空間的な解像度も他の計測法に比べ高く，血液動態反応による脳活動も高いサンプリングレートで取得できる。さらに病院に設置された多くの臨床用MRIでも上記の計測が可能である。このような理由から，MRIは脳機能イメージング研究分野で最もポピュラーな方法となっている。

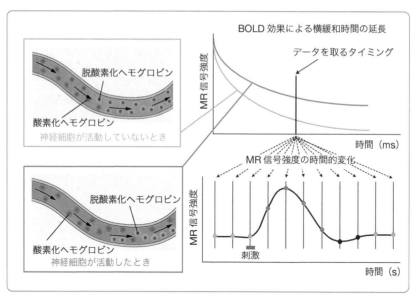

図5.4　脳活動に伴うヘモグロビン量の変化と，それに伴う緩和時間の変化

NIRS（near-infrared spectroscopy）は，日本語では近赤外光（近赤外線）スペクトロスコピーという。日本ではNIRSを日本語読みしたニルス，あるいは近赤外光スペクトロスコピーを略してキンセキとよぶ研究者が多い。

そもそも光の波長の中でなぜ700～1,300 nmの波長である近赤外光を使うのかというと，近赤外光には，可視光など近辺の波長の光に比べ生体を透過しやすいという性質（生体の光学的窓という）があるからである。

近赤外光を物質に照射し，透過してきた光を解析して対象物の構成成分を分析する方法としてのNIRSは，昔から食品科学などの分野で用いられてきた（果物の糖度計測など）。生体への応用は，1977年にヨブシス（Jöbsis, F. F.）が発表した「ネコの脳や犬の心臓に近赤外光を照射しその透過光を分析することで，組織の酸素化状態を計測できる」という研究からである。その後しばらく研究の進展はなかったが，1990年代に，神経活動に連動した血液動態に伴うヘモグロビンの変化がNIRSによって捉えられるという報告が相次ぎ，新しい脳機能計測法として確立した。なお，この脳機能計測法

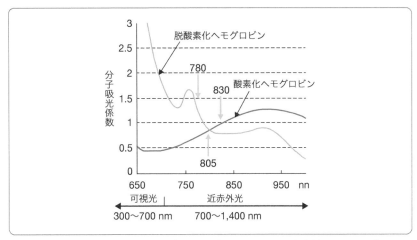

図5.5 酸素化ヘモグロビンと脱酸素化ヘモグロビンの近赤外光領域における吸収スペクトルの違い

としてのNIRSをfNIRSとよぶ研究者もいる。

　生体内物質の中で近赤外領域の光を吸収するのは，血液中にあるヘモグロビン，筋肉にあるミオグロビン，そしてミトコンドリア内にあるチトクロームCオキシダーゼである。この中で，脳活動に直接的に関係するのは主にヘモグロビンであるが，酸素化ヘモグロビンと脱酸素化ヘモグロビンでは**図5.5**のように吸収スペクトルが異なる。このことを利用すると，生体内での酸素化ヘモグロビンと脱酸素化ヘモグロビンの濃度変化などを求めることができる。NIRSではこの両者の濃度変化を脳活動の変化と称している。

　図5.6はNIRSによる脳活動計測を模式的に表したものである。現在のNIRS装置は複数の光照射（送光）と光検出（受光）ファイバーを組み合わせた光トポグラフィー装置となっているが，ここでは1組の送光・受光ファイバーによる計測を例に説明する。送光ファイバーから近赤外光を照射すると，この光は生体内に入り散乱する。脳は脳表から灰白質部分にかけて細静脈や毛細血管が張り巡らされており，この中を酸素化ヘモグロビン，脱酸素化ヘモグロビンを含む赤血球が流れている。頭部に入ってきた光は脳表に到達し，その一部はヘモグロビンに当たり，吸収される。一方吸収されなかった光の一部は受光ファイバーにより検出される。

　NIRSには複数の異なる計測法があるが，最も一般的で普及しているのは拡張ベア・ランバート則に基づく計測法である。光が透明な試料に照射され

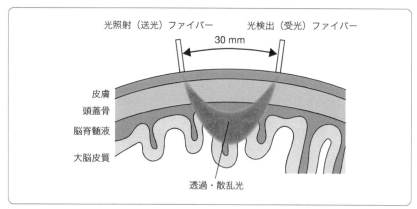

図5.6 NIRSによる脳活動計測の模式図

た場合，試料を透過し検出した光と照射光の強度はある関係式で表すことができ，これをベア・ランバート則というが，この法則は散乱のない均一な透明試料でのみ成立する。拡張ベア・ランバート則は，ベア・ランバート則を生体のような散乱粒子を含む不均一系で近似的に用いたものである。脳活動計測では，拡張ベア・ランバート則に基づく関係式に，2あるいは3波長（例えば780，805，830 nm）の近赤外光を用いたデータを当てはめ，酸素化ヘモグロビン，脱酸素化ヘモグロビン，全ヘモグロビンの濃度を求める。しかし，厳密にいうと，このとき求められるのは，濃度変化と光路長（光の通ってきた距離）の積であり，濃度そのものではない。光路長は用いた波長によって異なるだけでなく，計測部位によっても異なることがわかっている。さらに，脳活動計測で必要な脳実質内での光路長は計測することが不可能である（複雑な脳形状の中をどのようにして光が通ってきたかは調べようがない）。星 詳子らによるシミュレーション研究の結果，光路長を推定することはできず，NIRS信号の振幅の個体間・部位間比較は，脳内のHb濃度の変化の比較とはなりえないことがわかっている[5]。現在のNIRS研究においては，このことはほとんど無視されており，この事実を知らない研究者も多いが，NIRSを用いて研究をする際には，個体間の比較や同一個体であっても脳の異なる領域の比較は原則できないということを十分念頭に置いた実験計画と解析をする必要がある。

　先ほども触れたように，現在のNIRS装置は複数の光照射（送光）と光検出（受光）ファイバーを組み合わせた光トポグラフィー装置となっている

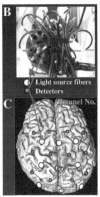
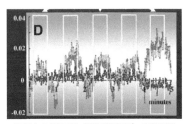

トレッドミルで歩行

Light source fibers
Detectors
Channel No.

歩行中の頭頂部（補足運動野）の脳活動
赤：酸素化ヘモグロビン
青：脱酸素化ヘモグロビン
緑：全ヘモグロビン

実験風景 　　　送光・受光ファイバー
　　　　　　　　　の配置

図5.7　NIRSを用いた歩行中の脳活動計測の例
（Miyai, I., Tanabe, H. C., Sase, I., Eda, H., Oda, I., Konishi, I., ...Kubota, K.（2001）. Cortical mapping of gait in humans：a near-infrared spectroscopic topography study. *NeuroImage, 14*, 1186-1192[6]. Figure. 1より改変）

（**図5.7**A，B）。光トポグラフィーは，複数の送光・受光ファイバーの組み合わせ（これをマルチチャネル装置という）により複数の領域を計測し，計測した複数の信号変化を頭部あるいはそこから脳表へ投射した二次元画像として表示したものである。脳表のHb濃度変化を検出するため，光照射（送光）-光検出（受光）ファイバーの距離は大人で3cm，乳児で2cmに設定するのが一般的であり，脳のどのあたりまでカバーできるかは，用いるファイバーの組数によって決まる。ただし，先ほども述べたように，光路長は照射-検出間距離が同じでも計測部位によって異なるため，NIRSの信号変化の大きさは必ずしもHbの濃度変化の大きさを示すものでなく，したがってトポグラフィー画像から脳活動の大小の定量的議論を行ってはいけない。また，トポグラフィー画像は，画像に平滑化フィルターなどがかかっていることがほとんどであるが，真の空間分解能は送受光ファイバーの距離より小さくならないことも十分に留意しておくべきである。さらに，皮膚血流がNIRSの信号に影響することは必至なので，この影響を最小限にする方法を取り入れた解析を行わなければならない。

　NIRSの特徴の1つに，MRIやPETと比較して装置が小さく，装置を移動させることができるという点がある。また，NIRSは光ファイバーを直接

被験者の頭皮に固定するため計測中に多少頭部が動いても計測することができる。そのため，歩いていたり，演奏していたり，ゲームをしていたりなど，日常生活に近い場面での脳活動を計測することが可能である。図5.7は，トレッドミルを使って，歩行している際の脳活動をNIRSにより計測したときのものである[6]。このような実験は，寝た状態で脳活動を計測するMRIやPETでは決して行うことができず，NIRSの特徴を活かしたものといえる。また，覚醒時の乳児の脳活動を計測できるのもNIRSの特徴の1つである。乳児は大人に比べ頭蓋骨が薄く，光が入りやすいというメリットもあるため，多くの赤ちゃん研究者がNIRSを用いて乳児のさまざまな認知機能の神経メカニズムを調べる研究を行っている。さらに装置のポータビリティと操作のしやすさを活かして，社会的相互作用研究にも多く用いられている。特に第12章3節でも触れる二者の脳活動同時計測は，脳波（EEG）と並んで研究例が多く，現在急激に研究例が増えている。

　第4章と第5章にわたって，代表的な脳活動計測装置であるEEG，MEG（脳磁図），PET，fMRI，NIRSについて紹介してきた。これらの装置は，それぞれ特徴をもち，計測の対象となる生理現象も異なる。一次信号を計測しているEEGやMEGは，高い時間分解能をもつが空間分解能は低く，逆に二次信号を計測しているPETやfMRIは比較的高い空間分解能をもつが時間分解能は低い。NIRSは時間・空間分解能ともにあまりよいとはいえないが，ポータビリティと操作性に優れ，ランニングコストも安い。実際脳活動を計測する研究を行う際には，その目的に応じて適切な装置を選択する必要があろう。

練習問題

1. 磁気共鳴画像法に関する以下の記述で，正しいものをすべて選びなさい。

a. MRIで計測しているものは，体内にある多くの原子のうち磁気的性質をもつ酸素原子の振る舞いである。酸素原子は通常でも高速でスピンしており，それが強い磁場の中に入ると歳差運動をする。

b. MRIにおける位置情報の取得は，静磁場とは異なる傾斜磁場を用いることで可能となる。

c. 緩和現象の際，受信コイルを設置しておくとそこに電磁誘導が起こり磁

気共鳴信号を取り出すことができる。この磁気共鳴信号は縦磁化と横磁化の両方から得られるため，縦緩和と横緩和の観測用に受信コイルは2つ設置する必要がある。

d. 酸素化ヘモグロビンが多く存在するところでは周りの磁場が乱れ磁場強度が不均一となり，そのような場所では通常よりも横緩和の減衰が早い。

e. 脱酸素化ヘモグロビンの常磁性による磁気共鳴信号の変化をBOLD効果といい，小川誠二によって発見された。

2. NIRSに関する以下の記述で，間違っているものをすべて選びなさい。

a. 脳活動の計測に近赤外光を使う理由は，他の波長に比べ近赤外光が生体内を透過しにくいためである。

b. ヘモグロビンは近赤外光を吸収するが，酸素化ヘモグロビンと脱酸素化ヘモグロビンとでは吸収スペクトルが異なる。

c. NIRSの最大の利点は装置のポータビリティがよいことである。ただし赤ちゃんについては頭蓋骨が薄いため計測が難しく，特殊な場合を除いて計測できない。

d. 光トポグラフィー装置では，送光・受光ファイバーを複数組み合わせて脳のある領域あるいは全体の脳活動を計測する。

e. NIRSの信号には皮膚血流が大きな影響を与えるので，これを最大限取り入れられるよう解析を工夫する必要がある。

〈引用文献〉
1. 美馬達哉（2005）. 病者の光学. 現代思想, 33, 98-114.
2. Klunk, W.E., Engler, H., Hordberg, A., Wang, Y., Blomqvist, G, Holt, D.P., ... Lang-struoom, B.(2004). Imaging brain amyloid in Alzheimer's disease with Pittsburgh Compound-B. Annals of Neurology, 55, 306-319.
3. Ogawa, S., Lee, T. M., Kay, A. R., & Tank, D. W.(1990). Brain magnetic resonance imaging with contrast dependent on blood oxygenation. Proceedings of the National Academy of Sciences of the United States of America, 87, 9869-9872.
4. Ogawa, S., Lee, T. M., Nayak, A. S., & Glynn, P.(1990). Oxygenation-sensitive contrast in magnetic resonance image of rodent brain at high magnetic fields. Magnetic Resonance in Medicine, 14, 68-78.
5. Hoshi, Y., Shimada, M., Sato, C., & Iguchi, Y.(2005). Reevaluation of near-infrared light propagation in the adult human head: implications for functional near-infrared spectroscopy. Journal of Biomedical Optics, 10, 064032.
6. Miyai, I., Tanabe, H. C., Sase, I., Eda, H., Oda, I., Konishi, I., ... Kubota, K.(2001). Cortical mapping of gait in humans: a near-infrared spectroscopic topography study. NeuroImage, 14, 1186-1192.

第 6 章

こころの計測3　眼球運動・視線計測

　眼は外界を写し取る感覚器として大きな役割を果たしているが，耳や鼻など他の感覚器と大きく異なる点は，"動く"ことにある。行動する感覚器として，眼は特別な存在といえよう。「眼は口ほどに物を言う」という言葉がある。眼の動きには，その人の理性や感情・価値観・社会的認知・意図が現れるため，記録された結果には，発した言葉と同様かそれ以上にこころの状態が現れる。

　本章では，眼球運動の神経ネットワークと記録方法について述べる。

6.1節 ┃ 眼球運動の制御システム[1, 2]

A. 網膜から後頭葉視覚野へ

　ヒトの眼の外形的な特徴は，他の霊長類に比べて眼瞼（まぶた）の縦と横の比率が高く，白い強膜の露出面積が広いことにあり[3]，その中に黒い瞳がある。つまり，ヒトの眼は手足のような大きな構造物でないにもかかわらず，体の中で最も高いコントラストとその動きで，高い信号を発信できる物理的特徴を備えている。このヒトの眼の特徴が，ヒトの社会性の進化を支えてきたといっても過言ではなかろう。

　ヒトの眼球は，厚さ0.3 ～ 1.0 mmの白色の強膜で覆われ，厚さ1 mmの透明な角膜とともに外膜を構成している。角膜は透明であるため，その下の虹彩が見え，その中央には虹彩によって囲まれた瞳孔が見える。強膜は"白目"，瞳孔は"黒目"とよばれる（**図6.1**）。

　成人の眼球の大きさは23 ～ 24 mmで，ピンポン玉より少し小さい。外側から白くて硬い強膜，網膜を栄養する血管の多

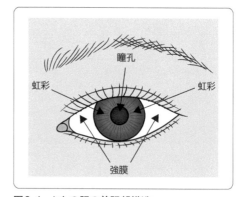

図6.1　ヒトの眼の前眼部構造

い脈絡膜，内側に網膜がある。外界の情報は，角膜・水晶体・硝子体を経て，網膜の視細胞を刺激する（**図6.2**）。

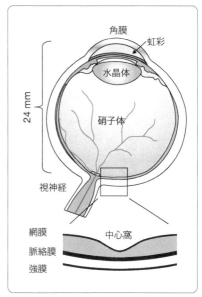

図6.2　眼球の構造

　網膜で最も感度の高い中心窩付近には視細胞，特に錐体細胞が密に存在し，視細胞の信号を受け取る網膜神経節細胞の数も多い。神経節細胞の信号は，外側膝状体を経て，後頭葉第一次視覚野に送られる。この間の視覚情報処理システムには2つの系がある。1つ目は色や形の処理に関わるparvo経路である。狭い受容野で持続的な反応を示す神経節細胞の信号は，外側膝状体のparvo細胞を経て，視覚野に至る。2つ目は動きや視覚対象の位置情報の処理に関わるmagno経路である。広い受容野で一過性の反応を示す神経節細胞の信号は，外側膝状体のmagno細胞を経て，視覚野に至る（視覚情報処理には，外側膝状体を介する経路の外に，上丘・視蓋前域や視交叉上核を介する経路がある。詳細は第8章を参照）。

　受容野径の狭い神経節細胞は主に網膜中心部に分布し，空間分解能を上げることに寄与している。こうした背景により，中心窩付近では視力1.0以上が得られるのに対し，中心窩からわずかでも離れると視力は極端に低下する（**図6.3**）。したがって周辺視野で捉えた視覚対象をはっきり見ようとすると，中心窩をその方向に動かす必要があり，眼球運動が自然に起こる。

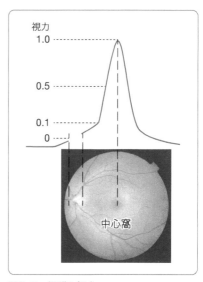

図6.3　網膜と視力

網膜からは，外側膝状体を経ずに上丘に回る情報処理系もある。上丘には第一次視覚野からも入力があり，この部位の刺激によっても，衝動性眼球運動（p.78で説明）が起こることが知られている。

B. 後頭葉における視覚情報処理

第一次視覚野に入った情報は，3つの情報処理経路に分かれる。側頭葉下部に向かう腹側経路（ventral stream）では，物体の形や色情報が処理される。頭頂に向かう背側経路（dorsal stream）は上下2つに分かれ，上側の経路（dorsal-dorsal stream）は視覚対象へのアプローチに関わり，MT（middle temporal）/MST（medial superior temporal）野に向かう下側の経路（dorsal-ventral stream）では，物体の位置情報およびその変化（動き）の処理に関わる。後頭葉視覚野からの信号は，いくつかの経路で前頭眼野に送られる。

C. 後頭葉・頭頂葉から前頭眼野へ

頭頂葉へは，視覚のみならず，複数の感覚情報が入力し，それらの情報は統合される。この領域は頭頂連合野ともいわれ，注意制御の中枢でもある。後頭葉の腹側経路（第四次視覚野）からは注視する物体の大まかなイメージが，後頭葉の背側経路からは動きや対象物へのアプローチに関わる情報が頭頂葉連合野に送られる。頭頂葉にある頭頂間溝には，視線制御に関わる神経細胞がある。この部位は頭頂眼野ともよばれ，視点を動かすべき目標の位置情報を前頭眼野に送っている。

前頭眼野は，前頭葉の背外側部に存在する眼球運動野であり，ブロードマンの脳地図では8野に相当する。サルのこの部位を電気刺激すると眼球運動が誘発されること，またこの部位の障害で眼球運動障害が発生することが，古くから知られている。

前頭眼野は，非常に多くの大脳皮質領野とネットワークで結ばれている。例えば，興味をもった目標物をすばやく眼で捉えようとするとき，前頭眼野には，視覚野・頭頂連合野から形や位置の情報が入力し，背外側前頭前野から行動の選択に関わる認知的情報が入力する。背外側前頭前野は，ワーキングメモリ・注意制御・行動抑制・行動の切り替え・プランニングなど，行動選択に関わる情報処理が行われる場所であり，眼を動かす意思決定などの高次処理に関わっている。アンチサッカード課題（刺激が現れたときに，その

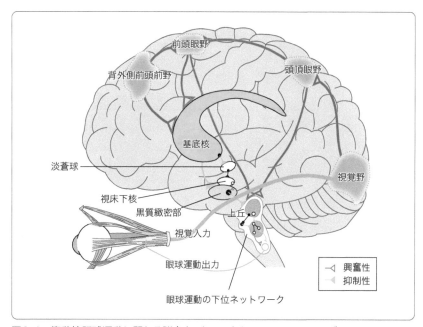

図6.4　衝動性眼球運動に関わる脳内ネットワーク(Sharma,et al., 2011[4])
頭頂眼野および背外側前頭前野から前頭眼野に情報が入力される。その情報は，大脳基底核を介して
上丘に伝えられる。上丘には空間マップがあり，上丘からは眼を空間上のどちらにどれくらい動かすか
の信号が，脳幹の眼球運動神経のネットワークに送られる。

刺激を見ず，反対方向をすばやく見る課題）では，前頭眼野よりも背外側前頭前野の影響が大きい。背外側前頭前野は"そっちは見ない"など抑制的な指令を出している可能性がある。背外側前頭前野の信号は，身体の運動の中継地としても重要な大脳基底核に直接／間接的に送られる。目的をもって何かしようとするとき，関連する特定の筋肉だけではなくさまざまな場所の筋肉を動かさなくてはならないが，大脳基底核は，こうした運動調整に重要である（詳細は，第11章を参照されたい）。運動信号は，いくつかの神経核を経て，空間マップをもつ上丘，脳幹の眼球運動神経核群に送られる（**図6.4**）。

D．眼球運動神経核

　前頭眼野からの信号は，眼球運動の種類によって異なる経路を経て，脳幹部の眼球運動神経核に伝えられる。右半球の前頭眼野は左行きの眼球運動に関わるため，障害されると左行きの眼球運動が困難になる。一方，左半球の

表6.1　外眼筋の各筋肉の作用と支配神経

外眼筋	主な作用	その他の作用	支配神経
上直筋	上転	内転	動眼神経
下直筋	下転	内転	動眼神経
内直筋	内転		動眼神経
外直筋	外転		外転神経
上斜筋	内方回旋	下転, 外転	滑車神経
下斜筋	外方回旋	上転, 外転	動眼神経

前頭眼野は右行きの眼球運動に関わっている。

　脳幹部には，眼球運動に関わる神経核が3つあり，外転神経核・動眼神経核・滑車神経核に前頭眼野からの神経信号が送られる。

E. 外眼筋

　眼球を動かす筋肉は片眼6本あり，外眼筋と総称する。外眼筋を動かす神経は動眼神経・外転神経・滑車神経である。動眼神経は内直筋・上直筋・下直筋・下斜筋を支配し，外転神経は外直筋，滑車神経は上斜筋を支配している（**表6.1**）。動眼神経核には輻輳（内よせ）や瞳孔径の調整に関わる神経核（Edinger Westphal核：EW核）が隣接している。

　下斜筋を除く5本の筋肉の起始部は，眼球が収まっている漏斗状の骨である眼窩の一番奥の総腱輪である。総腱輪は視神経が脳内に出ていく視神経管を取り巻くようにして存在する。下斜筋の起始部はそのやや下方の眼窩裂付近である。6本の筋肉は眼球表面の強膜に付着している（**図6.5**）。各筋肉の走行は，眼球の軸と一致しておらず，また直交していない。そのため，各筋肉の作用はやや複雑である。

　健常人では，左を向こうとすると，左眼は外方へ動き，右眼は内方に動く。左をすばやく見ようとするとき，その信号は右半球の前頭眼野から，脳幹（橋）にある水平眼球運動を調整する側方注視中枢に送られる。これを傍正中橋網様体といい，右前頭の信号は左側の傍正中橋網様体へ送られ，ここで左右の眼球運動神経核に信号が振り分けられる。左の外転神経核に送られた信号は左眼の外直筋を収縮させる。一方，右眼への信号は対側脳幹部の内側縦束を経て，右の動眼神経核に送られ，右眼の内直筋を収縮させる。このようにして，ヒトは両眼が同じ方向に向くことを可能にしている。上下の眼

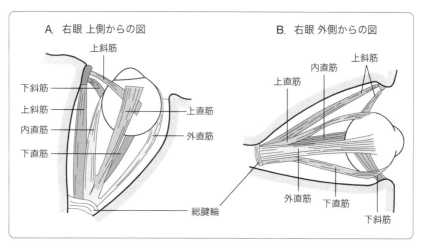

図6.5　外眼筋の走行

球運動は複雑で，内側縦束吻側間質核など複数の場所が関わっている。

　こうした左右の眼が揃って同じ方向を向くような動き，すなわち後述の共同運動（注視）の背景には，左右の眼の収縮しようとする筋肉が等しい信号量を受けることが必要であり，これをヘリングの法則という。また，そのためには，各々の眼球で収縮する筋肉と反作用をもつ筋肉が緩む必要があり，これを相反神経支配，またはシェリントンの法則という。これは，身体の筋肉でもみられる現象である。

　両眼の眼球運動は，左右の眼が同じ方向に動く共同運動と，輻輳など互いに逆方向に動く非共同運動に大別される。共同運動は二次元平面上の異なる視対象を見るとき，非共同運動は奥行きのある三次元空間で奥行きが異なる対象を見るときに現れる。三次元空間で日常生活を送る我々の眼球運動において両者は巧みに調整されて現れている。代表的な眼球運動を以下にまとめる。

A. 固視（fixation）

　特定の像（目標）をよく見るためには，眼を動かして，その像を中心窩で捉える必要がある。中心窩でしっかり物を見ているとき，すなわち固視して

いる状態においても，実は眼は細かく動いている。この動きを固視微動という（**図6.6**）。微細な眼球運動を計測できる装置で記録できる，不随意運動である。固視微動は，振幅や速度などから，トレモア（tremor）・ドリフト（drift）・フリック（flick）の3成分に分類される。トレモアは，視角5〜15秒以下の非常に小さい不規則な高頻度（50〜100 Hz）の

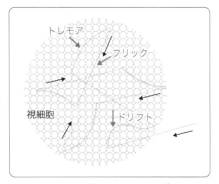

図6.6　固視微動（Pritchard, 1961[5]）

眼球運動である。ドリフトは，視角5分以下の滑るようなゆっくりした動きである。フリックはマイクロサッケードともいい，視角30分程度の高速眼球運動（100〜500度／秒程度）である。1秒に1〜3回程度の頻度で起こる。

　固視微動の意義は，静止網膜像の実験で明らかにされた。固視微動に同期させて網膜像を動かすと，網膜の視細胞には常に同じ刺激が与えられるが，そうすると，視細胞に新たな刺激が与えられないことになり知覚されるべきイメージは消失する。つまり見えなくなる。視細胞に新たな刺激を与え続けるために，眼球は微動していると考えられる。

B. 衝動性眼球運動（saccadic eye movement）

　周辺網膜のぼんやりしたイメージの視覚対象物を，中心窩で捉えようとするときなどに生ずる，速い眼球運動を衝動性眼球運動という。眼球運動の幅が大きくなるにつれて速くなる（30〜700度／秒）。普段意識されることはないものの，何を見るか選択することで起こり，随意性眼球運動と理解されている。刺激が提示されてから眼が動き始めるまでには，約160〜170 msを要し，これを衝動性眼球運動潜時という。口頭による指示や刺激の点滅などで注視すべき刺激が提示される場合の眼球運動をコマンドサッケード，あらかじめ提示された刺激を自発的に交互視するような眼球運動をボランタリーサッケードという。絵画や文章を読んでいるときのほとんどの眼球運動は，衝動性眼球運動である。

　プロジェクターで映した映像を高速で動かすと，必ずぶれて見える。一方で，衝動性眼球運動中には，網膜像は高速で移動するが，我々はそれを意識

することなく，外界のイメージが揺れて見えることはない。視覚系には興味深いシステムがあり，眼球運動時の網膜像のぶれを感じないように，眼球運動の信号が視覚入力情報処理を一時的に止めてしまう働きがある。これをサッカディック・サプレッションという。

C. 滑動性眼球運動（pursuit eye movement）

ゆっくり動く視覚対象物を網膜中心窩付近で捉えて，対象の動きに合わせて視線を滑らかに動かすときに起こる眼球運動を滑動性眼球運動という。対象物の動きに合わせた眼球運動であるので，追従性眼球運動ともよばれる。追従視には，網膜に映った対象物の動きと眼の動きを誤差なく調整する必要があり，後頭葉のMT野追跡眼球運動関連ニューロンが関与している。追従視できる速度は，5度/秒程度である。

D. 前庭性動眼反射（vestibulo-ocular reflex）

視覚対象を注視したままで頭が動くと，網膜に映る像がぶれないように，自動的に眼が動く。この運動を前庭性動眼反射あるいは前庭性眼球運動という。頭の動きは，三半規管から脳幹部の前庭神経核に送られ，外眼筋の運動神経核に出力されて，頭の動きを補正するような眼球運動が起こる。

1点を注視したままで，左右に頭を動かしたときの前庭性動眼反射は，左右にゆっくり動く振り子を見ているときの滑動性眼球運動と似たような眼球運動になる。

E. 眼振（nystagmus）

電車に乗っていると，車窓から外の景色を眺めているヒトの眼が，左右にピクピク動いていることに気づく。流れていく風景を追うような遅い眼球運動が電車の進行方向とは逆向きに起こり（緩徐相），それをリセットするような緩徐相とは逆向きの，つまり電車の進行方向と同じ向きの速い眼球運動が起こる（急速相）。この繰り返し起こる動きを視覚運動眼振という。正常な眼球運動であるため，生理的眼振ともいう。

実験環境では，ドラム状の縞模様のスクリーンを一定加速度かつ一定方向に回すことで誘発する。縞模様の太さを変えることで，乳幼児や心因性視力障害，経済的・社会的利益のために病気であるかのようにふるまう詐病の視力評価に用いられることがある。

F. 輻輳・開散（convergence・divergence）

　視覚対象物と観察者の奥行き方向の距離が変化すると，中心窩で対象物を捉え続けるために，近くを見るときには両眼が内側に寄り，遠くを見るときに両眼が離れる。前者を輻輳，後者を開散という。主に霊長類など，両眼が頭部の前方にあって中心窩が発達している動物でみられる。実際に対象物が近づいて来るときだけでなく，視野全体に広がる放射状の視覚パターン（オプティック・フロー）などでも輻輳がみられる。後頭葉MST野は輻輳に先行して信号を発し，前頭眼野や脳幹の動眼神経核でも輻輳関連の信号が記録される。

　対象物の接近に伴い，輻輳だけでなくピント合わせ（調節）と瞳孔の縮小（縮瞳）も起こる。これを近見反応といい，EW核がその調整を行っている。

6.3節 眼球運動・視線の計測

　眼の動きを計測するため，現在までさまざまな方法が開発されてきた。その歴史は長く，1900年頃には文章を読むときの眼球運動計測が試みられている。この頃の眼球運動計測は，前眼部（角膜）に直接触れるセンサーを取り付け，その出力を記録するものであり，侵襲性の高いものであった。

　計測装置の開発により，現在では非侵襲の計測方法が用いられる。ここでは，眼球運動そのものの動きを計測する電気的手法と，眼の動きと視覚対象の関係を表現しやすい光学的な視線計測法について紹介する。

A. 眼電図（electro-oculography：EOG）の記録

　眼球には，網膜を起源とする微弱な常在電位が存在し，網膜と角膜との間には，角膜網膜電位とよばれる一定の電位勾配がある。これを利用して眼球運動を記録したものを眼電図（EOG）という。

　電気的眼球運動の記録は，結膜内に電極を挿入した侵襲性の高い方法（Schott, 1922）が最初に試みられた。現在は，眼球の常在電位を利用した非侵襲の記録方法（Fenn & Hursh, 1937）が用いられている。

　常在電位は，角膜側がプラス，網膜側がマイナスの電池に見立てることもできる（図6.7）。眼球が動くと，その運動の大きさに比例して体表面の電位分布が変化するため，眼球運動の定量的分析に利用されている。センサー（電極）を設置して，この電気変化を記録するのがEOGである。EOGは比

較的簡便に記録でき，眼球運動に関する基本的な神経システムもわかっているので，障害の客観的評価法として，医療現場でも用いられている。

　EOGを記録する際には，計測システム（電極・記録機器）を用意して，記録条件を設定して計測を始める。電極には銀−塩化銀電極を用い，水平眼球運動の記録では左右眼の眼角に，垂直眼球運動

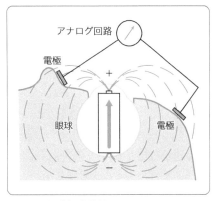

図6.7　角膜網膜電位

の記録では眉の上と目の下に設置する。その他，おでこや耳たぶにアースを設置する。単眼の眼球運動を記録するときには，両眼にそれぞれ電極を設置する。

　図6.8に水平眼球運動の記録を示す。実験参加者が正面を向いているときは，電極AとBに電位差は生じない。右に向いたときは，角膜が右側に，網膜は左側に回転するため，電極Aは電極Bに対して，正の電位となる。この電位量は，電極への角膜の接近度，つまり眼球偏位角によって変化する。記録精度は，視角1〜2度程度である。左を向いたときは，この反対のことが

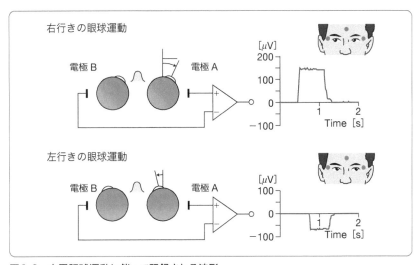

図6.8　水平眼球運動に伴って記録される波形

起こる。

　EOG計測時の注意点として，電極を付ける際には，生体用のアルコールなどで皮膚の皮脂を除き，電極皿に電極糊をつけて，テープなどで固定する。安定なデータを得るために，電気抵抗に留意する必要があり，望ましい抵抗値は10キロオーム程度とされている。

　EOGは，実際の眼球運動を取りこぼさないよう，高いサンプリング周波数（100 Hz以上）で収録し，直流（DC）増幅器を介して可視化する。直流は電流の流れる方向（プラス／マイナス）が変化せず，与えられた電圧の変化を比較的忠実に反映するので，微弱な信号でも歪まないという利点がある。電圧が初期値の約37％になる速さの目安を時定数といい，時定数が小さいほど減衰が速く，大きいほど減衰は緩やかになる。大きい時定数のほうが信号の歪みが少なく，一般に用いられる時定数は2〜6秒程度である。記録器によっては，時定数の代わりにlow-cut filter（Hz）の設定があり，low

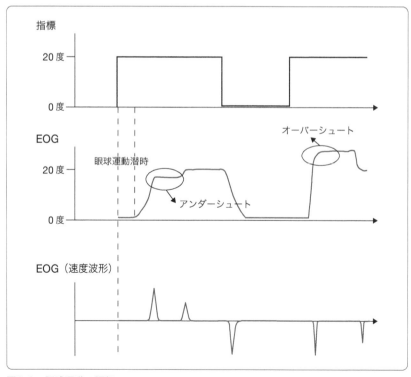

図6.9　眼球運動の評価

cut filterの周波数f＝1／（2πt）の関係がある。例えば時定数2秒はlow-cut filter 0.08 Hzとなる。high-cut filterはoffあるいは10 KHzで記録することが多い。

　記録された眼球運動の大きさ（振幅）は，電極の位置などによって変わる。目安となる視角，例えば20度でどの程度の振幅になるか，あらかじめ眼球運動を記録しておく必要がある。これを校正（calibration）といい，実際の眼の動きは，この値を使って評価する（**図6.9**）。記録に際しては，目標物（視標）の動きと眼の動きの関係がわかるよう，両方を同時記録する。同

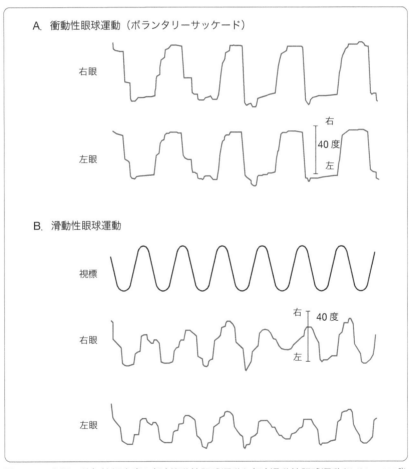

図6.10　右眼の外転神経麻痺の（A）衝動性眼球運動と（B）滑動性眼球運動（筒井ら, 1980[2]）
主に右方向への運動に階段状波形がみられる。

時記録した結果から，波形の違い，振幅（amplitude），運動開始時間（latency）や刺激に追いつくまでの時間（duration）などを観察する。記録条件（時定数）の違う速度波形を観察して，視標の動きに対する追随性を評価する。代表的な眼球運動のEOGを**図6.10**に示す。

B. 視線計測（eye tracking）

　1889年，ジャバル（Javal, L. E.）により，本を読んでいるときの視線移動が衝動性眼球運動と停留の繰り返しであることが報告された。その後まもなく，コンタクトレンズを用いた視線計測法が開発されて，本格的な視線研究が始まった。1956年，ヤーバス（Yarbus, A. L.）はミラーを付けたコンタクトレンズの反射光の動きと刺激画像を重ね合わせて，外界のどこを見ているかを明らかにした。その結果，網膜に与えられた刺激は同じでも，課題によって心理状態が操作されると，視線停留点が異なることがわかり，これを契機に視線計測が本格的に行われるようになった（**図6.11**）。

　顔写真を拡大してみると角膜の上に，景色や街の明かりが映り込んでいることがある。ヒトの頭と光源の位置関係が一定なら，眼の動きに従って，光源の反射像が移動する。この反射像の位置を利用して眼球運動を測定するのが，角膜反射法である。近年の視線計測の多くはこの方法を用いている。

　赤外線カメラで前眼部を撮影（**図6.12**A）した後に，画像を白黒反転（図6.12B）して，更に二値化（白と黒の2色に変換すること）した画像（図6.12C）から瞳孔と角膜反射を検出する。光源の反射は，角膜前面（Purkinje-Sanson第Ⅰ像），角膜後面，水晶体前面，水晶体後面にできるが，多くの角膜反射法では角膜前面の反射を使い，眼が動くことで反射の位置が変わることを利用して視線を計測する。

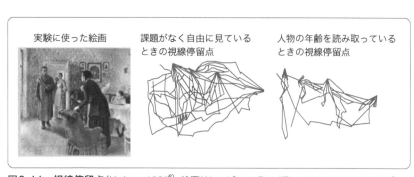

　　実験に使った絵画　　　　課題がなく自由に見ている　　　人物の年齢を読み取っている
　　　　　　　　　　　　　　ときの視線停留点　　　　　　　ときの視線停留点

図6.11　視線停留点（Yarbus, 1967[6]）．絵画はレーピン, I. E. の"They did not expect him"）

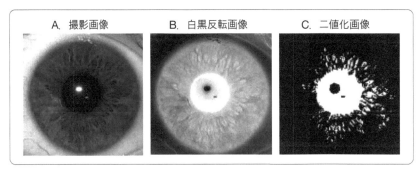

A. 撮影画像　　B. 白黒反転画像　　C. 二値化画像

図6.12　角膜反射の検出

　計測前に，記録器が発する光源によってできる角膜反射と瞳孔の関係を，そのときの注視点座標とともに測定器に記憶させる。複数位置でそれを繰り返して補正係数をつくると，校正時の測定点以外の視線の位置を示す準備ができる（校正）。その後，計測を行い，その座標を刺激画像に重ねると注視位置がわかる。

　近年，視線計測は注意研究，文章を読んでいるときの視線移動の研究，視線のジャンプによる情報処理単位の同定，運転時の視点や疲労の評価，マーケティングなど，心理学の基礎研究のみならずさまざまな応用研究で用いられている。乳児・幼児の認知発達研究では選好注視法[*7)]が多くの成果をもたらし，生後9か月頃には共同注視の成立も確認されている。近年，視線計測技術は，特に発達障害の分析において広く導入され，自閉スペクトラム症の認知特性を明らかにしてきた（図6.13）[8)]。また，この技術は，筋萎縮性側索硬化症などの神経難病によってコミュニケーションに問題を抱えるヒトの意思伝達の手段や，うつ病の評価としても利用されるなど，ヒトのこころの理解に有用な方法となっている。

　視線計測はまた，意思決定の研究に興味深い知見をもたらした。視線制御は前頭葉のブロードマン脳地図8野によるが，どこに視線を移すかは，意思決定に関わる前頭前野（前頭眼窩野，背外側前頭前野および腹内側前頭前野など）の影響を受ける。そうした背景から，視線計測により，意思決定は無意識的な決定が先行し，意識的な判断はその結果に過ぎないことが明らかに

＊選好注視法：好みのものをじっと見る赤ちゃんの習性を観察することで知覚や認知の発達を評価する。

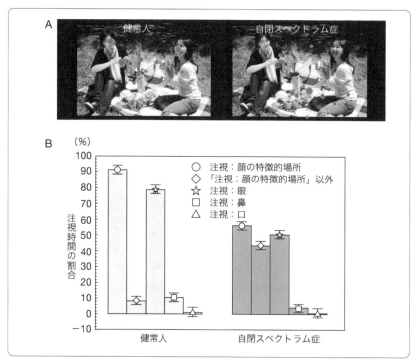

図6.13 （A）健常人と自閉スペクトラム症の視線停留点
　　　　（B）表情認知における視線停留点-健常人と自閉スペクトラム症の比較
（B：Pelphrey, et al., 2002[8]）
健常人では目のあたりを注視するが，自閉スペクトラム症ではそれ以外の部位を注視する傾向がみられる。

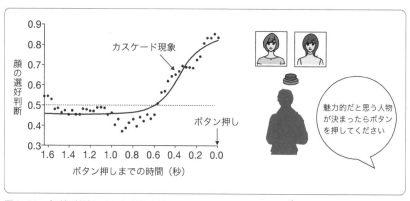

図6.14　視線計測を用いた選好判断課題（Shimojo, et al., 2003[9]）
実験参加者に2人の写真を見せ，どちらの人物がより魅力的かを判断させた。参加者が意思決定のボタン押しをするよりも前に，視線停留時間が好みの写真のほうに傾くカスケード現象が現れている。

された[9]（**図6.14**）。視線計測は，意識に上るヒトのこころだけでなく，意識下のこころの研究にも活かされている。

練習問題 ✏

1. 眼球運動の神経支配に関する以下の記述で，正しいものを2つ選びなさい。

a. 頭頂眼野は，視点を動かすべき目標の形態情報を前頭眼野に送っている。

b. 前頭眼野は，運動野の前方のブロードマン脳地図4野に相当する部位にある。

c. 背外側前頭前野は行動や注意の制御に関わり，前頭眼野にその指令を出力している。

d. 右行きの眼球運動は，左半球の前頭眼野の指令で起こり，この信号が脳幹にある傍正中橋網様体に送られて，左右眼の眼球運動神経核に伝えられる。

e. 外転神経は外直筋の収縮に関わり，その神経核は間脳にある。

2. 眼球運動の計測に関する以下の記述で，間違っているものを1つ選びなさい。

a. 眼電図（EOG）計測の基本原理は，角膜側がプラス，網膜側がマイナスの電位を示す眼球の常在電位の存在にある。

b. 固視微動に同期させて視覚像を動かす静止網膜像の実験では，視覚像は静止し安定して見える。

c. 眼球運動は，固視，衝動性眼球運動，滑動性眼球運動，前庭性動眼反射，眼振，輻輳・開散に大別される。

d. ヤーバスは，視線計測がヒトのこころを推測するために極めて有用な情報を与えることを示した。

e. 自閉スペクトラム症は，顔刺激を提示したときに刺激対象の眼およびその周囲を注視しない傾向がある。

〈引用文献〉
 1. 苧阪良二・中溝幸夫・古賀一男（編）(1993). 眼球運動の実験心理学. 名古屋大学出版会
 2. 筒井 純・武田純爾・市橋 進(1980). 眼科診断における眼球運動. 三島濟一・塚原 勇・植村恭夫（編），眼科Mook　眼と電気生理 (pp.230-253). 金原出版

3. Kobayashi, H., & Kohshima, S. (1997). Unique morphology of the human eye. *Nature*, *387*, 767-768.
4. Sharma, R., Hicks, S., Berna, C. M., Kennard, C., Talbot, K., & Turner, M. R. (2011). Oculomotor dysfunction in amyotrophic lateral sclerosis: a comprehensive review. *Archives of neurology*, *68*, 857–861.
5. Pritchard, R. M. (1961). Stabilized images on the retina. *Scientific American*, *204*, 72-78.
6. Yarbus, A. L. (1967). *Eye movements and vision*. Springer.
7. Fantz, R. L. (1963). Pattern vision in newborn infants. *Science*, *359*, 296–297.
8. Pelphrey, K. A., Sasson, N. J., Reznick, J. S., Paul, G., Goldman, B. D., & Piven, J. (2002). Visual scanning of faces in autism. *Journal of Autism and Developmental Disorders*, *32*, 249-261.
9. Shimojo, S., Simion, C., Shimojo, E., & Scheier, C. (2003). Gaze bias both reflects and influences preference. *Nature Neuroscience*, *6*, 1317-1322.

第 7 章 こころの計測4　心電図・心拍,体温, 発汗, 瞳孔反応

　街であこがれの人と会ったときにドキドキしたすてきな経験をもっている人，また，人前でしゃべるときに手に汗をかいた経験のある人も多いと思う。

　シャクター（Schachter, S）とシンガー（Singer, J）の情動二要因説にもみられるように，感情の表出の背景には，認知的側面と生理的変化の両方がある。"感動"という単語には"動く"という文字が入っているが，動くのはこころだけではない。感情は，生理反応（内分泌系・免疫系・自律神経系の反応），行動反応（接近・回避・攻撃・表情・姿勢など），主観的体験により構成される。この章では，身体に現れる変化，特に自律神経系の生体反応の計測についてまとめる。

7.1節 ┃ 自律神経系の働き

　ヒトを含む脊椎動物の神経系は，中枢神経系とそれ以外の神経系である末梢神経系に大別され，末梢神経系はさらに体性神経系と自律神経系に分けられる。ヒトの特徴は，発達した中枢神経系をもっていることにあるが，すべての働きに対して中枢神経が指令しているわけではない。自動化できることは，中枢神経と連絡を取りながら，自動制御されるシステム，すなわち自律神経系に任せている。これにより中枢神経系，特に大脳の負荷を軽くしているともいえる。

　自律神経系は，ヒトが生物として生きのびるために必要な機能，すなわち循環，呼吸，消化，発汗・体温調節，内分泌機能，生殖機能，および代謝のような機能を自動制御している。高等動物の生体は，それを取り巻く環境因子や生体内部の変化に影響されず，一定の状態に保とうとする機能をもっており，これを恒常性（ホメオスタシス：homeostasis）の維持という。恒常性の維持には，内分泌系・免疫系・自律神経系が働くが，内分泌系・免疫系が緩徐で全身的な調整を担っているのに対し，自律神経系は即時的かつ局所的な調整を行っている。自律神経系の交感神経と副交感神経は，双方が1つの臓器を支配することも多く（二重支配），また1つの臓器に及ぼす両者の作用は一般に拮抗的に働く（相反支配）。これらは，無意識に制御され，

自分の意思でコントロールすることが難しい。自律神経系を乗馬にたとえると、交感神経と副交感神経は、馬がバランスよく順調に前を向いて進むための左右の手綱のようなもので、ヒトが健全な生活を送るために重要な役割を担っているといえよう（**図7.1**）。

交感神経と副交感神経を制御する中枢として、視床下部は重要な役割をもっており、下垂体を通じて内分泌系も制御している。視床下部の下には中脳・延髄・胸髄・脊髄へと続く神経線維がつながっている。自律神経の神経細胞は、長い軸索をもち、信号は神経節で中継されて、臓器や器官に伝えられる。神経節よりも中枢神経側の軸索を節前線維とよび、神経節よりも末梢側、つまり臓器や器官に近い側の軸索を節後線維とよぶ（図7.1）。

交感神経は、脊髄またはそこに接続する体性神経と接続しながら、脊椎の両脇の前外側つまりおなか側を下行していく。この交感神経の束を交感神経幹という。脊髄は、脳と同様に硬膜・くも膜・軟膜に覆われたうえに、その外側を固く大きな椎骨（脊椎）で守られているので、椎骨間で体性神経と交感神経は接続し、その部位に交感神経の神経節をつくる。

副交感神経は、交感神経と異なり、末梢に近い場所まで節前線維が伸び、臓器や器官にごく近いところでニューロンを変えて、次の神経細胞に情報が受け渡される。

7.2節 ▎ 交感神経と副交感神経の伝達と作用

体性神経の運動神経は中枢から出たら神経節を介することはないが、自律神経には神経節がある。自律神経の節前ニューロンはその軸索（節前線維）を伸ばし、節後ニューロンへ情報を伝える（**図7.2**）。節後ニューロンの興奮は、その軸索（節後線維）を臓器や器官に伸ばして、効果を及ぼす。神経節までの節前線維は有髄で、節後線維は無髄神経線維である。かつては運動神経と同様に遠心性の神経線維のみと考えられていたが、求心性線維も含むことが、最近わかってきている。

交感神経と副交感神経は、節前線維の軸索先端と節後ニューロンのシナプスおよび節後線維の軸索先端と効果器との間にシナプスを形成している。両者は、節前線維の軸索先端ではアセチルコリンを放出し、節後ニューロンの興奮を促す。しかしながら、節後ニューロンの軸索先端と効果器との間のシナプスでは、交感神経ではノルアドレナリン（汗腺ではアセチルコリン）、

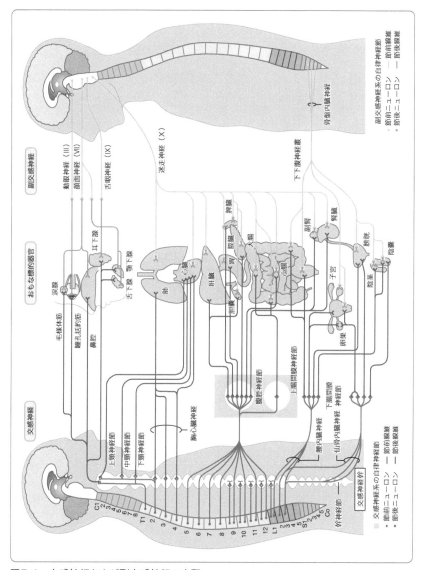

図7.1　交感神経および副交感神経の支配

(小澤一史・上田陽一（2019）．神経系．In 河田光博・小澤一史・上田陽一(編)，栄養解剖生理学．講談社．pp.209-233，図9.20より)

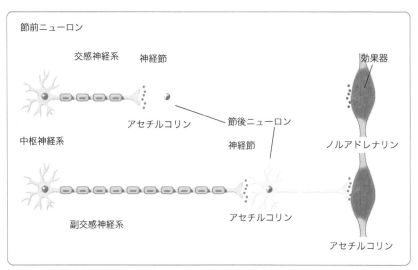

図7.2　交感神経および副交感神経の神経伝達物質

副交感神経ではアセチルコリンが放出されて興奮を伝える。交感神経は，2つの神経伝達物質が揃わないと動作しないような機能的構造になっている。このような交感神経と副交感神経の違いには，副交感神経で生体のベースラインをつくり，いざというときに交感神経を短い時間働かせる両神経の役割分担がみえる。

交感神経は，闘争か逃走か（fight-or-flight）の神経とよばれるように，興奮の刺激を全身のさまざまな器官に伝

表7.1　交感神経と副交感神経の作用

	交感神経	副交感神経
瞳孔	大きくなる	小さくなる
涙腺	分泌抑制	分泌促進
心拍	増加	減少
血圧	上昇	下降
末梢血管	収縮	拡張
肺	呼吸促進	呼吸抑制
気道	拡張	収縮
汗腺	発汗促進	（作用なし）
唾液	分泌促進	分泌促進
胃腸	運動抑制	運動促進
胆のう	弛緩	収縮
膀胱	弛緩	収縮

える神経である。身体の活動量を上げる必要のあるとき，侵害刺激が加わったとき，恐怖など過度のストレスの高い状況におかれたときに，その状態に応えるために重要な役割を担う。交感神経が活性化すると，身体活動は高ま

る方向へ，具体的には心拍数増加，血管収縮，瞳孔径の拡大，汗の分泌増加などの変化が起こる。その一方で腸の運動や粘液分泌は抑制される（**表7.1**）。

　副交感神経は，交感神経系とは対照的に，多くの局面で身体的活動量を下げて落ち着く方向に向かわせる。具体的には心拍数減少，血管拡張，瞳孔径の縮小などの変化が生じる。

7.3節 ｜｜ 自律神経と日内変動[1]

　ヒトの睡眠と覚醒および，体温や血圧などの内分泌系・免疫系・自律神経系や代謝機能は，約１日を周期とする概日リズム（サーカディアンリズム：circadian rhythm）をもっている。視床下部には網膜からの情報を入力する視交叉上核とよばれる部位があり，この部位を摘出すると，睡眠時間は変化しないものの，概日リズムが消失する。このことから，視交叉上核が生物時計の役割を担い，概日リズムの発現に関わることがわかる。ヒトは，本来約25時間周期で変動するリズムをもっているが，朝起きて，太陽光（特に400～500 nmのブルーの光）を浴び，光の信号が視交叉上核に伝えられることで，生体リズムは24時間のサイクルにリセットされる。視交叉上核が刺激されると，同じ視床下部の他の部位も活性化され，体温が上がり，食欲が促され，自律神経系も刺激されて日中の活動に備えることができる。光刺激の情報は，さらに視床の後方にある松果体を刺激し，血中にホルモン（メラトニン）を放出し始める。メラトニンには，脈拍・体温・血圧などを低下させる効果があり，夜になって血中濃度が高まってくると，穏やかな睡眠に導かれる（**図7.3**）（概日リズムの詳細については第14章を参照されたい）。

　また，視床下部からは副腎皮質由来のホルモン（コルチゾール）を放出するためのホルモンが出される。コルチゾールは，糖や蛋白質代謝，抗炎症，免疫抑制作用を担い，過度なストレスで分泌量が増加することから，抗ストレスホルモンとして，日中の活動を支えている。こうした背景から，唾液や血液に含まれるコルチゾールやアミラーゼ量の変化はヒトが感じるストレスの客観的評価に用いられている（ストレス反応については，第13章を参照されたい）。

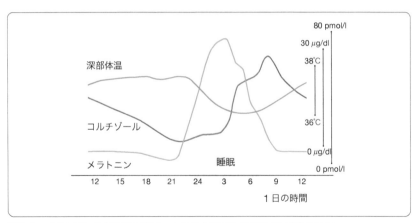

図7.3　メラトニンおよびコルチゾールの血中濃度と深部体温の概日リズム
（Hickie et al., 2013[2]）

7.4節 ‖ 心電図および心拍の計測

　心電図（electrocardiogram）は心臓の電気的な活動を記録するもので，1903年にオランダの生理学者アイントホーフェンによって初めて計測された。アイントホーフェンは，この業績によって1924年にノーベル生理学・医学賞を授与されている。医療では心疾患の診断と治療に役立てられるが，心理学では，こころのゆらぎを客観的に観察する方法として用いられる。

　心臓は，胸のやや左側にある重さ200〜300gの臓器で，体全体に血液を送り出すポンプとして働く。内部は4つの部屋（左心房・左心室・右心房・右心室）に分かれており，それぞれの入口と出口にある弁によって血液の逆流を防ぎながら，一定のリズムで収縮と弛緩を繰り返すことで全身に血液を送っている。全身の血液は，大静脈から右心房に戻り，右心室へ送られる。その後，右心室の収縮により血液は肺動脈を経て肺に送られる。肺で酸素を取り込んだ血液は，肺静脈を経て左心房に戻り，左心室に送られる。左心室の収縮により，血液は大動脈を通って再び全身に送り出される（**図7.4**）。心臓は1分間に約60〜80回（1日に10万回以上）の収縮を繰り返し，1回の収縮で全身に送り出される血液は約70mLであるので，1分間では5Lにもなる。

　心臓の洞房結節は，迷走神経（主に副交感神経からなる）の支配を受けており，迷走神経の興奮は心拍数を減少させる。交感神経の興奮（迷走神経の

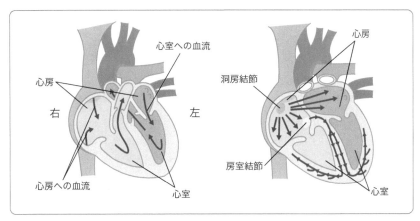

図7.4　心臓の構造と神経支配

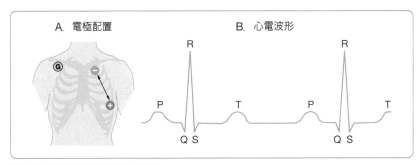

図7.5　計測電極の設置と心電図
P波は心房の興奮, QRS波（R波）は心室の興奮, T波は心室興奮の消退を示す。

抑制）は心拍数を増加させる。洞房結節の興奮性電位は心房を収縮させ，その電位は房室結節へと伝えられ，心筋の収縮を引き起こす。副交感神経は平時のリズムをつくり，交感神経系が優位になると，収縮頻度が高まる。

　健常人における1分間の安静時心拍数の中央値は，10歳代：男性70回・女性71回，20歳代：男性63回・女性69回，50歳代：男性68回・女性68回，70歳代：男性63回・女性66回である[3]。加齢とともに，心拍を上げる必要性があってもついていかない傾向が高くなる。

　心電図の記録に際しては，胸部に電極を取り付けて，心電計に接続する（**図7.5**A：ここでは最低個数の電極を示す）。周波数の高い成分を正確に記録するためには，記録計のサンプリング周波数は高いことが望ましい（500 Hz程度）。

心電図ではP，Q，R，S，T波とよばれる波が，拍動に伴って記録される（図7.5B）。P波は心房の興奮を示す。続くQRS波は心室の興奮を示し，正常では0.1秒ほどの鋭く大きな波になる。T波は心室興奮の消退を示す。心房の興奮から，次の心房の興奮開始までの時間をPP間隔といい，洞房結節の信号発生の間隔に相当する。また，心室興奮から次の心室興奮までの時間をRR間隔という。仮に，1分間に63回の拍動があるとすると，そのRR間隔は952 ms（60,000 ms ÷ 63回）である。連続的に計測している心電図のRR間隔から，1分間では何回の心拍になるのかを逐次計算すると，瞬時心拍数が得られる。仮にRR間隔が857 msに変化すると，瞬時心拍数は70回／分（60,000 ms ÷ 857 ms）に上昇する。心拍を速くするのは，交感神経の働きであり，瞬時心拍をプロットしていくと，課題の難易度・精神的負荷や対人場面での緊張状態などが理解できる。

　近年では，心拍の計測に腕時計型の光学式心拍センサーが用いられる。心電計を装着できない場合や運動時などの心電図の記録も可能である。

7.5節 | 体温調整機能とその計測（サーモグラフィー）

　日本人の平均体温は36.89 ± 0.34℃（脇下の体温）といわれている[4]。子どもの体温はやや高く，高齢者の体温はやや低い。近年では，生活リズムや睡眠の変化，また運動不足などにより，体温の低下傾向が指摘されている。体温が37℃前後である理由は，明らかではないが，代謝と免疫にとって都合のよい温度であるためと考えられている。食べ物からの栄養をエネルギーに変えることを代謝といい，生命維持に重要な役割を果たす。代謝は体温が高いと活発になるが，体温が42℃を超えると体内の酵素系の障害が起こる。一方，体温が37℃より低いと病原体の増殖が活発になる。ヒトの体温は，病原体の増殖を抑制する免疫機能が活性化するためにも，程よい温度に保たれている。

　体温は，運動・気温・食事・睡眠・女性の性周期・感情の変化などにより，だいたい1℃の幅の中で変動する。そのベースには概日リズムがあり，就寝時の体温は低く，起床前から上昇し始め，日中は体温が高く保たれる。高齢者では1日の体温の変動幅が小さく，就寝時に十分下がらない（**図7.6**）。夜間の体温が下がりにくい傾向は，うつ病などでもみられる。

　視床下部の前側には，視索前野とよばれる，体温調節中枢の役目を担う部

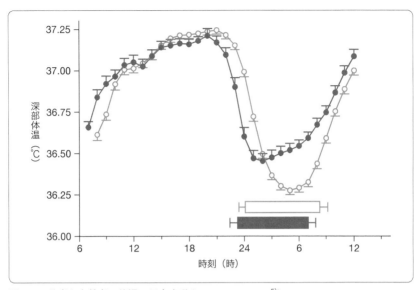

図7.6 若者と高齢者の体温の日内変動（Duffy et al., 1998[5]）

白丸は若者（平均23.4歳），赤丸は高齢者（平均68.3歳）の体温を示す。白のベルトは若者，赤のベルトは高齢者の睡眠時間帯を示す。

位がある。体温は，気温や室温などの外部環境と体の内部の温度（深部体温）の感知により調節されている。ヒトの皮膚表面には，温かさや寒さを感じるための温度受容器（自由神経終末）が約200万個あるといわれており，環境温度の変化をいち早く感知して，体温調節中枢へその情報を伝える。また，体温調節中枢は深部から循環してくる血液の温度にも反応し，生物活動に最適な体温域から逸脱したことを感知すると，熱放散と熱産生で，体温が一定になるよう調整している（**図7.7**）。

　体温調節のベースには，毛細血管における熱交換がある。皮膚の表面に近いところには，温度受容器とともに多くの毛細血管が存在する。毛細血管の血液は，交感神経支配の平滑筋に取り巻かれた1mm以下の小動脈から送り込まれている。交感神経が興奮して，この筋肉が収縮すると，その先にある毛細血管を流れる血液量は減少する。その結果，末梢からの熱放散は最小限に抑えられ，深部体温が上昇する。一方，交感神経の活動が低下して筋肉が弛緩すると，毛細血管を流れる血液量が増加して，体熱の放散が促進される。血管拡張による熱放散は，深部体温が下がるまで続けられる。このような，外気に最も近いところに位置する毛細血管と外気との間の熱交換（熱放散の

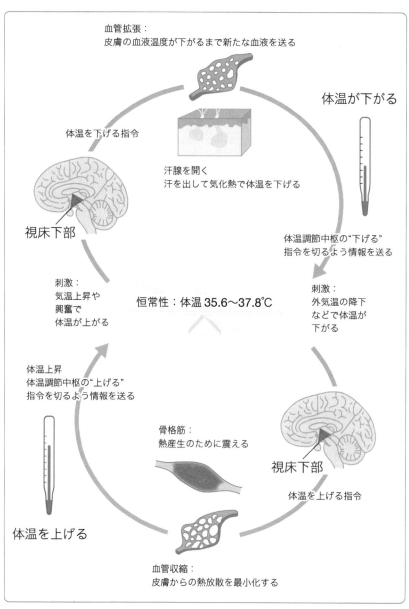

血管拡張：
皮膚の血液温度が下がるまで新たな血液を送る

体温が下がる

体温を下げる指令

視床下部

汗腺を開く
汗を出して気化熱で体温を下げる

刺激：
気温上昇や
興奮で
体温が上がる

恒常性：体温 35.6〜37.8℃

体温調節中枢の"下げる"
指令を切るよう情報を送る

刺激：
外気温の降下
などで体温が
下がる

体温上昇
体温調節中枢の"上げる"
指令を切るよう情報を送る

骨格筋：
熱産生のために震える

視床下部

体温を上げる指令

体温を上げる

血管収縮：
皮膚からの熱放散を最小化する

図7.7　体温調節システム

抑制や促進）が，体温のベースラインをつくっている。さらに，外気温が下がると，熱放散を抑制するとともに，筋肉を震わせて熱産生が始まる。ブルブル震えることで積極的に寒さ対策をしているといえる。一方，外気温が上がると，熱放散を促進するとともに，汗をかくことによる気化熱で体表面の温度を下げはじめる。皮膚の表面には交感神経支配の汗腺（エクリン腺）があり，汗をかくことで，打ち水で暑さをしのぐような効果をもたらしているといえる。

　体温は，心的ストレスによっても変化する。ストレスが加わるとショック相*では自律神経のバランスが崩れて，いったん血圧や体温は低下する。その後，ストレス適応反応が本格的に発動すると，交感神経の興奮により，血圧や深部体温が上昇し，血糖値も高くなる。精神活動（仕事や授業での緊張，対人的緊張）に伴って発熱することがあるが，長期にわたり交感神経の興奮が続くことは，望ましいことではない。

　体温の変化には，他にも視覚や聴覚が影響することが知られている。赤色を見ると体温が上昇し，青色を見ると体温が下降する傾向や，穏やかな音楽で末梢の体温が上昇することなどが知られている。

　1800年，イギリスの天文学者ハーシェル（Herschel, J. F. W.）は，太陽光をプリズムで分光した後，赤色光の外側に温度計を置いたところ，温度計の値が上昇することを見いだし，赤外線の発見につながった。絶対零度（マイナス273.15℃）以上のすべての物質は，赤外線を放射する。物体が発する赤外線は，可視光（おおよそ400～800 nm）より高い波長をもつため見ることはできないが，赤外線量は絶対温度の4乗に比例して増えるため，赤外線カメラで赤外線量を計測して変換すると，対象物の温度を可視化することができる。サーモグラフィーは，赤外線量を熱分布として表した画像（**図7.8**）または測定装置を指し，体温を非接触で計測することができる。

　1960年代以降開発が進められたサーモグラフィーは，近年では自律神経の機能検査に応用されている。皮膚の温度に影響を与えるのは，皮下組織の血流量であり，その量を制御しているのが自律神経系であることによる。皮膚温度は，室温や湿度などの外部環境に大きな影響を受けるため，測定に際しては日本サーモロジー学会のガイドライン等に沿って記録することが望ましい。計測結果は，空間・時間情報（温度分布・時間変動）をもつが，分布

＊ショック相：ストレスが与えられて直後のショックに対して適応できない状態の時期。

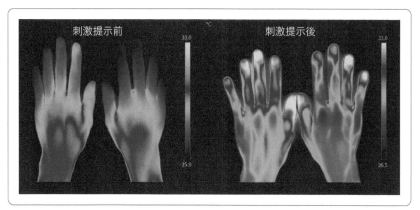

図7.8　サーモグラフィーによる手の温度変化の観察例

の細かさは赤外線カメラのピクセル数に，時間の精度は赤外線カメラのサンプリング周波数に依存する。生体の個体差や実験条件や課題の影響を検討する際は，鼻先のような，大きな血管のない部位に関心領域を定め，その部位のデータの実験条件差などを観察する。実験参加者への接触や侵襲がないため，心理学分野の研究では，情動やストレスの評価などに用いられる。

7.6節 ｜ 発汗の計測

　ヒトは進化の過程で汗をかく体を獲得し，熱を体外に効果的に逃がすことによって，食べ物を求めて広い大地を長時間歩いたり，走り回ったりすることや，熱に弱い脳を守ることが可能になった。

　汗が出るきっかけには，体温調節（温熱性発汗）の他，精神的緊張や情緒的な興奮（精神性発汗）などがある。体温調節のための汗は全身に分布するエクリン腺から出て，精神活動による汗は，エクリン腺に加え脇の下などに局在するアポクリン腺からも出る。「手に汗握る」という言葉があるように，緊張したり興奮したりすると，交感神経の働きにより手に汗をかく。汗は電気的信号を伝導する塩分を含んだ水分で構成されているので，汗の量によって皮膚の電気伝導性や電気抵抗が変化する。この変化の様子，つまり皮膚電気活動（electro-dermal activity：EDA）を記録すると，精神活動を観察することができる。これを皮膚電位図という（**図7.9**）。皮膚電気活動または皮膚電気抵抗の変化は，1791年イタリアの解剖学者ガルヴァーニ

（Galvani, L.）によって発見され，ガルヴァニック皮膚反応（Galvanic skin reflex：GSR）の名前の由来にもなっている。

EDAの中でもGSRは，長年，嘘発見器にも応用されてきた。この方法は，嘘を言っていることを証明するものではなく，人を欺こうという意図による交感神経の興奮を観察するものであるが，実際に計測するとデータの不安定さが目立ち，その解釈には十分な検討を要する。

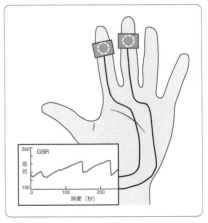

図7.9　皮膚電気反応
指先に付けた電極間の電気伝導性や電気抵抗を記録する。

7.7節 ┃ 瞳孔反応の計測[1)]

　瞳孔の大きさは，副交感神経支配の瞳孔括約筋（輪状筋）とその周りにある交感神経支配の瞳孔散大筋（放射状筋）のバランスによって決まっている（**図7.10**）。これらの筋肉は，いずれも虹彩にあり，眼球内に入る光の量を調整している。これを対光反応という。明所での成人の瞳孔径は3～4mm程度で，新生児と中高年ではやや小さく約2.5mm程度である。年齢以外にも覚醒・情動で変化するため，心理学領域では，瞳孔反応を心的緊張や興奮・疲労・注意レベルなどを表す生理指標として用いる。瞳孔径は副交感神経と交感神経の概日リズムの影響を受けるため，瞳孔径の日内変動自体が観

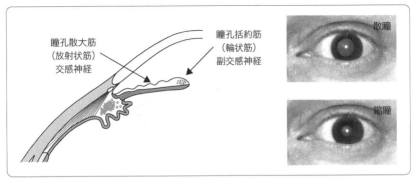

図7.10　瞳孔反応の神経支配

察対象でない場合，つまり課題の効果を観察する場合には，測定時間に注意する必要がある。

　古い実験であるが，心理学者のヘス（Hess, E. H.）は刺激の物理量（光量）が一定であっても，興味のある視覚刺激を見ると瞳孔径が大きくなり，また瞳孔径の大きな人物が好まれる傾向を報告した[6]。近年では，瞳孔径が大きい人を観察すると，その相手に対する投資額が増加し，そのときの参加者の瞳孔径も散大する報告などもある。また，自閉スペクトラム症などでみられる視覚過敏の研究にも用いられている。

　瞳孔径の計測には赤外線電子瞳孔計を使用する。角膜反射と瞳孔の関係を記録する視線計測装置を使う方法もある。

練習問題

1. 自律神経系に関する以下の記述で，正しいものを1つ選びなさい。

a. 自律神経は中枢神経系に分類され，視床下部を介して全身のほとんどの器官を二重支配している。

b. 交感神経の節後線維の軸索先端では，ノルアドレナリンによる情報伝達が行われる。

c. 副交感神経の活動が亢進すると，心拍数は増える。

d. 交感神経の活動が亢進すると，瞳孔括約筋の収縮により瞳孔径は小さくなる。

e. 自律神経には概日リズムがあり，夜間や睡眠時には交感神経が優位に働く。

2. 自律神経系の生理反応の計測方法および結果に関する以下の記述で，間違っているものを1つ選びなさい。

a. 心的ストレスによって交感神経系の活動が亢進し，唾液中のコルチゾールが増える。

b. 心電図のQRS波は心室の興奮を反映している。

c. 心的ストレスに対応するために交感神経が興奮すると血管が収縮し，皮膚表面の体温は低下する。

d. 明所での成人の瞳孔径は3～4 mm程度である。心的緊張や覚醒レベル

が高くなると，瞳孔径が大きくなる。

e. 交感神経の活動が亢進されると精神性発汗が抑制される。皮膚電気活動
の記録により，その様子を観察できる。

〈引用文献〉

1. 日本自律神経学会（編）（2015）. 自律神経機能検査 第5版. 文光堂

2. Hickie, I. B., Naismith, S. L., Robillard, R., Scott, E. M. & Hermens, D. F. (2013).
Manipulating the sleep-wake cycle and circadian rhythms to improve clinical man-
agement of major depression, *BMC Medicine*, *11*, 79.

3. Mason, J. W., Ramseth, D. J., Chanter, D. O., Moon, T. E., Goodman, D. B., &
Mendzelevski, B. (2007). Electrocardiographic reference ranges derived from
79,743 ambulatory subjects, *Journal of Electrocardiology*, *40*, 228-234.

4. 田坂定孝・吉利 和・滝童内博・冨家崇雄・戸川潔・町野龍一郎・篠浦 旭・本田西男・入來正
躬（1957）. 健常日本人腋窩温の統計値について, 日新医学, *44*, 635-638.

5. Duffy, J. F., Dijk, D. J., Klerman, E. B., & Czeisler, C. A. (1998). Later endogenous
circadian temperature nadir relative to an earlier wake time in older people, *Ameri-
can Journal of Physiology*, *275*, 1478-1487.

6. Hess, E. H. (1965). Attitude and pupil size. *Scientific American*, *212*, 46-54.

第 8 章

感覚・知覚と脳神経系の関わり

古代ギリシャの時代から，ヒトがどのように世界を感じているか，「物」と「こころ」の関係は繰り返し哲学的思考の対象であった。プラトンは，この世に本当に実在するものをイデアとし，我々が感じている世界はイデアの"似像"にすぎないとして，物理世界とそれを感じる魂について考えた。プラトンの弟子であるアリストテレスはその思考を深め，感覚器を通してヒトのこころに生まれるものを，視覚，聴覚，味覚，嗅覚，触覚の五感に分類した。

近世になって，哲学者・数学者であるデカルトは，機械論的思考で知覚のメカニズムを説き，物理学者ウェーバー（Weber, E. H.）とフェヒナー（Fechner, G. T.）によって，ついにこころは測定対象となった。こうして心理物理学が誕生し，物理世界を写し取る感覚・知覚の探求が始まった。

8.1節 知覚の共通特性

感覚（sensation）と知覚（perception），さらに認知（cognition）は，情報処理の一連の流れと捉えることができる。外界の情報は，感覚器に存在する受容体細胞によって，神経信号に置き換えられる。これを符号化という。受容体細胞は，その感覚の生成に特化した構造をもっており，他の物理刺激を神経信号に変換したりはしない。符号化した信号は脳へ送られる。受容体細胞および脳の神経細胞は，ともに特定の刺激のみに応答する刺激選択性をもっている。

こうした情報処理の初期段階を「感覚」という。脳内では，感覚情報に意味づけをする過程が待っていて，この段階を「知覚」という。知覚された情報を解釈する過程が「認知」である。解釈には注意や記憶などが関わる。このような，情報が初期から高次に進んでいくことをボトムアップ処理といい，高次の情報がそれ以前の処理に影響を与えることをトップダウン処理という。

感覚器で生成された情報は，それぞれの知覚に特化した第一次感覚野に送られて，その処理を始める。この部位には，視野・体部位や音の周波数の高低が順序よく配置されている（再現性）。また，感度または分解能の高低は

受容体細胞の粗密にほぼ対応しており，高い分解能をもつ帯域は脳内で広い面積を占有している。これを皮質拡大という。

A. 網膜から後頭葉視覚野へ

　外界の光は，角膜・瞳孔・水晶体・硝子体を経て網膜に達する。厚さわずか100〜400 μmの網膜には，視細胞・水平細胞・双極細胞・アマクリン細胞・神経節細胞の5種類の細胞があり，複雑な神経回路網を構成している。光は最も下層にある2種類の視細胞（錐体細胞・桿体細胞）を刺激し，電気信号に変えられる。この信号は双極細胞を介して神経節細胞に伝えられる。視細胞と神経節細胞の間には水平細胞とアマクリン細胞があり，水平細胞は視細胞と双極細胞の間のシナプス伝達を，アマクリン細胞は双極細胞と神経節細胞の間のシナプス伝達を抑制性の信号で修飾する（図8.1）。中心窩付近の錐体細胞・双極細胞・神経節細胞は，収斂することなく1：1：1でシナプス結合しているため，神経節細胞およびそこから伸びる神経線維の多さが，皮質拡大の起源になっている。

　神経節細胞の軸索は，網膜内では無髄であるが，眼球から出ると有髄線維となって視神経の束になり，視床の後ろ側にある外側膝状体へ向かう膝状体系視覚伝導路と，同じく視床の後ろにある上丘へ向かう非膝状体系視覚伝導

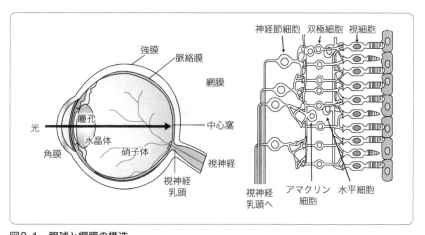

図8.1　眼球と網膜の構造
視覚情報処理は網膜の最下層にある視細胞の興奮に始まる。

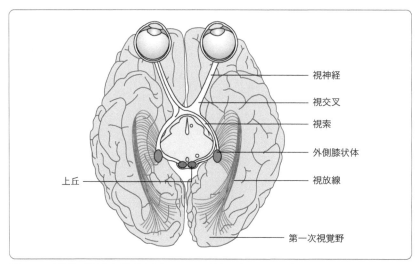

視神経

視交叉

視索

外側膝状体

視放線

上丘

第一次視覚野

図8.2　膝状体系視覚伝導路（青色で示した外側膝状体を経由）および非膝状体系視覚伝導路（赤色で示した上丘を経由）

路に分かれる（**図8.2**）。

i）膝状体系視覚伝導路

　膝状体系視覚伝導路は，網膜神経節細胞から視神経・視交叉・視索・外側膝状体・視放線を経て，第一次視覚野に至る。網膜中心部の狭い受容野で持続的な反応を示す神経節細胞の出力は，外側膝状体のparvo細胞を介して視覚野に至る。parvo経路は，色や形の知覚に関わる。広い受容野で一過性の反応を示す神経節細胞の出力は，外側膝状体のmagno細胞を介して視覚野に至る。magno経路は，動きや視覚対象の位置情報の知覚に関わる。非常に広い受容野をもつ神経節細胞の出力は，外側膝状体konio細胞を介して視覚野に至る。konio経路は色の処理に関わっているが，働きの詳細はわかっていない。

　膝状体系視覚伝導路の中継点である外側膝状体は，6層構造をしている。1・2層はmagno細胞，3〜6層はparvo細胞，これらの細胞層の間にkonio細胞が存在する。右の外側膝状体2・3・5層には同側の右眼の耳側網膜の情報（左視野）が入力し，1・4・6層には対側の左眼の鼻側網膜の情報（左視野）が入力する。耳側網膜の情報は交叉せず，鼻側網膜の情報は交叉して対側の外側膝状体に入力する，この視神経が半交叉している解剖学的構造は，左半視野の情報が右半球にまとまり，右半視野の情報が左半球にまと

まる情報処理構造をつくり出している。

ii）非膝状体系視覚伝導路

　非膝状体系視覚伝導路は，視索から膝状体系視覚伝導路との共通経路を離れ，上丘・視蓋前域に情報を送る。上丘は視線移動の際の空間定位に，視蓋前域は瞳孔対光反応に関わる。1917年，膝状体系視覚伝導路の到達点である後頭葉視覚野の障害で視力を失ったにもかかわらず，動くものは見える患者が報告された。この現象は報告者の名前をとってRiddoch現象といわれ，非膝状体系視覚伝導路の存在とその働きを明らかにするきっかけになった。後に，光や物のおおよその位置を指せることもわかり，これを盲視（blind sight）という。

　従来，光受容細胞は錐体細胞と杆体細胞の2つと考えられていたが，2000年以降，光に反応する細胞（内在性光感受性網膜神経節細胞）が発見された。この細胞の信号は視床下部の視交叉上核に入力し，概日リズムを作ることに寄与している[1]。

B. 後頭葉視覚野

　外側膝状体からの情報は，鳥距溝の周りに位置する後頭葉の第一次視覚野（ブロードマン脳地図17野）に達する。右視野の情報は左半球に，左視野の情報は右半球の第一次視覚野に達する。上半視野は鳥距溝の上，下半視野は鳥距溝の下の脳回に入力する。

　大脳皮質は6層構造をしており，外側膝状体からの左右眼の情報は第一次視覚野の4層の隣り合わせの位置に規則的に入力する（**図8.3**）。4層は左眼または右眼どちらか一方の眼の刺激に反応するが，2・3・5・6層へ情報が伝えられると，左右眼どちらの刺激にも反応する細胞も出てくる。しかし，左眼または右眼に強く反応する傾向は残されて，6層構造を貫いて似かよった性質が観察される（眼優位円柱）。第一次視覚野の神経細胞は特定の方向に傾いた線分にのみ反応する方位選択性をもつ。この方位選択性も6層構造を貫いて似かよった性質が観察される（方位選択性円柱）。このような特定の刺激にのみ選択的に反応する様子を刺激選択性といい，その発見は，視覚はもとより大脳皮質の神経細胞の特性を明らかにする研究の夜明けをもたらし，ヒューベル（Hubel, D. H.）とウィーゼル（Wiesel, T. N.）はその功績により，1981年にノーベル生理学・医学賞を受賞した。

　第一次視覚野には中心視野から周辺視野の情報が実空間を映すように順序

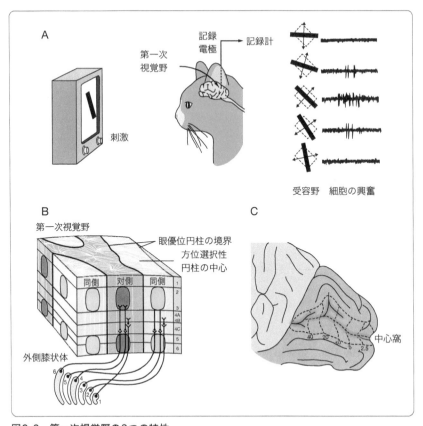

図8.3 第一次視覚野の3つの特性
（A）方位選択性,（B）眼優位円柱および方位選択性円柱,（C）視野再現性

だって入力する（視野再現性）。その際，視野の中心部は拡大表現され（皮質拡大），中心視野に高い空間分解能をもたらしている。

　第一次視覚野2層からは第二次視覚野に出力され，5・6層からは視床や線条体などに出力される。脳内は，初期領域（つまり，感覚野に近い領域）から高次領域（前頭葉の連合野など）へのフィードフォワード（ボトムアップ）の情報の流れと，逆方向の高次から初期の脳領域へのフィードバック（トップダウン）の情報の流れがある。視覚野に限らず脳内の多くの場所は，このような処理を行うために双方向のネットワークで結ばれている。

　視覚情報処理は，第一次視覚野以降，脳内の異なる場所で並列的かつ階層的に処理が進んでいく。脳内の視覚情報処理経路には，腹側経路（ventral stream：what経路），背側-腹側経路（dorsal-ventral stream：

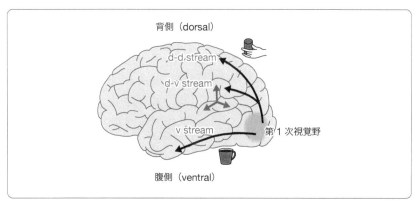

図8.4　大脳皮質における視覚情報処理の流れ
ヒトの脳の場所を表すとき，多くの四足動物の表現にならって，頭の上側を背側（dorsal），下側を腹側（ventral）と表現する。その表現に従い，視覚情報処理の流れも，側頭葉下部に向かう経路を腹側経路（ventral stream），頭頂葉に向かう経路を背側経路（dorsal stream）という。背側経路は2つに分かれ，MT/MST野を経て下頭頂小葉に向かう経路は背側-腹側経路（dorsal-ventral stream），上頭頂小葉に向かう経路は背側-背側経路（dorsal-dorsal stream）とよぶ。各経路はそれぞれ，形や色の処理，空間位置や動きの処理，対象物に対するアプローチに関わる。

where経路），背側-背側経路（dorsal-dorsal stream：how経路）の3つがある（**図8.4**）[2, 3]。

　腹側経路の情報処理は，主にparvo細胞の特性を引き継ぎ，第二次視覚野・第四次視覚野そして下側頭葉に処理を進め，色と形の知覚が生まれる（what経路）。物体認識をジオンとよばれる基本形状の統合として考える理論[4]があるが，下側頭葉にはそうした形の基本となる細胞群が発見されている[5]。この経路では，形の知覚だけでなく，図地分離，視覚補完，大きさの恒常性，立体視など高次視覚に関わる神経活動が記録される。また，顔・道具・風景の知覚に特化した部位の存在も明らかになっている。

　背側経路の情報処理は，主にmagno細胞の特性を引き継ぎ，第三次視覚野から第五次視覚野（MT野）へと進み，位置や動きの知覚が生まれる。MT野の近傍にはMST野があり，この部位は眼が動く前と後の情報を統合することで，眼が動くことによって生じた視覚像のブレを補正する働きをもつ（where経路）。さらに頭頂寄りに，視覚対象物に対してアプローチするための経路の存在も明らかにされた（how経路）。一酸化炭素中毒で腹側視覚野が障害されたD. F.は"見えない"にもかかわらず，ポストに見立てた実験装置の口に正しく板状の器具を入れることができ，また，エビングハウス錯視図形の主円（中央の丸）の大きさを，動作で見積もると錯覚が生じな

かった。こうした報告が，新たな視覚情報処理経路（how経路）の発見につながった[3]。

　視覚情報処理を担う部位は，後頭葉にとどまらない。前頭葉には，眼球運動に関わる前頭眼野があり，頭頂連合野および第四次視覚野から，空間と形態の情報が送られる。前頭眼野の働きについては第6章で詳説したので，参照されたい。また，眼窩前頭前野において低空間周波数成分の処理が行われる。低周波数のぼんやりした視覚情報から可能性のある物体候補をあらかじめ想起することで，すみやかな物体認識やシーン全体の理解に寄与するという報告もある[6]。

　腹側経路の障害で，視覚物体失認や相貌失認が現れる。背側経路の代表的疾患にバリント症候群がある。この疾患は両側の頭頂–後頭葉の損傷による精神性注視麻痺（視線が1つの対象に固定され，そこから自発的に動かせない），視覚性運動失調（固視した対象であってもスムーズに手を伸ばしてつかめない），空間性注意障害（注視した対象以外のものに気がつかない）を認める。一方，右頭頂葉を中心とする損傷では構成失行が生じ，簡単な図柄の模写や立体的な図柄の理解，積み木ができないなど空間視の障害が現れる。

8.3節 ┃ 聴覚

A. 蝸牛から側頭葉聴覚野へ

　空気の粗密は，耳たぶで集められ，約3cmの外耳道を経て鼓膜を振動させる。このわずかな空気の粗密が，音の周波数の高低の元になる。鼓膜の振動は，耳小骨（ツチ骨・キヌタ骨・アブミ骨）で増幅され，1cm程度の大きさの蝸牛に達する。蝸牛は伸ばすと33mmほどの管になっており，その中は前庭階・中央階・鼓室階に分けられる。中央階には音をつくるコルチ器官がある。蝸牛管はリンパ液で満たされており，耳小骨（アブミ骨）が小さな窓を通して，水面を押し付けるようにリンパ液を振動させる。その振動は，蝸牛の中をめぐり，中央階の特定の場所の基底膜を上下させる。基底膜にはコルチ器官が乗っており，内有毛細胞の先端へのリンパ液による刺激および，外有毛細胞の先端が蓋膜に触れることによる刺激により，神経信号がつくられる（図8.5A）。

　ヒトの可聴域は20〜20,000Hzであり，蝸牛管の入口付近の有毛細胞は高い周波数に，奥の有毛細胞は低い周波数の振動に反応し，この関係は連

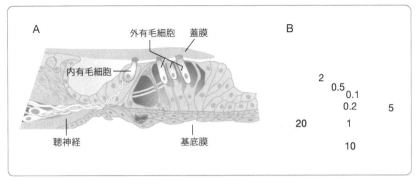

図8.5　（A）蝸牛のコルチ器官と（B）基底膜の周波数応答特性（kHz）
（A：河田光博（2019）. 感覚器系. In 河田光博・小澤一史・上田陽一（編），栄養解剖生理学，講談社.
pp.235-261，図10.9より．B：Fettiplace & Hackney, 2006[7]）.
蝸牛管の中央階にある有毛細胞の興奮が蝸牛神経を経て，上位過程に送られる。有毛細胞の興奮は
周波数地図を形成しており，高い周波数から低い周波数まで，連続している。

続性をもって配置されている（図8.5B）。しかしながら，この周波数に対
する選択性は蝸牛管の中に均等に割り振られているのではなく，特定の周波
数帯域が広い面積を占めている。このことは，聴覚野で，特定の周波数に応
答する神経細胞が整然と配列する周波数再現と皮質拡大の起源になっている。

　蝸牛神経の興奮は，橋と延髄の境目あたりにある蝸牛神経核に送られる。
その後，対側の上オリーブ核・下丘・内側膝状体に伝えられる。内側膝状体
は視床の後ろ側にあり，近くには外側膝状体がある。内側膝状体を出た信号
は聴放線を経て側頭葉の第一次聴覚野に送られる（図8.6）。この部位は，
シルビウス溝の内部にある側頭平面に位置し，ブロードマン脳地図の41野
に相当する。

B. 側頭葉聴覚野

　第一次聴覚野は，周波数再現を示すが，その周波数特性は均等ではなく，
周波数のわずかな変化を弁別できる帯域は，聴覚野で広い面積を占める皮質
拡大が顕著である（図8.7）。ヒトでは2,000〜4,000 Hzあたりの周波数
の音に高い感度を示すが，この帯域は，赤ちゃんの泣き声やアラーム音にほ
ぼ合致する。第一次聴覚野は音量の大小も評価している。

　第二次聴覚野は第一次聴覚野の周りに存在し，ブロードマン脳地図の42
野に相当する。リズム・メロディ・ハーモニーのパターンの処理を担ってい
ることが示唆されている。第二次聴覚野では，処理に半球差が現れはじめ，

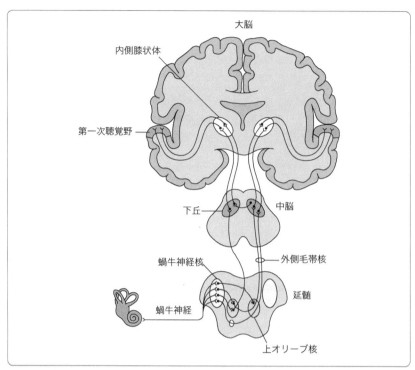

図8.6　聴覚伝導路
耳から入った情報は，同側の蝸牛神経核に入り，対側の上オリーブ核に伝えられた後に上側頭回にある第一次聴覚野に入力する。

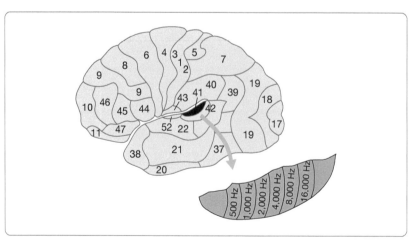

図8.7　第一次聴覚野と周波数再現
第一次聴覚野の前側に低周波数，後方に高い周波数の情報が入力し，処理される。

音楽は右半球優位を，音声言語は左半球優位を示すようになる。

　音声言語情報は，42野の下側のブロードマン脳地図22野の後方（ウェルニッケ野）に送られ，音声言語の意味処理が始まる。この部位の障害では，発話には問題がなく流暢にしゃべるが，他者の音声言語の理解に問題があり，自分のしゃべる言葉の内容に意味的な一貫性が失われる。言語情報処理については，第10章で詳説する。また，聴覚は注意の影響を受けやすいが，この点については，第11章で詳説する。

　聴神経に問題がなく，内耳の疾患で難聴がある場合に，人工内耳により聴覚補助を行うことがある。人工内耳は，体外にある音声分析装置で音を電気信号に変換して，蝸牛に挿入した電極で聴覚神経を刺激するものであり，言語獲得との関係で，時期と対象を選んで手術を考える。

8.4節 ｜ 体性感覚

A. 機械受容器から体性感覚野へ

　体性感覚は，触覚，温度感覚，痛覚の皮膚感覚と，筋や腱などに起こる固有感覚からなる。後者は自己受容感覚ともよばれ，筋肉からの情報により身体部位の位置の情報を得るものである。この点については，第11章で詳説し，ここでは触覚および温冷覚・痛覚について解説する。

　皮膚には，受容野の広さと刺激に対する順応の速さが異なるマイスナー小体，メルケル盤，パチニ小体，ルフィニ終末の4種類の受容体細胞が異なる深さで存在している（**図8.8**）。これらの受容体細胞は，押される，引っ張られるなどの機械的な刺激により神経信号を発生させるために，機械受容器とよばれる。その反応特性により，バリエーションに富んだ触覚がつくられる。

　マイスナー小体は，真皮の最も浅い位置（表皮の直下）に存在し，受容野が狭く，順応が速い反応特性，つまり一時的な反応を出力する。滑るように移動する感覚やタッピングや振動などの切れのよい局所的な触覚をつくり出す。

　メルケル盤は，表皮の最深部に存在し，受容野が狭く，順応が遅い反応特性，つまり持続的な反応を出力する。そのような特性から，押されるような感覚や小さな凸凹を高い空間分解能で弁別する。

　パチニ小体は，皮膚の深部にあり，受容野が広く境界が不鮮明で，順応が

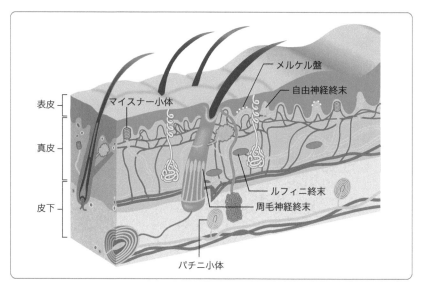

図8.8 体性感覚の感覚器
（河田光博 (2019). 感覚器系. In 河田光博・小澤一史・上田陽一（編），栄養解剖生理学. 講談社. pp.235-261. 図10.14より改変）

速い反応特性，つまり一時的な反応を出力する。振動やくすぐったい感じをつくり出す。

　ルフィニ終末も，皮膚の深部にあり，受容野が広く持続的反応を出力する。じわっと引っ張られるような感覚をつくり出す。

　表皮には，上記の機械受容器の他に，強い機械的刺激だけでなく化学的・熱刺激にも反応する自由神経終末がある。自由神経終末は侵害受容器ともいわれ，他の受容体に比べて圧倒的に数が多く，順応が無限に遅い（順応しない）。この反応特性は，生体にとって重要な危険信号を生成して，脳に送るのに適している。

B. 体性感覚野

　機械受容器の信号は，脊髄の後索から内側毛帯を経て，対側の視床に達する。温度・侵害信号は，脊髄後角から脊髄網様体路を経て，同じく対側の視床に達する。視床からの出力は，第一次体性感覚野に達する（**図8.9**）。第一次体性感覚野は，前頭葉と頭頂葉の境界の目安となる中心溝のすぐ後ろの脳回（中心後回）で，ブロードマン脳地図3・1・2野に相当する。3野が最も中心溝側にあり，1野さらに2野へと進む情報処理の階層性がある。1・2

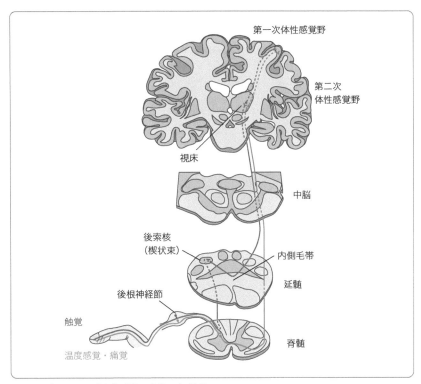

第一次体性感覚野

第二次
体性感覚野

視床

中脳

後索核
（楔状束）

内側毛帯

延髄

後根神経節

触覚

温度感覚・痛覚

脊髄

図8.9　触覚および温度感覚・痛覚の伝導路

野後方には，頭頂連合野5・7野があり，1・2野の情報は，視覚情報と統合
されて，見たものに手を伸ばす運動（到達運動）に利用される。

　第一次体性感覚野の情報は，第二次体性感覚野に送られる。この部位は，
ブロードマン脳地図43野に相当し，島皮質後部の外側頭頂弁蓋部にあたる。
この部位は，身体全体を統合した感覚や痛みの処理に関わり，情動や注意の
影響を受ける。

　脳神経外科医ペンフィールドは，患者の中心後回の局所（第一次体性感覚
野）を直接電気刺激し，刺激によって生じる知覚の口頭報告をまとめて体部
位再現地図をつくった。まるで脳の中の小人のようなそれは，ホムンクルス
とよばれる。ヒトでは顔と手の領域が大きく，皮質拡大がみられる（**図
8.10**）。1980年頃，マーゼニック（Merzenich, M. M.）らより，正中神
経や身体部位の切断などによって，第一次体性感覚野の入力がなくなると，
体部位再現性が変化することが報告された[8]。この報告により，成人の大脳

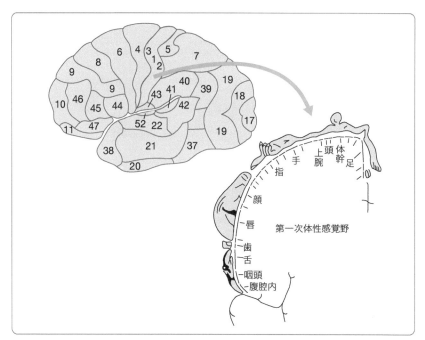

図8.10　第一次体性感覚野の体部位再現性

皮質にも可塑性があることが明らかになり，リハビリテーションに新たな可能性を与えた。

　事故などで手や足を失った人でも，頭の中では，まだ手や足があるように感じていることがあり，幻の手や足がとても痛いと感じることを幻肢痛という[9]。痛みの情報は，機械受容器，温度感覚器および侵害受容器からもつくられるが，痛みは単に体性感覚の問題ではなく，注意や情動によって修飾される。島皮質は痛みの中枢といわれており，この部位と情動に関わる扁桃体は双方向に情報のやり取りをしている。

8.5節 ‖ 嗅覚

　嗅覚と味覚は，物質から発せられる化学物質により生じるという共通点をもっている。しかし，嗅覚は，"嗅ぐ"という行為で少し遠くの範囲から化学物質を集めることができ，腐敗したものが口の中に入る前に，その危険性を教えてくれる。

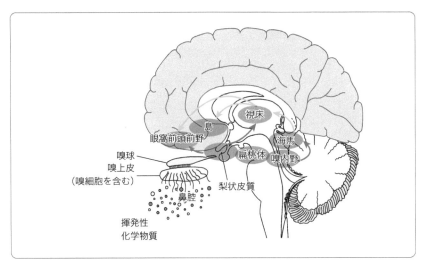

図8.11 嗅覚の情報処理

　鼻の中に入ってきた空気中の揮発性化学物質は，鼻腔内にただよい，鼻腔の天蓋にある粘膜（嗅上皮）の嗅細胞によって感知される。この嗅細胞は特定の化学物質に対してのみ反応する刺激選択性があり，嗅細胞が脱分極すると，その信号が師骨盤を貫いて嗅球に伝えられる（**図8.11**）。その情報はさらに梨状皮質，扁桃体，視床下部，眼窩前頭皮質などに伝えられる。梨状皮質を第一次嗅覚野，眼窩前頭皮質を第二次嗅覚野とすることもある。梨状皮質は，情動に関わる扁桃体，記憶に関わる海馬，複数の感覚野，自律神経やストレスに対応するための内分泌系制御に関わる視床下部，情動反応・価値判断・予測・期待に関わる眼窩前頭皮質など，多くの場所とつながっている。このことは，嗅覚が意識下でヒトの認知行動に大きな影響を与える可能性を示している。

　ヒトの嗅覚受容体細胞は400種程度であるのに対し，マウスは1,300種，ゾウは1,950種程度である。ヒトの場合は，他の感覚からの干渉や高次認知過程からのトップダウン効果が大きいと思われる。ヒトは，生後5〜6日目で母親の母乳の匂いを他者のそれと弁別でき，生後半年で嗅覚は成人レベルに達する。匂いの好みなどは，その後の学習によって獲得される。

　味覚は，主に舌の表面の味蕾の味細胞でつくられるが，その奥の喉にも受容体細胞がある。舌の表面には，乳頭とよばれる小さな突起が多くみられ，前側には主に糸状乳頭・茸状乳頭が分布し，後側には葉状乳頭・有郭乳頭が分布している。糸状乳頭以外には味蕾があり，その中に味細胞が存在する。味細胞には刺激選択性があり，この細胞の信号が味覚の基盤をつくる。

　茸状乳頭の味覚信号は顔面神経の分枝である鼓索神経を介して，また葉状乳頭・有郭乳頭の味覚信号は舌咽神経を介して，延髄（弧束核）に送られる。喉の味覚は迷走神経を介して延髄に送られる。延髄からは，視床を介して，第一次味覚野に情報が伝わる。島の前方および前頭弁蓋部（ブロードマンの脳地図43野）が第一次味覚野に相当し，この部位には，大まかな味の地図のようなものが存在し味の弁別を行う。その後，信号は第二次味覚野とされる前頭眼窩野（ブロードマンの脳地図11野）に送られ，好みなどが反映される（**図8.12**）。

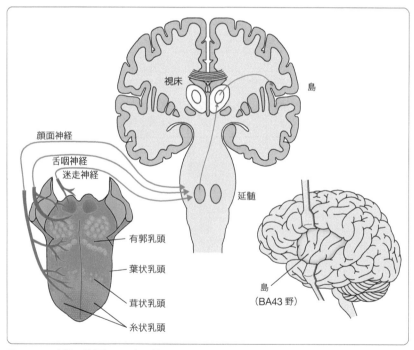

図8.12　味覚の情報処理と島の位置

　本章では，ここまで，感覚器から脳へ，また脳内の知覚情報処理プロセスについて，独立した経路を紹介してきた。しかしながら，外界の状況やその変化を捉え，自分の状態やその変化を捉える知覚・認知過程は，その結果として生じる行為も含めて，多感覚を統合する脳内過程が必要である。

　その過程には，同一感覚モダリティーでの情報統合（例えば，赤い車が右から左に走っていく）や，味覚が視覚の影響を受けるような，複数の感覚モダリティーが影響し合うクロスモーダル効果がある。

　感覚間の相互作用は古くから報告されている。例えば，赤インクで書かれた「あお」の単語が読みにくくなるような，同時に提供される2つの情報が干渉し合うストループ効果（Stroop, 1935）や，「Ba」という音声と同時に「Ga」と言っている話者の画像を提示すると，音声が「Da」と知覚されるマガーク効果（McGurk & MacDonald, 1976）などは，よく知られた相互作用であろう。また，左右の2つの光点が画面上で行き違うときに音刺激を加えると光点が衝突したように知覚するストリームバウンス錯視（Sekuler, et al., 1997）や，1回だけ点滅する光と同時に短い音を2回連続して与えると，光の点滅が2回に感じられるダブルフラッシュ錯覚（Shams et al., 2000）なども報告され，互いに影響を及ぼし合う知覚過程が存在することは明らかである。

　こうした現象が起こりうる，共通の感覚入力がある場所として，大脳皮質では主に頭頂連合野・島・帯状回などがあり，皮質下では視床が重要な役割を果たしていると考えられる。情報統合の難易度や統合価値などについては，さらに多くの脳部位が関わるが，今後さらに研究が進む分野として期待される。

　感覚の統合は神経科学上の興味だけではなく，切断してなくなった手や腕の痛みで苦しむ幻肢痛の患者の治療に応用されている。アメリカの神経科医であるラマチャンドラン（Ramachandran, V. S.）は，中央の鏡で仕切りをつくった鏡箱を考案した。箱の中に両腕を入れて，存在しない手の位置に存在する側の手の鏡像を重ね，正常な手が動く鏡像を見ていると，存在しない幻の手が動いているような錯覚が生まれ，この方法で幻肢痛を和らげることに成功した[9]。この実験は，知覚が脳でつくられることに併せ，行為を含む多感覚統合，さらに身体をベースとする自己（第12章参照）とも関わ

り，その重要性を考えさせられる。

なお，「感覚統合」に関しては，脳における感覚間の統合という観点から，発達障害児のリハビリテーションにおいて，感覚統合療法として実施されている。

8.8節 ║ 共感覚

共感覚とは，「文字に色がついて見える」，「音を聞くと色が見える」，「味に形を感じる」など，与えられた刺激に対して通常の感覚だけでなく異なる感覚が生じる知覚現象をいう。共感覚が起こっているとき，音楽を聴いていて，紡錘状回（色覚の上位中枢）が活動するなど，その現象に対応する脳部位が活動する。

共感覚は，女性がやや多く，家族性がみられるが，原因はよくわかっていない。近年，生後の発達期に刺激を受けて起こる神経結合（シナプス）の刈り込みが不完全なために生じる可能性があることが報告された。シナプス刈り込みは知覚狭小化をもたらし，刺激と知覚の1対1の関係を築くが，共感覚では，これが不完全であるという [10]。今後も解明が進んでいくと思われる。

練習問題 ✏

1. 大脳皮質における感覚野の特性に関する以下の記述で，間違っているものを1つ選びなさい。

a. 第一次視覚野の神経細胞には刺激選択性があり，感覚野に共通するこの特性はヒューベルとウィーゼルによって発見された。

b. 第一次聴覚野の神経細胞は特定の周波数の音に選択的に反応し，高低順に規則正しく配置されている。

c. 第一次体性感覚野の神経細胞は，末梢からの体性感覚情報を処理している。右半球のこの部位には反対側（左半身）の体部位再現性が存在する。

d. 感覚における弁別能力の高さは，感覚器における受容体細胞の多さに比例し，第一次感覚野で占める面積も広い。これを皮質拡大という。

e. 第一次感覚野に到達した神経信号は次の情報処理過程に進んでいく。こうした階層的情報処理にはトップダウン信号の関与はない。

2. 五感の成立に関する以下の記述で，正しいものを1つ選びなさい。

a. 形態や色の知覚には，背側-腹側経路（where経路）が関わる。

b. 高音は蝸牛の奥の有毛細胞の興奮をもたらし，蝸牛神経にそれを伝える。

c. 自由神経終末は，皮膚の深部にあり，触覚・温冷覚に関わる。

d. 嗅細胞の興奮は嗅球に集まり，梨状皮質を介して扁桃体などに送られる。

e. 第一次味覚野は前頭弁蓋部にあり，その活動が味の好みを決定している。

〈引用文献〉

1　Wong, K. Y., Dunn, F. A., & Berson, D. M. (2005). Photoreceptor adaptation in intrinsically photosensitive retinal ganglion cells. *Neuron*, *48*, 1001-1010.

2．Mishkin, M., & Ungerleider, L. G. (1982). Contribution of striate inputs to the visuo-spatial functions of parieto-preoccipital cortex in monkeys. *Behavioural Brain Research*, *6*, 57-77.

3．Goodale, M. A., Milner, A. D., Jakobson, L. S., & Carey, D. P. (1991). A neurological dissociation between perceiving objects and grasping them. *Nature*, *349*, 154-156.

4．Biederman, I. (1987). Recognition-by-components. *Psychological Review*, *94*, 115-147.

5．Fujita, I., Tanaka, K., Ito, M., & Cheng, K. (1992). Columns for visual features of objects in monkey inferotemporal cortex. *Nature*, *360*, 343-346.

6．Kveraga, K., Boshyan, J., & Bar, M. (2007). Magnocellular projections as the trigger of top-down facilitation in recognition. *Journal of Neuroscience*, *27*, 13232-13240.

7．Fettiplace, R., & Hackney, C. M. (2006). The sensory and motor roles of auditory hair cells. *Nature Reviews Neuroscience*, *7*, 19-29.

8．Merzenich, M. M., Kaas, J. H., Wall, J., Nelson, R. J., Sur, M., & Felleman, D. (1983). Topographic reorganization of somatosensory cortical areas 3b and 1 in adult monkeys following restricted deafferentation. *Neuroscience*, *8*, 33-55.

9．Ramachandran, V. S. & Blakeslee, S. (1999). *Phantoms in the brain*. William Morrow.（山下篤子（訳）(2011). 脳のなかの幽霊. 角川書店）

10．Maurer, D., Ghloum, J. K., Gibson, L. C., Watson, M. R., Chen, L. M., Akins, K., ... Werker, J. F. (2020). Reduced perceptual narrowing in synesthesia. *Proceedings of the National Academy of Sciences of the United States of America*, *117*, 10089-10096.

第 9 章 学習と脳神経系の関わり

　日常生活では，学習というと学校などでの勉強を思い浮かべる人も多いだろう。しかし心理学では学習をもっと一般的なものとして取り扱う。この章では，学習の定義を「経験による行動の変化とその基礎にある過程」とし，その脳内メカニズムを中心に解説する。また次章でも触れるように，学習は記憶とセットで語られることが多いが，「経験によって変化する行動」の変化の過程に焦点を当てるのが学習，変化の保持に焦点を当てるのが記憶と考えることができる。この章では，学習の過程とその産物である記憶の分子・細胞レベルのメカニズムについて，その方法論とともに紹介する。

9.1節 | 記憶の実態

　脳における記憶の実態（記憶痕跡，エングラム）は何なのか，どのように行われているのかについては，現在においてもまだ完全に解明されたわけではない。ちなみにエングラムという言葉はドイツの生理学者ジーモン（Semon, R.）による造語で，記憶の痕跡を指す。脳内の記憶の痕跡探しは既に20世紀初頭には行われている。脳の解剖学的知識のあったラシュレイ（Lashley, K. S.）は，迷路学習させたラットの脳をさまざまな程度に損傷しその影響を調べた実験を行い，その当時広く信じられていた連合野に記憶の痕跡があるという仮説を検証していた。ところが予想に反し，学習によって獲得した能力の低下は破壊の量にほぼ比例し，皮質の解剖学的な違い（部位）には左右されなかった[1]。このことは，大脳皮質には機能の局在はなく（等脳性），大きな損傷は小さな損傷より学習に大きな影響を及ぼす（量作用）ことを意味し，記憶の局在を否定するものであった。その後の研究で，すべての大脳皮質が均等に記憶に寄与するものではないことが明らかとなりこの説は否定されたが，記憶がどのように大脳皮質に分散して形成され保持されるのかに目を向けさせた貢献は大きい。

　1950～70年代には，ハイデン（Hydén, H.）らによりネズミが学習すると神経細胞内のRNA組成が変わること，コーニング（Corning, W. C.）らによりRNA分解酵素によりプラナリアの記憶が消失すること，マコーネ

ル（McConnell, J. V.）らにより訓練したプラナリアをすりつぶし未訓練のプラナリアにエサとして与えると記憶が移ること，などの研究が次々発表され，RNAが記憶の本体であるとする記憶痕跡RNA説が提唱された[2]。これらの実験は，当時からその方法論の不手際や解釈の誤りが指摘されほぼ否定されたものとなっていた。しかし最近になって，グランツマン（Glanzmann, D. L.）らが訓練をしたアメフラシからRNAを抽出し訓練を受けていない個体に移植すると，その個体は訓練をしたことがないにもかかわらず刺激に対し訓練をした個体と同様の反応をすることを見いだし，RNAが記憶を媒介する可能性が示されている[3]。

　では記憶の実体のもう1つの考え方を紹介しよう。ラシュレイの弟子であったヘブ（Hebb, D. O.）は，刺激に応答して活動する1つの閉じた細胞群（セル・アセンブリ）が形成され，記憶とはその細胞どうしの結合に広く分配され蓄えられる構造的変化であると考えた。そして神経細胞Aの発火によりBの発火が続いて起こると，両神経細胞間のシナプスに変化が起こり信号の伝達効率が変化するというヘブ則という考え方を示し（**図9.1**），これがセル・アセンブリ内で起こる学習の本体であるとした[4]。ヘブ則に代

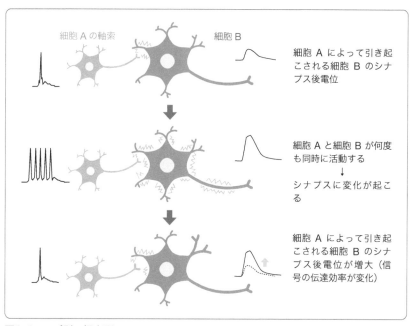

細胞 A の軸索　　細胞 B

細胞 A によって引き起こされる細胞 B のシナプス後電位

細胞 A と細胞 B が何度も同時に活動する
↓
シナプスに変化が起こる

細胞 A によって引き起こされる細胞 B のシナプス後電位が増大（信号の伝達効率が変化）

図9.1　ヘブ則の概念図

表されるこのような考え方をシナプス可塑性といい，現在ではこのシナプス可塑性による神経細胞どうしの結合力の変化，つまりシナプスの精緻化そのものが記憶の実体ではないかと考える研究者が多い。

9.2節 | 学習と記憶の分子メカニズム

では次に，記憶形成の細胞・分子メカニズムについてみていこう。

記憶や学習の分子メカニズムを調べるには，ヒトの脳は複雑すぎ，また侵襲的な実験も難しい。一方，単純な無脊椎動物であっても，その神経系にはヒトと共通している部分がある。このような経緯から，記憶の分子メカニズムの研究は主に動物を対象として行われている。このような還元主義的アプローチで最も成功した例は，カンデル（Kandel, E. R.）らが行ったアメフラシを用いた学習実験である。

ここでアメフラシを用いた研究を紹介する前に，実験で行う学習について説明しておこう。動物，特に無脊椎動物を使った実験では，感覚を運動に結びつける，いわゆる手続き学習が用いられることが多い。手続き学習は，単一の刺激がある一定期間続いたときに起こる反応の変化を指す非連合学習と，出来事の関連性を形成する連合学習とに大別される。そして非連合学習は馴化（慣れ）と鋭敏化（感作）の2種類に，連合学習は古典的条件づけとオペラント条件づけの2種類に分けられる。

A. アメフラシを用いた研究

アメフラシ（**図9.2A**）は大きな神経細胞と同定しやすい神経回路を有しており，行動のレパートリーは限られているが単純な学習ができるため，神経系の研究をするためのモデル動物に適している。アメフラシには，水をサイフォン（水管）に噴射したり触れたりするとエラを引っ込めるというエラ引き込み反射があり，この反射は水の噴射を繰り返すと慣れを起こす（馴化する）。エラ引き込み反射に関わる神経回路は，サイフォンへの刺激を感知する感覚神経細胞，エラ引き込み運動を引き起こす運動神経細胞，これら2つの細胞の活動を調節する介在神経細胞からなる。カンデルらは，この馴化過程の感覚神経細胞と運動神経細胞の電気活動や神経伝達物質の放出を記録した。そして，馴化が起こると，シナプス前細胞である感覚神経細胞の活動電位あたりの軸索端末の神経伝達物質の放出が減少し，シナプス後細胞であ

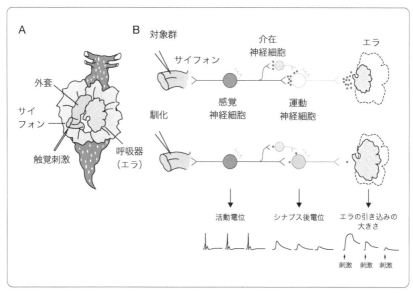

図9.2 （A）アメフラシの構造と（B）アメフラシを用いたエラ引き込み反射の短期の馴化
(Pinsker et al., 1970[5]; Castellucci & Kandel, 1974[6])

る運動神経細胞のシナプス後電位（EPSP）が次第に小さくなることを明らかにした（図9.2Bのシナプス後電位）。

　エラ引き込み反射は，アメフラシの頭部や尾に電気刺激を与えると鋭敏化することが知られている。カンデルらはこの鋭敏化についても実験を行い，介在細胞から放出されるセロトニンが引き金となって感覚神経細胞へのカルシウムの流入を引き起こし，細胞内での連鎖反応の後，結果的に神経伝達物質の放出が続くために運動神経の活動が促進され，エラ引き込みが鋭敏化することを明らかにしている。

　アメフラシを用いた学習の分子・細胞レベルの研究は馴化や鋭敏化といった非連合学習だけでなく連合学習についても行われている。古典的条件づけとは，条件刺激（CS）と無条件刺激（US）を時間的に近接させて繰り返し与えた結果，もともとUSにより引き起こされていた反応（無条件反応，UR）がCSによって誘発される現象である。1980年代にアメフラシのエラ引き込み反応も古典的条件づけが成立することがわかり，連合学習の分子・細胞レベルの研究が進んだ。実験では，CSとしてサイフォンへの反応を引き起こさない程度の弱い刺激，USとして引き込みを起こすくらいの尾への電気刺激が使われた。実験の結果，条件づけの成立に重要なのはCSと

USのタイミングであり，CSがUSに先行しかつ両者の間隔が0.5秒以内でなければならなかった。CSによって引き起こされた活動電位がCa^{2+}の流入を引き起こし，Ca^{2+}はカルモジュリンと結合しさらにアデニル酸シクラーゼに結合するが，これにより介在神経細胞から放出されたセロトニンにより強く反応できるようになる。その結果，感覚細胞の軸索末端でcAMPの産生が増大し，神経伝達物質の放出が増大することが明らかになった。このように，エラ引き込み反射回路における古典的条件づけは鋭敏化のメカニズムの発展版である。

無脊椎動物を用いた学習の神経メカニズムの研究により，学習と記憶はシナプス伝達の効率の変化の結果として起こることが示されたが，これがすべてではない。次の項では，哺乳類を用いた学習の細胞・分子メカニズムを紹介する。

B. 哺乳類を用いた研究

アメフラシを用いた研究から，シナプスの伝達効率は条件によってダイナミックに変化し，しかもその状態はある期間保たれることが示された。これはとりもなおさず，ヘブ則を基にした記憶学習のシナプス説の実験的証拠である。しかしこのような神経機構がそのまま高等生物に当てはまるとは限らない。

i）海馬における長期増強の発見

高等生物，特に哺乳類を対象とした実験はとても難しいが，ブレークスルーとなったのが，1973年にブリス（Bliss, T. V.）とレモ（Lømo, T.）により発表された，麻酔下のウサギを用いた電気生理学的実験である[7]。この実験では，海馬に連結する嗅内皮質に刺激電極を挿入し，海馬の歯状回の顆粒細胞に入力している貫通路を刺激した。さらに顆粒細胞の近傍に記録電極を設置し，これは貫通路の軸索と顆粒細胞の間に形成されているシナプスの興奮性シナプス後電位（EPSP）を記録した。このような実験環境下で，まず単一刺激した際のEPSPを計測しておき，その後10～20 Hzの高頻度刺激を10～15秒間与えた（このような刺激をテタヌス刺激という）。するとその後にもう一度単一刺激を与えても，EPSPが最初のときより増強され，その状態は30分から数時間以上も続くことが確認された。この結果は，テタヌス刺激前は弱いつながりでしかなかったシナプスが，短時間の強い刺激により強く結合したことを示唆している。彼らが発見したこの現象が，現在

長期増強（long-term potentiation：LTP）とよばれているものである（**図9.3**）。

　その後，この長期増強は，海馬の他の領域や脳の他の部位でも起こることが示され，さらに脳から摘出された海馬の切片（スライス）標本でも観察されることがわかった。当時は個体から切り出された脳組織はその機能を失うと考えられていたので，切片標本を使った実験において長期増強が確認されたことは，単一神経細胞の刺激や記録，生化学・薬理学的な解析を可能にし，その後の細胞・分子レベルでの学習メカニズムの研究を加速させることとなった。

　では長期増強におけるシナプスの結合強度の変化はどのようなメカニズムで起こるのであろうか？　海馬の神経回路における主要な興奮性神経伝達物質はグルタミン酸であり，イオンチャネル型のグルタミン酸受容体は，カイニン酸型，AMPA型，NMDA型の3種類ある。まず，リンチ（Lynch, G.）らがグルタミン酸の作用による後シナプス細胞の細胞内Ca^{2+}の上昇が長期増強には重要であることを突き止めた。その後，強い刺激が入るとNMDA受容体からCa^{2+}が流入し，活性化したII型カルモジュリン依存性蛋白質リン酸化酵素（CaMKII）がAMPA受容体をリン酸化しシナプス伝達効率を高めることが，数多くの研究により明らかとなった。しかしこれだけでは，本当に長期増強によるシナプスの伝達効率の変化が生体の学習に関

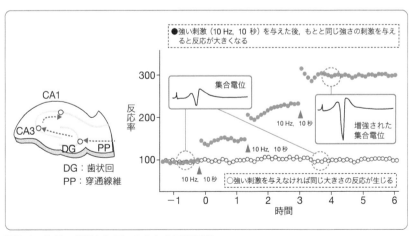

図9.3　海馬の構造と海馬でみられる長期増強
（工藤佳久（2021）．改訂版 もっとよくわかる！脳神経科学．羊土社，p.213，図5-17 [7] のデータから再構成）より）

与しているかどうかはわからない。そこで利根川進らのグループは，長期増強に重要な役割を果たしているCaMKII遺伝子を働かなくしたマウスを作成し，このマウスの学習能力を調べた[8, 9]。

ii）遺伝子の構造とセントラルドグマ・蛋白質の発現調節

　ではどのようにして特定の遺伝子を操作，改変するのであろうか？　本題に入る前に，まず遺伝子および遺伝子から蛋白質がつくられる過程についておさらいをしておきたい。親から子へ形質が伝わることを遺伝といい，その形質を伝えるもとになるものが遺伝子である。遺伝子はデオキシリボ核酸（DNA）によって構成される。世代を継いで受け渡されるのはこのDNAであり，細胞の核に格納されている。DNAはデオキシリボースにアデニン（A），グアニン（G），チミン（T），シトシン（C）のいずれかの塩基が結合してそれらが連なった構造をしており，AとT，GとCが塩基対を形成した二本鎖であり，二重らせん構造をしている。ちなみに遺伝子イコールDNAではなく，DNAは遺伝子と遺伝子でない配列を含む総体を指す。DNAはゲノムと同義と考えてよい。蛋白質がつくられる際には，二本鎖のDNAがほどけ，露出した部分に一本鎖のリボ核酸（RNA）が結合し，メッセンジャーRNA（mRNA）がつくられる。この過程を転写という。ちなみにRNAの塩基はアデニン（A），グアニン（G），シトシン（C）の3つはDNAと同じであるが，チミン（T）の代わりにウラシル（U）をもつ。遺伝子には蛋白質の情報をコードしている部分であるエクソンと，コードしていない部分であるイントロンがある。転写されたmRNAはスプライシングという過程でイントロン部分を取り除かれ，核から細胞質にあるリボゾームに移動する。mRNAは3塩基で1つのアミノ酸をコードしており，リボゾームでmRNAのこの情報を読み取って蛋白質を合成する。この過程を翻訳という。蛋白質は21種類のアミノ酸が鎖状に重合した高分子化合物であり，これが生体内でさまざまな機能を果たす。このように遺伝情報はDNA→RNA→蛋白質と一方向に伝達される。これは生物の基本原理とされ，クリック（Crick, F. H. C.）がセントラルドグマと名づけた。体内のほぼすべての細胞はDNAを染色体という形で核に保存しているが，RNAに転写される遺伝子は細胞ごとに異なる。遺伝子には転写の開始や調節を行うプロモーターやエンハンサーとよばれる領域があり，これらの働きにより，適切な時期に，適切な細胞で必要な蛋白質がつくられるようRNAの転写を調節している。さらに現在では，遺伝情報の発現は，DNAメチル化やそれ

によって起こるゲノムインプリンティング（遺伝的刷り込み），遺伝子をコードしていない領域の関与など，エピジェネティック（DNAの変化を伴わない遺伝子の制御）な制御がなされていることもわかってきている。

iii）遺伝子改変動物

生体がもっている遺伝子を改変する技術は，分子生物学と遺伝子工学の発展により可能となった。哺乳類においては，ヒトと遺伝子の相同性が高く，個体の遺伝的差異がほぼない実験用マウスを用いることが多い。遺伝子改変マウスは，外部から特定の遺伝子を導入したトランスジェニックマウスと，特定の遺伝子を欠失させたノックアウトマウス（KOマウス）の2種類に分類され，先に紹介したCaMKII遺伝子を欠損したマウスは後者にあたる。ノックアウトマウスは，遺伝子工学により標的となる遺伝子に変異を加え，DNAのよく似た配列で起こる相同組み換えという生体に備わったしくみを利用して変異遺伝子をもとの遺伝子と入れ替えることで作成する。遺伝子の変異をもつマウスは，ターゲットとなった遺伝子から蛋白質をつくることができないため，そこから逆にその遺伝子の機能を推定することができる。このような特定の遺伝子を改変し表現型（その遺伝子の機能）を調べる方法を逆遺伝学といい，この手法が確立したおかげで，遺伝子と個体にみられる現象の対応関係が捉えやすくなった。

さらに現在では，バクテリオファージで見つかったCre-loxP部位特異的組み換え反応やCRISPR/Casゲノム編集技術を使って，発生の特定の時期に特定の場所で遺伝子を欠失する条件つきノックアウトマウスの作成手法が確立し，遺伝子がもつ機能のさらに詳しい解析が行えるようになっている。

iv）遺伝子改変マウスを用いた学習の神経基盤

さて，1992年に上記の手法により作成されたCaMKII遺伝子のノックアウトマウスの学習能力はどうだっただろうか？　結果は予想通り，このマウスの海馬では長期増強が認められなかった[8]。そればかりでなく，空間の学習を測定する課題としてモリス（Morris, R. G.）が考案した水迷路課題（**図9.4**）を用いた実験においても，学習成績が著しく低下することが示され，CaMKIIが学習に関与していることが個体レベルで証明された[9]。その後，1996年にはNMDA受容体サブユニットNR1の海馬限局ノックアウトマウスでも同様の結果が示された[10]。さらに1999年には，Ca^{2+}透過性の高いNMDA受容体サブユニットNR2Bを過剰発現したトランスジェ

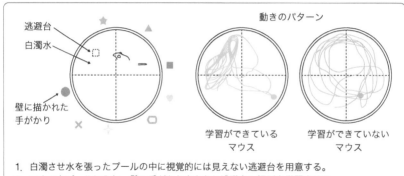

図9.4　モリスの水迷路課題

1. 白濁させ水を張ったプールの中に視覚的には見えない逃避台を用意する。
2. マウスをプールに入れ，壁の手がかりをもとに逃避台の場所を学習させる。
3. その学習の様子を毎日記録する。
4. さらに後日，逃避台を取り除き，マウスがどのあたりを泳ぐかを記録することで記憶のテストも行う。

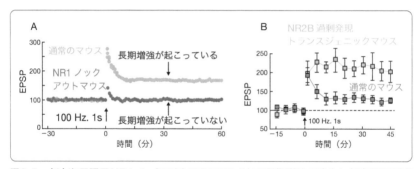

図9.5　（A）海馬限局NR1ノックアウトマウスでみられる長期増強の消失と（B）NR2B過剰発現トランスジェニックマウスでみられる長期増強の増強

ニックマウスは通常のマウスより刺激に対するEPSPが大きく，長期増強も強く，種々の学習課題成績も向上するという研究結果が示された[11]（**図9.5**）。これらの研究は，長期増強によるシナプスの伝達効率の変化が確かに生体の学習の神経基盤となっていることを強く示唆するものである。

　長期増強の研究が進むにつれ，長期増強には前期と後期の段階があることもわかってきた。これまで紹介した長期増強の研究は前期長期増強(E-LTP)にあたる。後期長期増強（L-LTP）は，数時間から数週間持続するもので，シナプスの可塑性に関与する新たな蛋白質が合成されたり，シナプス後部が形成される場である樹状突起スパインの体積が増大することが明らかとなっている。

またここまではシナプスの伝達効率が上昇する長期増強の分子メカニズムについて述べてきたが，伝達効率が低下する長期抑圧（long-term depression：LTD）という現象も存在する。長期抑圧は最初は伊藤正男らによって小脳皮質の神経回路で発見された現象であるが，その後海馬や大脳皮質でも確認され，現在では，長期増強と長期抑圧によるシナプスの可塑的変化が記憶形成の鍵を握っていると考えられている。

ⅴ）神経回路研究を可能にする新しい技術

　遺伝子改変マウスを用いた研究は，特定の遺伝子（実際にはこの遺伝子産物である蛋白質）が学習にどのように関与しているのかを分子レベルで詳細に解析することを可能にしたが，特定の神経細胞や神経回路が，学習の，どのタイミングでどのように関わっているかを調べることは難しかった。近年，それを可能にする技術開発が進んでいるが，ここでは脳機能の研究によく使われる2つの方法を紹介する。

　1つ目はDREADD（designer receptors exclusively activated by designer drug）法とよばれるものである。DREADD法は生体内には存在しない人工化合物（デザイナーリガンド）にのみ反応する人工受容体（デザイナーレセプター）遺伝子を，アデノ随伴ウイルスベクター*を用いて脳の目的部位の特定の細胞に導入・発現させ，のちに人工化合物を投与することで目的の神経細胞の情報伝達を操作する方法である。ここで使われる人工受容体は，神経細胞内のG蛋白質共役受容体と機能的に類似している。G蛋白質共役受容体から始まる細胞内情報伝達にはさまざまな経路があり，多様な生理作用や機能に関わっていることが知られている。DREADD法を使えば，人為的にこの情報伝達経路を修飾し，特定の神経細胞の活動を操作することが可能となる。さらに最近では，遺伝子改変マウスとDREADD法を組み合わせた研究も行われるようになり，この技術を使った研究は急速に進歩している。学習に関わる分野においても，記憶想起のメカニズム解明など，多くの研究で用いられている。

　2つ目の方法は，ダイサーロス（Deisseroth, K.）らによって開発された光遺伝学（オプトジェネティクス）である[12]。この方法は，特定の光の波長に反応するオプシン蛋白質を使って，レーザー光により特定の細胞を活

＊アデノ随伴ウイルスベクター：アデノ随伴ウイルス由来の，非分裂細胞に効率よく遺伝子を導入するための運び屋。

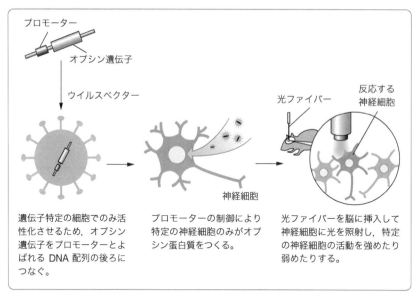

図9.6　光遺伝学のしくみ

性化／不活化する技術である。光遺伝学が神経メカニズムの研究で非常に注目されているのは，特定の神経細胞で，特定した反応を，特定したタイミングで制御できるからである。**オプシン**は藻類などがもつチャネル型膜蛋白質で，光が当たると特定のイオンの流れを調節する機能をもつ。オプシンにはいくつかのタイプがあり，反応する光の波長や反応が異なっている。例えば，チャネルロドプシン2は青色の光に反応し，神経細胞の活動を活性化させることができるのに対し，ハロロドプシンやアーキロドプシンはそれぞれ黄色と緑色の波長に反応し，細胞の活動を抑えることができる。これらの蛋白質をコードする遺伝子の先にプロモーター配列を加えたDNAをDREADD法と同じようにアデノ随伴ウイルスベクターに組み込みマウスの脳に投与すると，ウイルスは投与した部位の多数の神経細胞に感染するが，プロモーターによる制御があるため，オプシン蛋白質は特定の神経細胞でのみ発現する。このような状態のマウスの頭に特定の波長のレーザー光を照射すると，オプシン蛋白質が発現している神経細胞のみ活動を操作できる（**図9.6**）。

　光遺伝学は，記憶と学習のメカニズム研究にも大きな役割を果たしている。例えば，利根川らは光遺伝学を用いて恐怖記憶形成時に活動した海馬の神経細胞集団のみを人為的に再活動させたところ，マウスは恐怖反応の1つであ

るすくみ行動を起こし，記憶形成時に活動した海馬の神経細胞集団がこの記憶を保持していることを示した。また，蛋白質合成が行われる後期長期増強では，蛋白質合成阻害薬を投与するとその増強が起こらず記憶形成の24時間後には逆行性健忘の状態になるが，彼らは光遺伝学を用いてこの状態のマウスに特定の神経細胞を再活動させ，恐怖記憶が誘導できることを示した。このことは，記憶を思い出すことができなくても記憶自身は海馬に保存されており，後期長期増強によるシナプスの結合強化によらない方法で記憶は神経細胞群の中に蓄えられていることを示唆している。

　光遺伝学の最大の特徴は，光を照射しているときのみ，他の神経細胞には影響を与えず特定の神経細胞の活動を高めたり低めることができ，スイッチを切ればその活動はすぐ元の状態に戻せるという点である。さらに，マウスの脳に光ファイバーを固定することにより，自由に動いているマウスの脳活動を制御することもできるし，光ファイバーと電極を組み合わせれば，特定の神経細胞の活動を制御しながらその神経回路の電気的活動を記録することもできる。現在では，タイミングの制御技術や細胞の選択性の精度も飛躍的に向上し，神経回路機能の解析にはなくてはならない技術となっている。

練習問題

1. 遺伝子改変動物に関する以下の記述で，正しいものをすべて選びなさい。

a. 相同組み換えにより特定の遺伝子を欠失したマウスをノックアウトマウスという。

b. ノックアウトマウスを作成することにより，すべての遺伝子の機能を調べることができる。

c. 遺伝子改変はとても難しい技術のため，光遺伝学など他の手法と組み合わせて使うことができない。

d. トランスジェニックマウスは外から遺伝子を導入するため，セントラルドグマに反している。

e. 特定のプロモーターと遺伝子の組み合わせにより，細胞特異的に特定の遺伝子を過剰発現させたり欠失させたりすることができる。

2. 長期増強と長期抑圧に関する以下の記述で，間違っているものをすべて選びなさい。

a. 長期増強とは，シナプスを形成しているシナプス前細胞を高頻度刺激すると，シナプス後細胞の後シナプス電位が増強され，それが数時間から数日続くことを指す。

b. 長期増強は電気的な現象であるため，シナプスに存在する分子は関与していない。

c. 長期抑圧は現在のところ小脳でしか見つかっていない。

d. 後期長期増強では，蛋白質が新たに合成される。

e. 長期増強は，Ca^{2+}の流入によって細胞内の情報伝達が変化することで生じる。

〈引用文献〉

1. Lashley, K. S. (1929). *Brain mechanisms and intelligence*. University of Chicago Press.（安田一郎（訳）(2006). 脳の機序と知能. 青土社）

2. 鈴木寿夫（1968）. 記憶. 生物物理, *8*, 16-24.

3. Bédécarrats, A., Chen, S., Pearce, K., Cai, D., & Glanzman, D. L. (2018). RNA from trained Aplysia can induce an epigenetic engram for long-term sensitization in untrained Aplysia. *eNeuro*, *5*, e0038-18.

4. Hebb, D. O. (1949). *The organization of behavior*. Wiley.（鹿取廣人・金城辰夫・鈴木光太郎・鳥居修晃・渡邊正孝（訳）(2011). 行動の機構　上・下. 岩波書店）

5. Pinsker, H, Kupferman, I., Castelucci, V., Kandel, E. R. (1970). Habituation and dishabituation of the gill-withdrawal reflex in Aplysia. *Science*, *167*, 1740-1742.

6. Castellucci, V. F., & Kandel, E. R. (1974). A quantal analysis of the synaptic depression underlying habituation of the gill-withdrawal reflex in Aplysia. *Proceedings of the National Academy of Sciences of the United States of America*, *71*, 5004–5008.

7. Bliss, T. V., & Lømo, T. (1973). Long-lasting potentiation of synaptic transmission in the dentate area of the anaesthetized rabbit following stimulation of the perforant path. *The Journal of physiology*, *232*, 331–356.

8. Silva, A. J., Stevens, C. F., Tonegawa, S., & Wang, Y. (1992). Deficient hippocampal long-term potentiation in alpha-calcium-calmodulin kinase II mutant mice. *Science*, *257*, 201–206.

9. Silva, A. J., Paylor, R., Wehner, J. M., & Tonegawa, S. (1992). Impaired spatial learning in alpha-calcium-calmodulin kinase II mutant mice. *Science*, *257*, 206–211.

10. Tsien, J. Z., Huerta, P. T., & Tonegawa, S. (1996). The essential role of hippocampal CA1 NMDA receptor-dependent synaptic plasticity in spatial memory. *Cell*, *87*, 1327-1338.

11. Tang, Y. P., Shimizu, E., Dube, G. R., Rampon, C., Kerchner, G. A., Zhuo, M., ... Tsien, J. Z. (1999). Genetic enhancement of learning and memory in mice. *Nature*, *401*, 63-69.

12. ダイサーロス, K. (2013). 光で脳をコントロール. In 日経サイエンス編集部（編）. 別冊日経サイエンスno.191 心の迷宮 脳の神秘を探る（pp. 95-102）. 日経サイエンス

第10章 記憶・言語と脳神経系の関わり

進化の過程で，記憶は，まず刺激に対する反射として始まった。その後，神経系が複雑かつ高度に組織化されるに伴って，記憶のかたちは高度化してきた。知覚したもののイメージをつくって脳内に保存したり，私たちを取り巻く外界にはもう存在しないものを思い出したり，想像したりするときのすべてに，記憶が関わっている。さらに，「我ここにあり」と思う自己意識でも，記憶は重要な役割を担っている。

記憶には，「記銘」・「保持」・「想起」の過程があるが，そのいずれにもヒトが進化の過程で獲得した優れたツールである言語が深く関わっている。そこで，本章では，記憶に続いて言語に関わる脳神経系を紹介する。「記銘」には，第9章で説明した学習の側面が重要であり，シナプスから脳のシステムレベルまで多岐にわたって働く。この点については，第9章で詳説した。

10.1節 記憶の構造

記憶の全体構造については，アトキンソン（Atkinson, R. C.）とシフリン（Shiffrin, R. M.）が1968年に提唱した情報処理論的アプローチによるモデルがよく知られている。このモデルでは，感覚貯蔵庫，短期貯蔵庫，長期貯蔵庫を想定しており，多重貯蔵モデルまたは二重貯蔵モデルといわれる（**図10.1**）[1]。

感覚器への入力は，刺激選択性をもつ受容体細胞を介して，電気信号に変えられる。この過程をモデルでは，外界の情報をヒトの情報処理系に打ち込む構造という意味で，sensory registerという。入力した感覚情報は，最大1〜2秒ほど保持され，これを感覚記憶（sensory memory）という。

感覚記憶のうち，注意を向けた一部の情報は，短期記憶（short-term memory）として保持される。保持の時間は短く，秒単位である。アメリカの心理学者ミラー（Miller, G. A.）は，成人における短期記憶の容量は，7±2個のチャンク（まとまりのある意味のかたまり）であるとし，これを「マジカルナンバー7」と紹介した（Miller, 1956）。教えられたことを忘れないでいようとして，繰り返し復唱したり，動作を繰り返したことはない

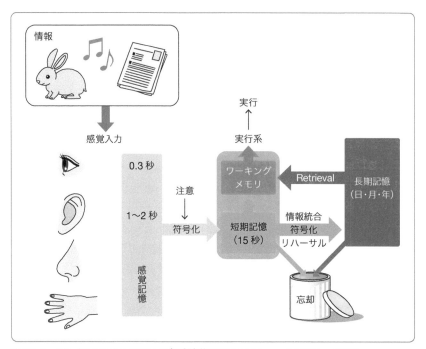

図10.1　アトキンソンとシフリンの多重貯蔵モデル（Atkinson & Shiffrin, 1968）

だろうか。短期記憶の情報は，時間の経過とともに忘却されるが，記憶するべき内容を何度も唱えたり思い浮かべたりするリハーサルによって，情報の保持時間を延ばすことができる。一方，リハーサルが妨げられると，その情報は数秒から十数秒で忘却される。

　短期記憶で一時的に保持している情報は，他の知識と結びつけて整理統合し，全体構造を理解しながらリハーサルを繰り返すことで，長期記憶（long-term memory）として保持される。長期記憶の情報容量は無限で，その情報は長期にわたって残っていく。情報に，楽しい・うれしい・悲しみ・恐れなどの感情が関わると，それがポジティブであれネガティブであれ長期記憶として保管されやすい。

　短期記憶または長期記憶から，必要な情報を一時的に保持して実行に移す過程の記憶に関する概念を，ワーキングメモリ（working memory：作業記憶，作動記憶）という。ワーキングメモリは，会話や読み書き・計算のみならず目の前の仕事や家事などの基礎をなし，ヒトの円滑な日常生活を支えるために重要な能力である。ワーキングメモリには容量があるために，一

度に2つ以上のことを処理しようとすると，容量の少なさが露わになる場合がある。近年，自閉スペクトラム症や注意欠如多動症の日常生活の問題とワーキングメモリとの関係が検討され，研究成果は障害理解と支援に役立てられている。

　長期記憶は，顕在記憶（explicit memory）と潜在記憶（implicit memory）に大別される。

　顕在記憶は，自発的な意思をもって思い出す記憶のことで，言葉やイメージで表現できることから，宣言的記憶ともいわれる。顕在記憶は，さらにエピソード記憶（episodic memory）と意味記憶（semantic memory）に分類される（Tulving, 1972）。エピソード記憶は，「昨日のランチはおいしかった」「ロンドンで友人と再会した」といった個人の経験に基づく記憶を指す。意味記憶は，「万葉集は，奈良時代の終わりに編纂された和歌集である」「地球は1年で太陽の周りを1周する」といった知識として憶えた記憶を指す。

　潜在記憶は，情報の保管や想起が意識的ではないものを指す。自分では思い出そうとする意志がないのに，無意識に思い出している記憶であり，「歩く」「自転車に乗る」といった現在の動作・行動に関する記憶を指すことから，手続き記憶（procedural memory）ともいわれる。

　潜在記憶の研究では，先行刺激（プライム）が後発刺激（ターゲット）の情報処理に無意識のうちに影響を与えるプライミング効果を観察することがある。例えば，全容がわからない画像を見る前に，関連の画像や単語が与えられると画像認識が促進されたり，りんごや果物の画像を見せられた後に「○ん○」という単語を完成させる課題を与えられると，「だんご」「せんす」「もんく」など，さまざまな単語がある中で「りんご」と答える確率が高まったり（反復プライミング），「バター」と提示された後で「ブレッド」と提示されると，後発単語の語彙判断が促進されたりする（意味プライミング）。プライミング効果は，知覚レベルでも意味処理レベルでも生じ，脳研究でもよく用いられる。

10.2節 ┃ 記憶の貯蔵庫とネットワーク

A. 下側頭皮質と海馬

　第8章で述べたように，側頭葉の下部には視覚の腹側経路（what経路）

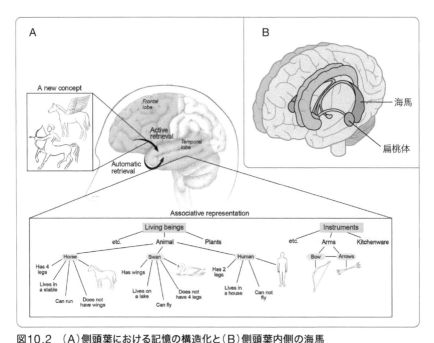

図10.2　（A）側頭葉における記憶の構造化と（B）側頭葉内側の海馬
（A：Miyashita, Y.(2004). Cognitive memory: cellular and network machineries and their top-down control. *Science, 306*, 435-440[2]. Fig.1より）

があり，この部位は形態・顔・風景の認識に関わる。その上には聴覚連合野がある。てんかん手術の際に，この部位を電気刺激すると，既知の風景・母親の顔などの視覚記憶や音の記憶が想起されることが報告されている（Penfield & Perot, 1963）。近年では，fMRIを用いた実験で，視覚イメージや音声の想起の課題で，視覚野および視覚連合野や聴覚野および聴覚連合野が活性化することが明らかにされており，これらの結果は，記憶を読み出す際に感覚野および連合野が関わることを示唆している。さらに最近では感覚野皮質内の信号の流れが，入力信号を処理しているときと記憶を想起しているときでは，逆転することもわかってきている。

　エピソード記憶や意味記憶などの長期記憶は，馬は四つ足の動物であるなどの意味的結合をもつ階層的構造で側頭葉内側に貯蔵されていると考えられている（**図10.2**）[2]。側頭葉の内側には海馬および海馬傍回があり，エピソード記憶など記憶形成に不可欠な脳部位として知られている。後述する患者H. M.の例が示すように，海馬とその周囲を切除すると，過去の記憶は保たれるものの新たな事象の記憶が困難になる。つまり，海馬そのものは記

憶の貯蔵庫ではなく，記憶のゲートとしての役目を担っている。

記憶とその再生について，下側頭皮質と海馬傍回（ブロードマン脳地図36野）の役割分担を明らかにした結果がある。マカクザルが2つの図形を対で憶えようとしているときと，憶えた後に片方が提示されてもう片方を連想（再生）しているときの神経細胞の活動を記録すると，憶えようとしているときは下側頭皮質に次いで海馬傍回が活動するのに対し，憶えた図形の一方を見て他方を再生しているときには海馬傍回に次いで下側頭皮質が活動することが報告された[3]。これらの結果は，海馬傍回の信号が記憶するときのトップダウン信号となって，下側頭皮質の図形に関わる記憶を取り出していることを意味している。海馬の機能については，その他にこの部位を破壊した動物実験で空間記憶が障害されることが報告されている[4]。

B. 前頭前野とワーキングメモリ[5]

ワーキングメモリは，日常生活や学習を支える重要な能力である。ワーキングメモリの構造を示す代表的なモデルに，バデリー（Baddeley, A.）の提唱したマルチコンポーネントモデルがある[6]。このモデルは，音韻ループ（言語的短期記憶），視空間スケッチパッド（視空間的短期記憶），エピソード・バッファと，それをまとめる中央実行系からなる。音韻ループは音声で表現される情報（数・単語・文章など）を，視空間スケッチパッドは視空間情報（形・色・位置情報など）を，エピソード・バッファは視覚や音声情報を統合した多次元情報や意味情報を，中央実行系は注意や処理資源の配分といった高次の認知活動を制御する。

脳内で，中央実行系にあたる機能をもつ部位は前頭前野である。体性感覚の脳地図で有名な神経外科医のペンフィールドは，段取りよく料理を用意して待つ姉のもとを，よく訪ねていたという。その姉に，右前頭前野に石灰化した腫瘍が見つかり，手術で除去した。術後，料理の材料や方法に関する知識はあるものの，正しい手順で調理することができなくなってしまった[7]。後に，この結果はワーキングメモリにおける前頭前野の役割を示す重要な報告となった。現代では，リーディング・スパン課題[*1]やn-バック課題[*2]など，ワーキングメモリを要する課題で前頭前野が活動することを，多くの結

---

*1 リーディング・スパン課題：文章を読みながら，文中の指定された単語を記憶し，その後に記憶した単語を報告する課題。
*2 n-バック課題：現在提示されている刺激がn回前の刺激と同じかどうか答える課題。

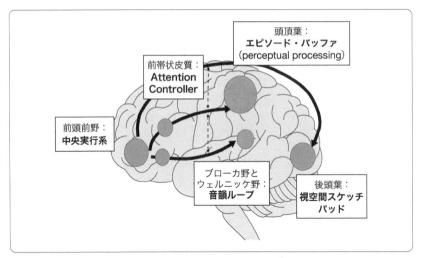

図10.3　ワーキングメモリの脳内システム（Chai et al., 2018[8]）
中央実行系（前頭前野）が，注意制御により，視覚・言語・意味情報をコントロールしている。

果が示している（**図10.3**）[8]。なお，中央実行系の概念は他の分野と融合して近年では前頭前野を中心とする実行機能として理解されている。

10.3節 ‖ 記憶障害

A. 海馬および海馬傍回の切除：H. M.の記憶障害

　海馬は長期記憶の形成や想起に重要な脳領域である。記憶における海馬と側頭葉の関係をよく示す症例に，患者H. M.（1926～2008）がいる[9]。

　H. M.は，幼少期の自転車事故が原因と思われるてんかんを患っていた。てんかんは脳内の神経細胞の過剰な電気的興奮に伴って，痙攣や意識障害の発作が起きる脳疾患である。事故後に部分痙攣が発症し，思春期には抗てんかん薬を投与しても，頻繁に強い痙攣発作が起こるようになっていた。1953年（27歳）に，てんかんの発生源が内側側頭葉と診断されると，両側の内側側頭葉の一部，つまり海馬とその周囲（一部扁桃体を含む）2/3を切除する手術を受けた（**図10.4**）。

　手術後てんかんの発作はなくなったが，H. M.には重度の前向性健忘が現れた。術後のIQは118であり，6桁の数字を憶えるような短期記憶は正常で，ピアノを弾いたりする手続き記憶は損なわれなかった。ワーキングメモ

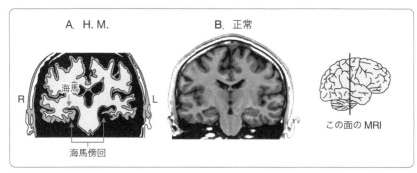

図10.4　H. M.のMRI画像（A：Corkin, 2002[9]）

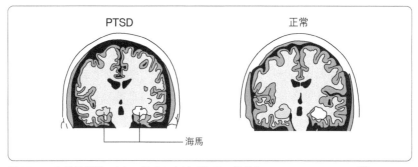

図10.5　心的外傷後ストレス障害における海馬の萎縮（Gilbertson et al., 2002[10]）

リの障害もみられなかった。鏡映描写を行うと，学習により運動技能の成績は向上するものの，運動学習をしたこと自体は憶えていなかった。中程度の逆向性健忘により術前11年前からの記憶がなく，1953年の手術以降，2008年に亡くなるまで，長期記憶を形成することができなかった。

　H. M.は生前，記憶に関する神経心理学的検討によく協力し，記憶における海馬機能の解明に大きな貢献をしたことで知られている。亡くなった後は，氏名など個人情報が公開された。

B. 心的外傷後ストレス障害と海馬

　いじめ・虐待・犯罪・事故・戦争・大規模な自然災害などにより，著しい心的苦痛が続くと，心的外傷後ストレス障害（posttraumatic stress disorder：PTSD）が発症することがある。この障害では，夜驚症，幼児返り，過去に経験したトラウマ的な出来事が意図せずに想起される侵入記憶，

海馬の萎縮がみられる（**図10.5**）[10]。海馬の萎縮は，ストレス対応のために分泌を増したコルチゾールが海馬の神経細胞を破壊することが原因とされている。

扁桃体は恐怖や嫌悪をはじめとした情動記憶の中枢であり，海馬の活動を調節して，ネガティブな記憶の符号化において海馬を制御している。この扁桃体からの信号も海馬の萎縮の背景として考えられている。

C. アルコール依存と記憶障害

主にアルコール依存などによる栄養失調で，ビタミンB$_1$（チアミン）不足が長期にわたると，意識障害・眼球運動障害・小脳失調を三大症候とするウェルニッケ脳症が発症する。時に死に至るが，生存しても多くの患者（80%程度）は健忘症を発症し，これをコルサコフ症候群という。コルサコフ症候群の主症状は，長期記憶の前向性健忘・逆行性健忘・見当識障害（場所や日にちが正しくわからない）・記憶障害を取り繕うための作話などである。認知機能全般が低下して認知症と診断されることもある。アルコール依存症の他，摂食障害や妊娠悪阻（お　そ）などでも起こる。

MRI検査で視床背内側核または両側乳頭体に萎縮を含む病変を認める。逆行性健忘は側頭葉内側の病変では長く，視床や乳頭体の病変では比較的短い傾向がある。

10.4節 | 言語野とネットワーク

言語は，ヒトの知的活動を支える最も基本的かつ重要な能力である。1800年代，医師のブローカとウェルニッケによる臨床例の報告により，左半球前頭葉の運動性言語野（発話）と左半球側頭葉の感覚性言語野（音声言語理解）の働きが，それぞれ明らかにされた。発見者の名前から，これらの部位はブローカ野およびウェルニッケ野とよばれる（第2章参照）。

A. ウェルニッケ野

ウェルニッケ野（上側頭回後部）は，左半球のブロードマンの脳地図22野の後方を指す。この部位へは，「音声言語」すなわち話し言葉の聴覚情報処理系からの入力と，「文字言語」すなわち書かれた文字の形態を処理する視覚情報処理系からの入力がある（**図10.6**）。「音声言語」は，第二次聴覚

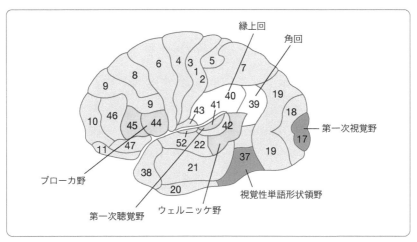

図10.6　左半球の言語関連領野

野・聴覚連合野での処理の後，ウェルニッケ野に入力する。ブロードマンの脳地図37野の下方には視覚性単語形状領野（visual word form area）があり，文字または文字らしいものを見たときに活動する。視覚性単語形状領野は，形の処理に関わる側頭葉の下側に向かう腹側経路上にあり，「文字言語」は形の処理を経てウェルニッケ野に入力する。この領野は，音声処理のみならず意味処理にも関わる。

　1984年に岩田 誠は，側頭葉の上端付近に位置する角回の病変で仮名の失読が出現し，側頭葉後下部の病変で漢字の失読失書が出現することから，日本語における読み書きの二重回路モデルを発表した[11]。このモデルによると，文字の視覚情報が後頭葉からウェルニッケ野に達する経路には2通りあり，1つは角回を経由する背側路で，もう1つは側頭葉後下部を経由する腹側路である。背側路は仮名読みにおける音韻処理に重要であり，腹側路は漢字の視覚的形状の処理から意味処理に関わると考えられている。漢字はもっぱら視覚形態経路で処理され，仮名は音韻経路と視覚形態経路の両方で処理されるという考えもある。

　聴覚（音声）または視覚（文字）を介して入力した言語情報は，ウェルニッケ野で単語（語彙）の認識が行われ，その語彙理解には意味記憶の貯蔵庫また意味処理の脳内ネットワークが利用される。側頭葉で整えられた音韻・語彙・意味情報は，ウェルニッケ野から角回・縁上回を介して，前頭葉のブローカ野に伝えられる。ウェルニッケ野とブローカ野の間には，弓状束

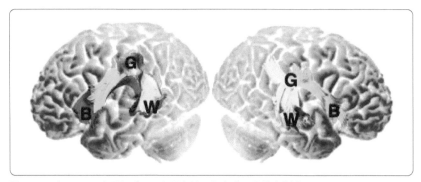

図10.7　ウェルニッケ野とブローカ野を結ぶ左半球の弓状束（赤）
（Catani, M. et al.（2007）. Symmetries in human brain language pathways correlate with verbal recall. *Proceedings of the National Academy of Sciences of the United States of America, 104*, 17163-17168[12]. Figure 1Aより. Copyright（2007）National Academy of Sciences, U.S.A.）

とよばれる神経線維の束が存在し，左半球の言語情報処理を助けている（**図10.7**）[12]。

B. ブローカ野および文法中枢

　ブローカ野は，左半球の下前頭回の弁蓋部と三角部に位置し，ブロードマン脳地図44・45野に相当する（図10.6）。その後方には運動連合野・運動野がある。ブローカ野はその発見当初，運動性言語を司ると理解されていたが，この部位は，単に口を動かすだけでなく，適切な語彙を選び，それらを組み立てて意味のある発話にするための一連の機能を担っている。

　ブローカ野のやや上方には，文法中枢が発見されている[13]。この部位が言語の種類によらず同様の活動を示すことから，この発見はヒトの自然言語の獲得の背景に，生得的かつ初期状態のユニバーサルグラマー（普遍文法）の存在があるとするチョムスキー（Chomsky, A. N.）の主張を支持することになった。

C. 言語処理と意味記憶のネットワーク

　言語処理には，語彙・意味・発話などさまざまな立場から，多くの処理モデルが提案されている。聴覚と視覚など入力の違いが，どのように統合されて言語になるかを説明する代表的モデルに，ハゴット（Hagoort, P.）が提案したバインディング・モデルがある[14]。このモデルでは，聴覚入力に

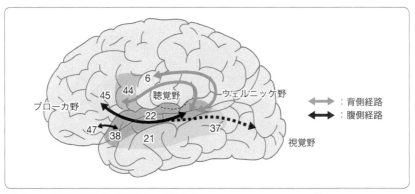

図10.8　言語処理と意味記憶との関わり（Friederici & Gierhan, 2013[15]）

よる音韻（phonology）の処理と視覚入力によるつづりの分析（orthography：正書法）は，意味処理の段階で統合され，続いて語彙の検索やどのような音声を出すかの調音計画とどのように話すかの出力過程を想定している。つまり，言語処理の中核に，意味貯蔵庫と意味処理過程との接合を置いている。脳機能イメージング法や失語症の研究，神経線維のイメージング法の知見は，視覚・聴覚を介した言語情報は，側頭葉内側部に貯蔵された意味貯蔵庫にアクセスし，側頭前部を介して（腹側経路），またはウェルニッケ野・角回・縁上回を介して（背側経路），前頭葉の運動系に情報が送られ，また送り返されるネットワークの存在を支持している（**図10.8**）。意味記憶を引き出す検索過程に前頭のブロードマンの脳地図47野や注意に関わる頭頂・前頭背外側部などが関わることを示す結果も多くみられる。

　19世紀後半のブローカやウェルニッケの発見は，今では言語処理と意味記憶のネットワーク構造の中で生き続けている。

D. 言語産出モデルと発話の神経システム

　音読・発話に関しては，"Speaking"の著者であるレベルト（Levelt, W. J. M.）の言語産出モデルがよく知られている。

　言語産出過程の具体例として，目の前に富士山が見えており，この景色を説明する状況を想像してみよう。最初に，目の前の風景の概念が，産出すべき言葉の内容として活性化される。続いて，この概念に対応するレンマ（lemma）が活性化する。レンマは語彙素ともいわれ，例えば英語のchild-childrenなど，同じ意味的情報をもつ集合体のことである。このよ

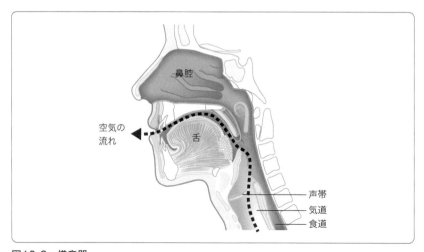

図10.9　構音器
(由利和也 (2020)．呼吸器系の構造．In 河田光博・三木健寿・鷹股 亮 (編)，解剖生理学 第3版．講談社．pp.71-75．図7.2より改変)

うにして，産出すべき語彙が選択される。選択されたレンマは，形態素（音素*のまとまり）や音韻（意味的まとまりのある最小の音声単位）に符号化され，どのような音声を出すかの調音の設計図をつくった後に，調音器官（舌や唇など）に命令を出して，音声が発せられる。これを神経系の言語ネットワークに置き換えると，視覚野・ウェルニッケ野・側頭葉の意味記憶・角回／縁上回・ブローカ野・文法中枢・運動前野で設計され，運動野を介して舌の位置や唇を動かす一連の感覚・記憶・言語・運動処理がみえてくる。

　発話には，こうした言語に関わる脳内ネットワーク以外に，音声をつくる機能と構造が必要である。肺から押し出された空気は，声帯を通過する。その際の声帯の開閉幅と振動で，音声の基本周波数が決まる。さらに声道の共鳴と舌の位置や口の開け方で音声が決まる（**図10.9**）。

　声帯の運動は，第10脳神経である迷走神経の分枝（反回神経）が制御している。この神経は，運動や自律神経を含む混合神経で，交感神経の混入もみられる。心的ストレスで声帯が緊張し，音声の周波数，特に第2フォルマ

---

*音素：音声を区別する最小単位。例えば [hako] と [hata] を区別する k と t が音素である。音素の捉え方は心理的，物理的な基準などさまざまである。

ントが高くなる。音声言語による情報伝達は，伝えている内容だけでなく，声帯の緊張がつくり出す音声の周波数の変化が背景情報として意味をもつ。

10.5節 言語優位半球

てんかんは，脳の神経細胞に突然発生する激しい電気的な興奮により，発作を繰り返す（てんかん発作）神経疾患である。発作時の症状は，発作の焦点の場所や強さ・大きさによって異なるが，正常な脳機能は一時的に損なわれ，意識の喪失や痙攣が起こる。

てんかんの治療には，過剰な電気的興奮を抑える抗てんかん薬が用いられる。薬物治療で発作が止まらない場合は，適応例を選んで外科的治療が施された。1980年頃からは，てんかんの原因と思われる脳部位を健全な脳部位から切り離す手術（患者H. M.の例）や過剰な電気的興奮が他方の半球に伝播することを回避するために脳梁を離断する手術が行われた。こうした分離脳の影響を長く検討していた医師スペリー（Sperry, R. W.）は心理学者ガザニガ（Gazzaniga, M. S.）らとともに，左右視野に提示した画像や単語の認知機能を検討した[16]。脳梁を離断した患者は左視野に提示した単語を答えることができなかったが（左手で刺激の物体をつかんだり，描いたりすることは可能），右視野に提示した刺激は答えることができた。この結果は，右半球に入力した情報は言語化できないことを示しており，言語優位半球の存在を明らかにした（**図10.10**）。

言語優位半球を調べる他の方法に，アミタールテストがある。この方法で

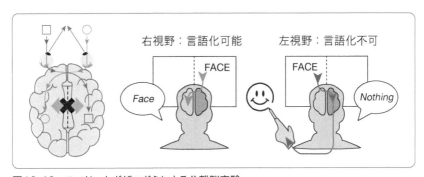

図10.10　スペリーとガザニガらによる分離脳実験
脳梁切断により右半球に入力した情報は言語野に到達せず，言語化できないが，絵に描くことはできる。

は，中枢神経を全体的に抑制するアミタールを右または左の頸動脈に少量注入した後に言語課題を行う。注入によって課題成績が顕著に低下した側の半球が，言語優位半球ということになる。また，右利きの人の約95％が，言語優位半球は左脳であることから，言語課題を行うときには利き手の検査が行われる。

言語障害はさまざまな原因で起こる。発声器の機能的また器質的障害によるもの，聴覚障害のために音声フィードバックによる調整が難しいもの，吃音症（話し方の流暢性とリズムの障害），自閉スペクトラム症にみられる言語発達障害などである。さらに，脳梗塞・脳血管障害・交通事故などによる脳損傷で，言語関連領野が傷つくことで起こる「失語」もある。言語聴覚士は，これらの障害の分析とリハビリテーションを行う資格である。

A. ウェルニッケ失語

感覚性失語ともいわれる。なめらかに話し（流暢性），急性期などでは多弁であるにもかかわらず，音韻の誤りや別の語への置き換えなど言い間違い（錯語）が顕著で，支離滅裂な話をする。聞いて理解することが困難で，話す内容がかみ合わない。相手の言ったことを真似して言うことができない復唱障害・物の名前を言うことができない呼称障害がみられる。書字は，なぞり書きは可能であるが，自発的な書字は困難である。ウェルニッケ野およびその周辺の病変で発症する。

B. ブローカ失語

運動性失語ともいわれる。聞いて理解することは比較的よくできるのに，話すことがうまくできず，ぎこちない話し方になる（非流暢性）。復唱障害・呼称障害・音読障害がみられる。言語理解は比較的良好であるが，複雑な音声・文字言語では，その理解につまずくことがある。書字障害は，文字を想起できないものから，想起できても錯書（書き間違い）を認めるものなどさまざまある。文法障害，語想起障害も認められる。ブローカ野およびその周辺の病変で発症する。

C. ディスレクシア

　学習障害の一種で，知的能力および一般的な理解力などに大きな問題がないにもかかわらず，文字の読み書き困難，単語認識の不正確さなどを認める。文字を一つひとつ拾って読む（逐次読み）や促音（「がっこう」の「っ」），撥音（「とんでもない」の「ん」），二重母音（「おかあさん」の「かあ」）など特殊音節の誤りが多い。知的能力に問題ないとはいえ，学習に困難をきたし，不登校の原因になることもあるので，教育支援だけでなく心理面の支援も必要である。

練習問題

1. 記憶に関わる脳部位や疾患に関する以下の記述で，正しいものをすべて選びなさい。

a. 宣言的記憶にはエピソード記憶や意味記憶が含まれる。これらの記憶は構造化され側頭葉に貯蔵される。

b. 海馬および海馬傍回は記憶の形成に関わる。この部位の損傷によって逆行性健忘が起こる。

c. バデリーによるワーキングメモリのモデルにおいて，中央実行系に相当する脳領野は前頭前野である。

d. 心的外傷後ストレス障害では，コルチゾールの分泌増大による海馬の神経細胞の破壊が起こることで海馬の萎縮がみられる。

e. 記憶障害・見当識障害・作話が特徴的なコルサコフ症候群はアルコール依存による前頭葉の萎縮で発症する。

2. 言語の脳機能に関する以下の記述で，間違っているものを1つ選びなさい。

a. スペリーとガザニガは，分離脳研究により，言語優位半球が左半球であることを証明した。

b. ウェルニッケ野は，左半球のブロードマン脳地図22野の後方にあり，この部位の病変により発話が困難になる。

c. ブローカ野は適切な語彙の選択や文の組み立てに関わり，文法中枢とともに，意味のある発話にするための一連の機能を担っている。

d. 聴覚・視覚を通じて入力した言語情報は，ともに意味記憶にアクセスす

る。音声出力にも意味記憶が必要であり，言語の入出力の中心に意味記憶がある。これをバインディング・モデルという。

e. 音声の基本周波数は，肺から押し出された空気が声帯を通過するときの声帯の開閉幅と振動で決まる。緊張すると高い周波数成分が多くなる。

〈引用文献〉

1. Malmberg, K. J., Raaijmakers, J. G. W., & Shiffrin, R. M. (2019). 50 years of research sparked by Atkinson and Shiffrin (1968). *Memory & Cognition*, *47*, 561-574.
2. Miyashita, Y. (2004). Cognitive memory: cellular and network machineries and their top-down control. *Science*, *306*, 435-440.
3. Takeda, M., Koyano, K. W., Hirabayashi, T., Adachi, Y., & Miyashita, Y. (2015). Top-down regulation of laminar circuit via inter-area signal for successful object memory recall in monkey temporal cortex. *Neuron*, *86*, 840-852.
4. Rothschild, G., Eban, E., & Frank, L. M. (2017). A cortical-hippocampal-cortical loop of information processing during memory consolidation. *Nature neuroscience*, *20*, 251–259.
5. 苧阪直行 (2012). 前頭前野とワーキングメモリ. 日本高次脳機能障害学会誌, *32*, 7-14.
6. Baddeley, A. (2000). The episodic buffer: a new component of working memory?. *Trends in Cognitive Sciences*, *4*, 417-423.
7. Penfield, W., & Evans, J. P. (1935). The frontal lobe in man: a clinical study of maximum removals. *Brain*, *58*, 115–133.
8 Chai, W. J., Abd Hamid, A. I., & Abdullah, J. M. (2018). Working memory from the psychological and neurosciences perspectives: A review. *Frontiers in psychology*, *9*, 401.
9. Corkin, S. (2002). What's new with the amnesic patient H. M.?. *Nature Reviews Neuroscience*, *3*, 153-160.
10. Gilbertson, M. W., Shenton, M. E., Ciszewski, A., Kasai, K., Lasko, N. B., Orr, S. P., & Pitman, R. K. (2002). Smaller hippocampal volume predicts pathologic vulnerability to psychological trauma. *Nature Neuroscience*, *5*, 1242-1247.
11. Iwata, M. (1984). Kanji vs Kana: Neuropsychological correlates of the Japanese writing system. *Trends in Neurosciences*, *7*, 290-293.
12. Catani, M., Allin, M. P. G., Husain, M., Pugliese, L., Marsel M. M., Murray, R. M., & Jones, D. K. (2007). Symmetries in human brain language pathways correlate with verbal recall. *Proceedings of the National Academy of Sciences of the United States of America*, *104*, 17163-17168.
13. Sakai, K. L. (2005). Language acquisition and brain development. *Science*, *310*, 815-819.
14. Hagoort, P. (2003). How the brain solves the binding problem for language: a neurocomputational model of syntactic processing. *Neuroimage*, *20*, S18-S29.
15. Friederici, A. D. & Gierhan, S. M. E. (2013). The language network. *Current Opinion in Neurobiology*, *23*, 250-254.
16. Sperry, R. W., Gazzaniga M. S., & Bogen, J. E. (1969). Interhemispheric relationships: The neocortical commissures; syndromes of hemisphere disconnection. In P. J. Vinken, & G. W. Bruvn (Eds.), Handbook of clinical neurology (pp. 273-290). North Holland Publishing.
17. 石合純夫 (2012). 高次脳機能障害学 第2版. 医歯薬出版

第11章 行動・注意と脳神経系の関わり

パソコンで作業をしているとき，スマートフォンの着信音に気づき，手に取る。そしてカップのコーヒーを飲んで，作業に戻る。このような一連の行為には，こころの動きともいえる注意の移動も必要である。

ヒトが意思・意図をもって意識的に行う行動を行為とよび，意思とは関係ない動きを行動とよぶ場合もあるが，本章では行為・行動を区別せず全容を概説する。行動のスタート点ともいえる前頭葉や頭頂葉は，注意制御にとっても重要な場所である。注意によって情報は選択・統合され，選択された情報に基づいて行動する。こうした一連の認知行動を支える脳領野には，共通する点も多く，そうした背景から，本章では併せて注意を扱うことにしたい。そう考えると，「こころ」と「体」がもっと生き生きつながってくるように思う。なお，出力という点においては，視線移動（眼球運動）および摂食行動・生殖行動も重要なテーマであるが，その点については，第6章および第14章を参照されたい。

本章の前半では，ヒトの行為や行動の神経基盤とその障害について概説する。心理学を学ぶ私たちは，"こころ"が体の"動き"をつくると考えがちである。しかし，表情や姿勢などの動きの結果が特定の心的状態を醸成する逆方向の見方も忘れてはならないので，この点にも言及する。本章の後半では，情報の入力・統合・出力のすべてに関わる注意の神経基盤と障害について概説する。

11.1節 ┃ 行動に関わる脳領野

A. 感覚情報による行動の誘導：頭頂連合野

目の前のカップに手を伸ばすとき，カップの形状や位置の視覚情報処理が必要である。視覚情報は第一次視覚野の後に，腹側経路（ventral stream）と背側経路，つまり背側−腹側経路（dorsal-ventral stream）と背側−背側経路（dorsal-dorsal stream）で分散・並列処理される。腹側経路は主に形や色の処理を担い，"what経路"ともよばれる。背側−腹側経路は，主に視覚対象の位置や動きなどの空間処理を担い，"where経路"ともよば

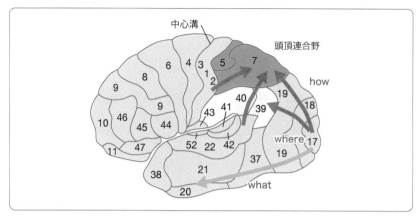

図11.1　行動・行為に関わる頭頂連合野

れる。背側-背側経路は，主に視覚対象に対して手を伸ばすなどの動作に関わり，"how経路"ともよばれる（**図11.1**）。

　背側経路の情報は，頭頂連合野に送られて行動に利用される。頭頂葉には，視覚情報だけでなく体性感覚，聴覚，平衡感覚など多様な感覚情報が入力し，頭頂連合野といわれる。この領域の情報は統合・抽象化されて，自己や他者（物）また両者の相対的関係など，動作に必要な情報に変換される。この領域は前頭前野機能と結びついた注意制御の中枢でもある。

　頭頂葉には，この領域を上下に分ける頭頂間溝があり，この脳溝より上方を上頭頂小葉（ブロードマン脳地図5・7野），下方を下頭頂小葉（同39野（角回）・40野（縁上回））という。上頭頂小葉の7野は感覚の連合野である。5野は体性感覚連合野であり，皮膚・筋肉・関節からの体性感覚情報と空間位置を統合し，見えているものに手を伸ばして取るような到達運動に関わる。上頭頂小葉の障害では，目標に向かって腕を伸ばして手先を目標の位置に動かすような運動が困難になる。下頭頂小葉の障害では，手先で器用に物を扱うような把握運動や紙を折って封筒に入れるなどの一連の動作が困難になる。これを観念失行という。

B. 前頭前野および運動前野の働き

　頭頂連合野の情報は，前頭前野や運動前野そして第一次運動野に伝えられ，運動出力が可能になる（**図11.2**）。前頭前野は，多様な高次機能を担っていることで"脳の司令塔"ともいわれ，代表的機能として実行機能（execu-

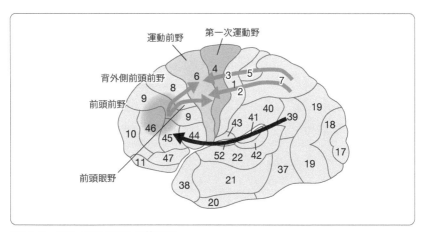

図11.2　行動・行為に関わる前頭葉

tive function）が挙げられる。実行機能とは，行動・行為に至るまでの対立する考えの区別と調整，現在の行動によって得られる成果の予測，行動することで生ずる期待，社会的に容認されない衝動の抑制などの高次認知過程を指す。つまり，前頭前野は運動出力に関する認知的処理の起点ともいえる。

　前頭前野の中にある背外側前頭前野は，情報の評価・予測・判断・意思決定・ワーキングメモリなどに関わり，頭頂連合野の空間情報や他の前頭前野からの情動や報酬などの情報が集まる。実行する・しないを決める行動制御に重要な役割を担っており，行動には，アクセルとブレーキ，つまりGoとNo-Goの両方の信号が必要であるが，No-Go信号もこの領域から発せられる。

　実際に身体を動かすためには，運動の設計図のようなものも必要であり，設計図をつくるためには状況把握が必要になる。よい運動指令を発するために，背外側前頭前野を中心とする前頭前野には多くの情報が集められ，統合・選択された結果は「意思」として運動指令に変換される。この情報は，大脳皮質で運動のコントロールに関わる補足運動野（supplementary motor area），運動前野（premotor cortex）および前頭眼野（眼球運動野）に送られる。

　補足運動野は運動前野の内側面にあり，ボールを投げるときにボールを握って上腕を起こし，次に肘から下の前腕を振り下ろすような，複数の動きで成り立つ一連の行為を適切な順序で実行するために，重要な役割を担っている。この部位の障害では，自発的な運動の開始が困難になる。

運動前野は，第一次運動野の前方，ブロードマン脳地図6野を指す。背側（上方）と腹側（下方）で異なる機能をもっており，背側は，運動発現の前に興奮し，頭頂連合野背側から視空間情報を取り入れて，適切な運動の選択などの事前処理が行われる。一方，腹側は，頭頂葉の頭頂間溝や下頭頂小葉から，手を伸ばすと触れることができるような身近な視空間に存在する物に対する情報を取り入れて，運動に変換する。これらの部位の信号は，第一次運動野や脊髄に伝えられて，運動に必要な筋肉が動かされる。

1992年リゾラッティ（Rizzolatti, G.）らは，サルの運動前野の腹側に，自らエサをつまむときだけでなく，他の個体（実験者）が同様の動作をするのを観察しているときにも活動する細胞があることを報告した[1]。他の個体の行動を見たときに，あたかも自分がその行動を行ったかのような活動を示すことから，この神経細胞はミラーニューロンと名づけられた。ミラーニューロンは，他者の運動内容を理解する神経基盤であり，さらに，他者の様子を見て自分がそうなっているように感じる共感や，他者の意図理解の基盤となっていると解釈されている。

C. 第一次運動野

運動野の中で運動出力に直接関わる場所を，第一次運動野という。第一次運動野は，中心溝のすぐ前にある脳回であり，ブロードマン脳地図の4野にあたる。この部位に弱い電気刺激を与えると，特定の体部位で運動が起こり，体部位再現性がみられる（**図11.3**）。手や顔，口が実際の体部位よりも広い面積を占める一方で，体幹などは狭いという皮質拡大の特徴をもっている。この部位には，運動前野・補足運動野から運動指令が入力される。運動野は左右の半球に存在し，右半球の第一次運動野は左半身の運動に，左半球の同部位は右半身の運動に関わる。なめらかな一連の動作には，複数の筋肉の収縮と弛緩が必要であり，第一次運動野は運動するときの筋肉の組み合わせパターンに対応した命令を出し，その信号は脳幹部から脊髄の運動ニューロンに送られ，各筋肉に伝えられる。

D. 大脳基底核

大脳基底核は，大脳皮質と視床，脳幹を結びつけている神経核（線条体・淡蒼球・黒質など）の集まりであり，運動調節，感情，動機づけや学習などさまざまな機能を担っている。大脳基底核の変性では随意運動がうまく制御

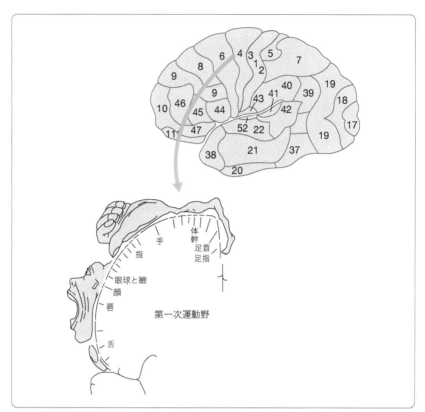

図11.3　第一次運動野の体部位再現性

できなくなり，不随意運動が発生する。大脳基底核，特に黒質の変性疾患であるパーキンソン病では，振戦，動作緩慢，筋肉の固縮や姿勢保持障害が起こり，大脳基底核が随意運動の制御に重要な役割を果たしていることがわかる。

E. 小脳

　ヒトの小脳の体積は，脳全体の15％程度しかないにもかかわらず，その神経細胞数は脳全体の神経細胞数の約半数に及ぶ。大脳皮質から錐体路を経由して発現する随意運動と，大脳皮質や大脳基底核（錐体外路性運動系）を経由して発現する姿勢保持等の不随意運動の双方に関わる。また乗れなかった自転車に乗る練習をしているときのような運動学習において，運動制御の精度を上げることに，重要な役割を担っている。

F. 筋肉およびゴルジ腱器官

　身体が動いているときに，運動の進行状況を逐次把握するために，骨格筋には2種類のセンサー（筋紡錘とゴルジ腱器官）がある。筋紡錘は筋肉が伸びている信号を，ゴルジ腱器官は筋肉が収縮している信号を，それぞれ大脳皮質に送っている。ゴルジ腱器官の情報は，脊髄の抑制性介在ニューロンにより，皮質に情報が上がる前に，筋肉が過剰に収縮しないよう調整する働きももっている。

11.2節 ｜ 随意運動と不随意運動の経路

　脳を起点とする運動は，自己の意思あるいは意図に基づく随意運動と，自己の意思によらない不随意運動に大別され，それらは皮質からの出力経路が異なる（**図11.4**）。

　随意運動の信号は，大脳皮質の運動野から脊髄への直接下行路である錐体路の神経線維によって，橋・延髄・脊髄の順に伝えられ，筋肉に達する。錐体路は，大脳基底核と視床との間（内包）を通っていく大きな神経線維の束である。この神経線維は，延髄のレベルで反対側に移るので，右半球の運動野が左半身の筋肉を動かすという対側支配の図式ができあがる。

　随意運動に際しては，目的とする運動の他に，全身の筋をバランスよく動かすことが必要になる。例えば，歩こうと思うとき，足の動きは随意運動といえるが，意識していなくても腕を振ったり体幹をひねったりしてバランスをとっている。このような動きを不随意運動といい，主に錐体外路性運動系が担っている。この経路は，かつて錐体外路系とよばれたが，まとまった神経経路はないので，現在では錐体外路性運動系とよぶことが多く，運動指令は大脳基底核や視床を経て脊髄に伝えられる。意思に基づく随意運動は，無意識の不随意運動の助けを借りて，互いに協調することでなめらかな運動を達成している。

　第一次運動野とそれに続く錐体路の障害では，典型的には運動麻痺が起こる。錐体外路性運動系の障害では，姿勢を保持することが難しくなる。

11.3節 ｜ 運動と感覚の統合と内部モデル

　頭頂連合野には，視覚・聴覚・体性感覚・平衡感覚などの情報が集まる。

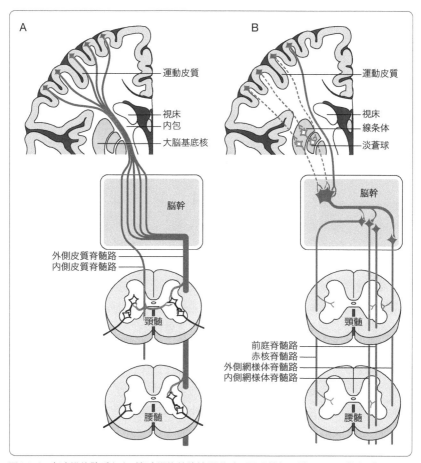

図11.4 （A）錐体路系および（B）錐体外路性運動系の運動神経回路に関わる神経系の全容

これらの情報は集約・統合・抽象化されて，空間情報や注意の動きとなって運動前野に送られ，運動・動作を実行する動作イメージの形成に利用される。

　近年の計算理論的神経科学では，脳は感覚情報から外界のモデルを生成し（内部モデル），運動に先行する運動イメージから運動の結果を予測し，予測と実際の運動の結果との誤差が最小になるように学習を繰り返していると考えられている[2]。身体を動かすとき，脳は身体に対してどのような運動指令を出せば，どのように身体が動くかを，シミュレーションにより予測する。予測モデルと実際の運動との差を神経信号として運動野に渡し，正確ですばやく滑らかな運動ができるよう調整しているという考えである。

このモデルには，特定の脳領野が関わっているのではなく，大脳皮質の運動野・大脳基底核・小脳の運動ループが関わっていると考えられている。中でも小脳は，運動の結果に関する予測モデルの生成と更新に重要な役割を果たしていると考えられている。経験したことのないスポーツや楽器の演奏が繰り返し練習することで上達していくような運動学習は，予測と実際の運動の結果との誤差が最小になるような調整を繰り返し行うこととも言い換えることができる。このような計算理論的神経科学の成果は，ロボット開発にも応用され，高精度の予測モデルを内包した学習プログラムが実装されている。

11.4節 ║ 反応時間

心理実験では，刺激提示後から課題達成までの反応時間（reaction time）は，正答率とともに課題遂行能力の重要な指標となる。運動野の興奮を受けてから筋肉が収縮するまでには150 ms程度必要であり，反応時間全体との差分が課題解決に要した時間になる。例えば，ランプが点いたらボタンを押すというような，1種の刺激が提示されて，それに対して決められた1種の反応を出力するような単純反応課題では，腹側経路での処理を経て150〜300 ms程度かかる[3]。その他，刺激に応じて決められた複数の反応のいずれかを行う場合の反応時間を選択反応時間，特定の刺激の場合にのみ反応する場合の反応時間を弁別反応時間という。後者は反応しない刺激もあるので，Go/No-go反応時間ともいう。こうした反応時間は，感覚器から脳までの神経信号の伝播時間，課題処理に要する時間，運動処理時間などを反映している。

11.5節 ║ 行動抑制と切り替えに関わる脳領野

実行機能には，行動の抑制・切り替え・更新機能などが含まれる。行動の抑制には前頭前野，特に背外側前頭前野や前頭眼窩野が関わっている。その他，島皮質や補足運動野などでも機能の異なる抑制信号が記録されている。前頭葉はヒトで最も発達した領野であり，個体発生的に前頭前野は最も成熟が遅く，かつ老化により最も早く機能低下が起こる領野である。そのような背景から，行動抑制は，乳児期から幼児期に発達が始まり，青年期後期にピークを迎え加齢とともに低下していく。

行動の抑制と切り替えを評価する代表的課題に，1966年ルリヤ（Luria, A. R.）によって提案されたGo/No-go課題がある。この課題の例を以下に示す。

①刺激は赤色刺激のみとし，赤色刺激に反応するよう指示する（形成）。

②赤色刺激と青色刺激を与え，赤色刺激にのみ反応し，青色刺激は無視するよう指示する（分化）。

③②と同じ刺激を与え，②と逆の反応（赤色刺激は無視し，青色刺激にのみ反応）をするよう指示する（逆転分化）。

　「分化」では反応抑制が必要で，「逆転分化」では反応の切り替えが必要とされる。この課題は主にNo-go条件（ボタンを押さない）状態のエラーを観察する。前頭前野の病変や注意欠如多動症でエラーが増える。

　必要な行動は時々刻々変化するので，状況に応じて行動を柔軟に切り替える“セットシフティング”が必要である。評価には，ウィスコンシンカード分類課題（Wisconsin card sorting task：WCST）が用いられる。この課題は以下のような流れで行われる（**図11.5**）。

①検者は，色・形・数（分類カテゴリー）からなる図形カードから，1枚のカードを選択して実験参加者に提示する（このとき，検者は分類カテゴリーを決めている）。

②実験参加者は，検者の意図するカテゴリーを類推して，反応カードを提示する。

③検者は，実験参加者の示したカテゴリーに対して，「合っている」「合っていない」のみを伝える。

④実験参加者は，検者の返答のみを手がかりとして，検者が選択している分類カテゴリーを類推して，いずれかのカテゴリーの反応カードを提示する。

⑤検者は，一定程度同じカテゴリーを続けた後に，予告なしにカテゴリーを変える。

　実験参加者が新しいカテゴリーを理解して切り替えるまでにかかる試行数

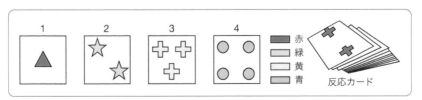

図11.5　ウィスコンシンカード分類課題

やミスの数などが評価される。前頭前野，特に背外側前頭前野が関わり，注意欠如多動症や統合失調症で活動低下する報告もある。

11.6節 │ 姿勢や表情が"こころ"を変える

　悲しいと下を向くなど，私たちは，"こころ"が"動き"をつくると考えがちである。しかし，逆方向すなわち身体状態が心理状態に影響を与えることも見逃してはならない。

　表情筋の状態が認知的側面に影響を与えるという古い報告では，実験参加者を2群に分け，同じ漫画を読んでもらいその面白さを評価させた。このとき，どちらの群にもペンをくわえさせ口を開く量を同じにしておいて，1群には口を縮めた不満げな表情で，もう1群には歯を出して笑顔に似た表情で，漫画を読んでもらった。その結果，内容の評価など認知的な得点は変わらないにもかかわらず，笑顔に似た表情で漫画を読んだ群は，不満げな表情で読んだ群よりも，有意に漫画を面白いと思うことがわかった（**図11.6**）[4]。提示された単語が，楽しいか悲しいかを判断する課題では，笑顔の状態のほうが，楽しいと判断するときの単語の反応時間が短いなどの報告もあり，どうやら，笑顔は，"こころ"を楽しい方向に変える効果をもつようだ。

　姿勢が自己分析の確信度に与える影響を観察した実験もある。自信のなさそうな姿勢（背中を丸めた姿勢）と自信のありそうな姿勢（背筋を伸ばした姿勢）の2群の実験参加者で自己評価の確信度を調べたところ，自信のありそうな姿勢の群では，自身のポジティブな特性について，確信度が高まることが報告されている（**図11.7**）[5]。我々が想像する以上に，身体はこころに大きな影響を与えているようである。

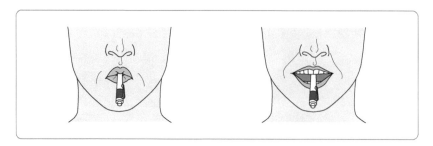

図11.6　ペンをくわえて表情筋の動きを変える様子（Strack et al., 1988[4]）

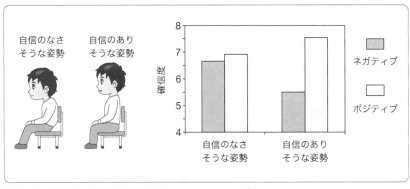

図11.7　姿勢と自己評価の確信度（Briñol et al., 2009[5]）

11.7節 ‖ 行為・行動の障害[6]

　麻痺などの運動障害，言語理解の障害，注意の障害，認知症などがないにもかかわらず，意図的な動作ができなくなることがあり，これを失行という。失行には，行為の種類や誤反応によって，いくつかの分類があるが，古典的には観念運動失行と観念失行に大別される。観念運動失行では，サヨナラの身振りや，箸を使ってご飯を食べるような道具を使う身振りができなくなる。観念失行では，ハサミを使って紙を切るなど道具を使う行為の手順がわからないなどの障害がみられ，日常生活に支障をきたす。下頭頂小葉と下前頭回およびそのネットワークの障害が考えられている。

　上述のような行為に問題はなくとも，計画を立てたり，計画通りに行動したり，うまくいかないときに計画を修正することができなくなる場合があり，これを遂行機能障害という。この疾患では，食事をつくろうと考え，銀行に行ってから，買い物をして，カレーとサラダを準備するような，一連の行為が困難になる。このような行為の遂行には，ワーキングメモリが必要とされ，前頭葉，特に背外側前頭前野が主な障害部位と考えられている。

11.8節 ‖ 注意に関わる脳研究の始まり

　スマートフォンの操作に気を取られて，前を歩いている人にぶつかりそうになった，そんな経験はないだろうか。脳は一度に処理できる容量に限界があるため，すべての感覚入力を等しく処理することはできず，認知的活動も

制限される。そうしたとき，情報の取捨選択や認知・行動の制御に重要な役割を担っている機能が「注意」である。

　エネルギー保存の法則で知られる物理学者・生理学者のヘルムホルツ（von Helmholtz, H. L. F.）は自著の中で，右眼の耳側網膜が刺激されると左側視野に光があると感じるには，神経の興奮に基づく無意識の過程（無意識的推論）があるが，入力情報が有用でない場合はその情報は無視されると述べている。また一瞬の光で文字を読む課題で，あらかじめ注意を向けていた場所に書かれた文字は読めるが，他の文字はまったく判読できないことを報告している。これらの興味深い記述は，脳は注意によって選択された情報を優先的に処理していることを示している。

　注意の実験的脳研究は，選択的注意の実験から始まった。大勢の人がいるにぎやかな場所でも，自分の名前や自分に関連する言葉，また特定の相手の声は容易に聞き取ることができる。これはカクテルパーティ効果とよばれ，選択的注意の1つとして古くから知られている。1953年チェリーは，左右の耳に異なる音声刺激を同時に聞かせて（両耳分離聴），一方の耳への入力を無視しながら，もう一方の耳に聞こえてくる音声をそのまま口に出して復唱すること（追唱）を求める実験手続き（**図11.8**）によって，選択的注意の存在と，注意が感覚フィルター*の役割を果たしていることを明らかにした[7]。同様の手続きによる聴覚誘発電位は，注意を向けた側の誘発脳波の振幅が大きく，選択的注意が入力情報の処理過程に影響を与えることを示した（第4章参照）。

　ポズナー（Posner, M. I.）は先行手がかり法とよばれるアイデアに富んだ実験手続きで，空間的注意の効果を定量化することに成功した（**図11.9**）。

図11.8　両耳分離と追唱による選択的注意課題

＊感覚フィルター：脳には複数の感覚情報が一度にやってくる。不必要な情報が意識にのぼらないように感覚をシャットアウトする機能を感覚フィルターという。

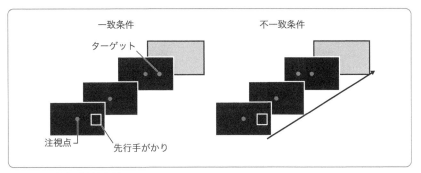

図11.9　先行手がかり法
ターゲット（青丸）提示前に先行手がかりが与えられる。実験参加者は画面中央の注視点（赤丸）を見
たままで，ターゲットが提示されたときに反応する。

ポズナー課題ともいわれるこの方法では，ターゲットが提示されたら，でき
るだけ速く反応キーを押すという教示を実験参加者に与え，ターゲットが提
示されてから反応キーが押されるまでの反応時間を計測する。このとき，
ターゲットが提示される直前に，先行手がかりが提示される。先行手がかり
は，ターゲットが提示される位置と同じ場合（一致条件）と，ターゲットが
提示されるのとは違う位置を示す場合（不一致条件）とがある。手がかり刺
激の出現は注意を誘導する役目を果たしており，注意を向けた位置にター
ゲットが出現する一致条件では，不一致条件に比べて反応時間が短縮し，不
一致条件では一致条件に比べて反応時間が延長する[8]。一致条件で反応時間
が短くなる効果は，手がかり刺激が提示されてからターゲット出現までの時
間が約0.2秒以内の場合にみられる。一方，0.2秒以上の場合はターゲット
が反対側に出たとき，つまり不一致条件で反応時間が短くなり，この現象を
復帰抑制（inhibition of return：IOR）とよぶ。復帰抑制は視野内のま
だ注意していない位置に注意を向けやすくする働きをもたらす。特別な場合
を除き，ヒトは注意を向けたものに視線を向けようとするので，注意の働き
と見た結果の分離は難しいが，先行手がかり法はこれを解決し，空間的注意
の実験手続きとして最もよく知られ，脳研究でも広く利用されている。

A. 視床

感覚情報は，視床の神経核群つまり外側膝状体（視覚）や内側膝状体（聴

覚）を経由して，大脳皮質の第一次感覚野に送られる。視床では，大脳皮質へ送られる感覚情報の選択や統合が行われる。視床には，その外側を取り囲んでいる視床網様核とよばれる組織があり，視床から大脳皮質へ伝えられる情報の流れを調節（抑制）する。DNAの二重らせん構造解析でノーベル生理学・医学賞を受賞したクリックは注意のサーチライト仮説（**図11.10**）を提唱し，視床網様核が，視床から大脳皮質に伝えられる情報を遮断する感覚ゲートとしての役割を担っていると説明した[9]。

　注意には，入ってきた刺激に注意が捕捉される過程と，特定の刺激にあらかじめ意図して集中する過程がある。前者は受動的注意（ボトムアップ注意），後者は能動的注意（トップダウン注意）といわれる。ヒトの視床において最大の容積を占める視床枕は，高次視覚野・前頭前野など多くの皮質・皮質下の組織と双方向のネットワークで結ばれている。視床枕は前述した感覚情報を皮質に上げる過程で働く受動的注意のみならず，価値判断などに基づく能動的注意にも関わる重要な脳部位と考えられている[10]。

B. 感覚野

　注意により知覚が変化するとき，感覚野では何が起こっているだろう。空間的注意による感覚野の活動を観察した実験を紹介しよう。この実験では，参加者は広範な視野に提示された刺激を見ながら，視野の一部に注意を集中する課題が与えられる。結果を見ると，注意を向けた視野に該当する視覚野および視覚連合野が活性化している（**図11.11**）[11]。さらに，結果を注意深く観察すると，活性化した視覚野の周囲では血流低下もみられる。この結

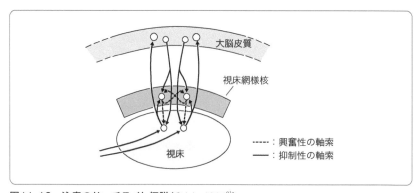

図11.10　注意のサーチライト仮説（Crick, 1984[9]）
視床網様核から抑制性の信号が入ると，感覚入力は大脳皮質まで送られない。

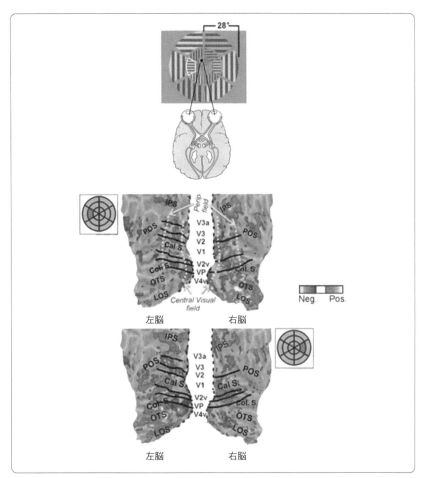

図11.11　機能的磁気共鳴画像：空間的注意に関わる脳部位
（Brefczynski-Lewis, J. A., Datta, R., Lewis, J. W., & DeYoe, E. A.（2009）. The topography of visuospatial attention as revealed by a novel visual field mapping technique. *Journal of Cognitive Neuroscience*, *21*, 1447-1460[11]. Figure.1,3より）
後頭・頭頂葉の脳溝を広げて脳活動を示している。網膜には全視野の刺激が入力するが，赤で示した左視野または右視野の特定の場所の刺激の変化に注意を傾けると，右または左後頭葉視覚野の刺激投射部位や後頭側頭溝（OTS）・外側後頭溝（LOS）が活性化する。併せて，頭頂間溝（IPS）が活性化していることがわかる。

果は，注意が感覚フィルターとして感覚野の活動に影響を与えることを示唆している。

　注意が知覚を変える現象は，瞬間視における視認性の向上や，形と色の統合，読みの有効視野，自動車運転時の有効視野，「歩きスマホ」の危険性，

周辺視野にいる味方に対して視線を外したまま出すノールックパス，カクテルパーティ効果など，日常生活のさまざまな場面でみられる。こうした現象の背景に，注意による感覚野の活動の変化があるが，感覚野は他の脳領野とボトムアップ結合やトップダウン結合があるため，その変化を原因と結果のどちらか一方に峻別することは難しい。

C. 頭頂連合野

頭頂連合野は，中心溝後部に位置する第一次体性感覚野（中心後回）を除く，中心後溝より後方の頭頂葉である。この領野には視覚・聴覚・体性感覚などの情報が集められ，本章の前半部分で述べたように運動の起点にもなっている。頭頂連合野は，上頭頂小葉（ブロードマンの脳地図5・7野），下頭頂小葉（同39野（角回），同40野（縁上回））からなる。頭頂連合野と側頭葉の境界領域には，側頭頭頂接合部とよばれる部位がある（**図11.12**）。

上頭頂小葉の7野は体性感覚・視覚・聴覚情報の連合野であり，空間知覚に関わる。心的回転課題でイメージの空間操作を行う実験や空間的注意の実験では頭頂間溝を含む上頭頂小葉が活性化する。そうした背景から，この部位は空間注意の制御中枢の1つと考えられている。

下頭頂小葉の39・40野の機能には半球差がみられ，左半球のこの部位が言語処理，特に音声情報の意味処理に関わるのに対し，右半球のこの部位は注意制御に関わる。下頭頂小葉の下方には，自己の空間・運動知覚や，自分や他者に向ける意識や注意の転換に関わる側頭頭頂接合部があり，注意の

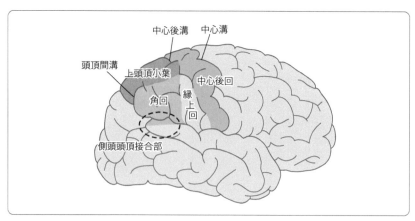

図11.12　注意に関わる頭頂連合野の構造

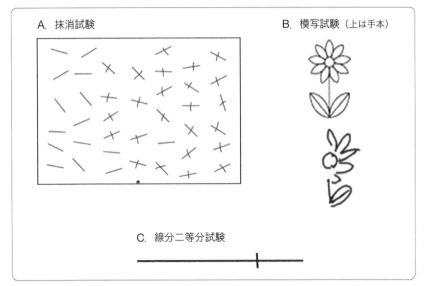

A. 抹消試験

B. 模写試験（上は手本）

C. 線分二等分試験

図11.13　半側空間無視の検査結果の例
(石合純夫 (2012). 高次脳機能障害学 第2版. 医歯薬出版[6], p.152, 図1・p.156, 図4・p.159, 図7
より)
左半側空間無視では, 左側空間に注意が向かず刺激の左側を意識することができないので, 左側の線
や花を無視したり (A・B), 線分を二等分することができない (C)。

ネットワーク中継点として重要な役割を果たしている。これらの部位の損傷
では, 空間や物体への注意が向かない注意障害や, 空間的形態を組み立てる
ことができない構成失行が頻発する。

　側頭頭頂接合部を含む下頭頂小葉領域の病変では, 視野障害がないにもか
かわらず, 病巣と対側の空間や物体に注意を向けられない半側空間無視が起
こる。半側空間無視は, 右頭頂葉の脳血管障害後に, 左半側空間無視として
現れることが多い。その背景には, 空間注意に関する右半球優位があり（左
半球は対側の右空間への注意を担うが, 右半球は対側の左空間だけでなく,
同側の右空間への注意も担う), そのために左半球の障害では空間無視が現
れにくく, 右半球の障害では空間無視が現れやすい。また, 右半球の下頭頂
小葉と側頭頭頂接合部の結合は左半球より複雑で, 他の要因の影響を受けや
すいことも考えられている。

　左半側空間無視では, 左側に立っている人に気がつかない, テーブルの左
半分や皿の左半分の料理を食べないなどがみられるが, 自分では見落としに
は気づかず, 病識はない。半側空間無視の評価には, 抹消試験, 模写試験,

線分二等分試験などが用いられる（**図11.13**）[6]。

D. 前頭前野

前頭前野は"脳の司令塔"ともいわれ，思考・記憶・意思決定・計画性・意欲・価値判断・社会性・情動など，多様な機能に関わっている。この領野は何に注意を向けるかを判断し，そのトップダウン信号は他の脳領野に送られる。また，この領野は，本章の前半で述べたように運動を組織化して指令を出しており，注意が具現化したものともいえる眼球運動の制御にも関わる。

前頭前野は内側部・外側部・眼窩部に分けられ，内側部は社会的行動を支えるとともに，葛藤の解決や情動・動機づけに基づく意思決定など，多様な機能に関係している。外側部はワーキングメモリ・反応抑制・行動の切り替え・プランニング・推論・言語などの認知機能や実行機能を担っている。眼窩部は情動・動機づけとそれに基づく意思決定に重要な役割を果たしている。このうち，腹内側前頭前野は他者のこころを推し量るような課題（「心の理論」の検証を行う誤信念課題など）でも活性化し，「共同注意」の中心領域と考えられている[12]。注意を向けたものを思わず見たくなるが，外側前頭前野，特に背外側前頭前野は，そのようなときの衝動性眼球運動を抑制（アンチサッカード）する際に働くことが報告されている。この場所は注意の制御，特に注意を向けないというような抑制的コントロールに関わっている。

11.10節 ‖ 注意の脳内ネットワーク

A. 注意の種類とそれに関わる脳部位

「注意する」とは，対象を選択して深く処理するために意識を集中させることを指す。しかし，1つまたは1か所に集中し続けているわけではなく，周囲の変化や必要性に応じて，注意の対象となる事・物・場所は柔軟に変化する。そのため，注意はさまざまな観点から分類され，特定の場所に注意を向ける「空間的注意」，必要な情報を選択する「選択的注意」，特定または複数のものに同時に注意を向ける「集中的注意・分割的注意」，持続的に警戒・監視しているような状態の注意である「ビジランス」などがある。また，注意を向けるきっかけによる「能動的注意・受動的注意」，注意の誘発が光や音のオンオフなどの外部刺激か，矢印や視線などの認知的刺激かによる「外発的注意・内発的注意」などの分類もある。また，複雑な課題が繰り返

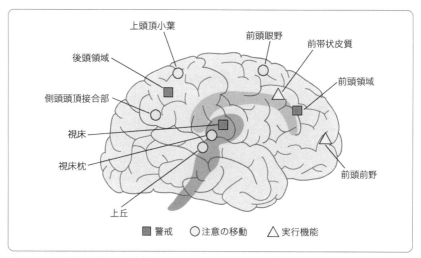

図11.14　注意に関わる脳部位（Posner & Rothbart, 2007[13]）

される日常生活の作業の実行には注意の焦点化や分割，切り替えが必要である。

　こうした背景から，注意に関わる脳部位は数多く挙げられ，異なる脳部位がタイプの異なる注意の発現に関わっている（**図11.14**）[13]。

B. 背側注意ネットワークと腹側注意ネットワーク

　脳内には注意に関わる部位が数多くあるが，これらの部位の多くは，背側注意ネットワークおよび腹側注意ネットワークで結ばれている（**図11.15**）[14]。

　背側注意ネットワークは，前頭眼野を含む前頭葉と上頭頂小葉，特に頭頂間溝とをつなぐ双方向の回路であり，空間上のある位置に注意を向けたり，色や形・音など刺激属性に注意を向けたりする能動的注意に関わる。この背側注意ネットワークには，視覚野と前頭眼野を結ぶ双方向回路が組み込まれている。視覚入力による眼球運動の観点からみると，能動的注意だけではなく，刺激駆動の受動的注意にも関わっているといえよう。

　腹側注意ネットワークは，前頭前野，特に腹側前頭前野や内側前頭前野などと側頭頭頂接合部とをつなぐ双方向の回路であり，与えられた刺激を思わず見てしまう受動的注意に関わる。この腹側注意ネットワークは，右半球優位の傾向がみられ，半側空間無視を引き起こす半球差に影響を与えている。

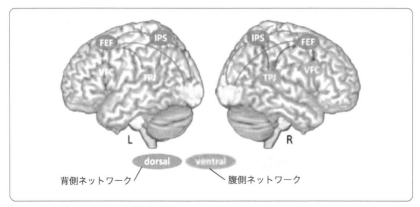

図11.15 注意に関わる背側・腹側ネットワーク
(Vossel, S., Geng, J. J., & Fink, G. R.(2014). Dorsal and ventral attention systems: distinct neural circuits but collaborative roles. *Neuroscientist*, *20*, 150-159[14]. Figure. 1より)
FEF(frontal eye fields): 前頭眼野, IPS (intraparietal sulcus): 頭頂間溝, VFC(ventral frontal cortex): 腹側前頭葉, TPJ(temporoparietal junction): 側頭頭頂接合部, V(visual cortex): 視覚野

このネットワークは，前述したように「共同注意」にとっても重要な役割を担っている。内側前頭前野は他者を思いやるときに活動する領野であり，側頭頭頂接合部は自己の空間・運動知覚や自他の区別に関わる領野である。内側前頭前野と側頭頭頂接合部は，他者の存在や内部状態を思い，他者の注意と自分の注意を共通させる脳内基盤になっている。

練習問題 ✏

1. 行動に関連する脳部位や疾患に関する以下の記述で，正しいものをすべて選びなさい。

a. ブロードマン脳地図5・7野に相当する上頭頂小葉は，視覚の背側経路の情報を受け，目標に向かって腕を伸ばすような到達運動に関わっている。

b. 前頭前野は"脳の司令塔"ともいわれ，運動出力に関する認知的処理を行い，その出力を第一次運動野に送る。

c. 大脳基底核は運動制御に重要な神経核群であり，パーキンソン病は大脳基底核の中の黒質の変性により振戦が起こり姿勢保持が困難になる。

d. 意思に基づく随意運動の運動指令は，大脳皮質の運動野から脊髄への直接下行路である錐体路を経て，同側の筋肉に達する。

e. 観念失行では，運動麻痺はみられず，個々の運動には問題がないにもかかわらず，歯ブラシに歯磨き粉を付けて歯を磨くなどの一連の動作ができなくなる。

2. 注意の脳機能に関する以下の記述で，間違っているものを１つ選びなさい。

a. クリックは注意のズームレンズ仮説の中で，視床網様核の抑制性信号が，視床を通過して大脳皮質へ送られる感覚情報を抑制するとした。

b. ポズナー課題では手がかり刺激で空間的注意を誘導する。手がかり刺激提示後しばらくしても，その場所にターゲットが現れないと，検出が遅れる。これを復帰抑制という。

c. 半側空間無視は，右半球の頭頂葉，特に下頭頂小葉と側頭頭頂接合部付近の脳梗塞などで頻発し，左半側空間に注意が向かない症状が現れる。

d. 前頭葉の背外側前頭前野は行動抑制に関わり，また前頭眼野に抑制性の信号を送って，注意を向けたものを思わず見るときのような衝動性眼球運動を抑制している。

e. 腹側注意ネットワークは前頭前野と側頭頭頂接合部とをつなぐ神経回路であり，「共同注意」の神経基盤になっている。

〈引用文献〉
1. di Pellegrino, G., Fadiga, L., Fogassi, L., Gallese, V., & Rizzolatti, G. (1992). Understanding motor events: a neurophysiological study. *Experimental brain research*, *91*, 176-180.
2. 田中宏和 (2019). 計算論的神経科学. 森北出版
3. Thorpe, S. J., & Fabre-Thorpe, M. (2001). Neuroscience. Seeking categories in the brain. *Science*, *291*, 260-263.
4. Strack, F., Martin, L. L., & Stepper, F. (1988). Inhibiting and facilitating conditions of the human smile: a nonobtrusive test of the facial feedback hypothesis. *Journal of Personality and Social Psychology*, *54*, 768-777.
5. Briñol, P., Petty, R. E., & Wagner, B. (2009). Body posture effects on self-evaluation: A self-validation approach. *European Journal of Social Psychology*, *39*, 1053-1064.
6. 石合純夫 (2012). 高次脳機能障害学 第2版. 医歯薬出版
7. Cherry, E. C. (1953). Some experiments on the recognition of speech, with one and with two ears. *Journal of the Acoustical Society of America*, *25*, 975-979.
8. Posner, M. I., & Cohen, Y. (1984). Components of visual orienting. In H. Bouma, & D. Bowhuis (Eds.), *Attention and performance* (10th ed.) (pp. 531-556). Lawrence Erlbaum.
9. Crick, F. (1984). Function of the thalamic reticular complex: the searchlight hypothesis. *Proceedings of the National Academy of Sciences of the United States*

of America, *81*, 4586-4590.

10. Baluch, F., & Itti, L. (2011). Mechanisms of top-down attention. *Trends in Neurosciences*, *34*, 210-224.

11. Brefczynski-Lewis, J. A., Datta, R., Lewis, J. W., & DeYoe, E. A. (2009). The topography of visuospatial attention as revealed by a novel visual field mapping technique. *Journal of Cognitive Neuroscience*, *21*, 1447-1460.

12. Redcay, E., & Saxe, R. (2013). Do you see what I see? The neural bases of joint attention. In J. Metcalfe, & H. S. Terrace (Eds.), *Agency and joint attention*. Oxford University Press.

13. Posner, M. I., & Rothbart, M. K. (2007). Research on attention networks as a model for the integration of psychological science. *Annual Review of Psychology*, *58*, 1-23.

14. Vossel, S., Geng, J. J., & Fink, G. R. (2014). Dorsal and ventral attention systems: distinct neural circuits but collaborative roles. *Neuroscientist*, *20*, 150-159.

第12章 自己・他者・社会性と脳神経系の関わり

我々は自分というものをどのように認識しているのだろうか？　さらに目の前にいる相手のことをどのように理解しようとしているのだろうか？　本章では，自己と他者，そしてそれらが関わることにまつわる神経機構について，現在の知見を紹介する。

12.1節 ║ 自己とは何か？

一口に「自己」といっても，それが何を指しどのようなものなのかを考えることは意外と難しい。心理学者であり哲学者であるジェームズ（James, W.）は，自己は主体としての自己である主我と，他者に知られる客体としての自己である客我の2つの様相があり，これらが重なり合って全体としての自己をつくり上げていると述べている[1]。また認知心理学者のナイサー（Neisser, U.）は，ヒトの発達段階と絡め，乳児期の段階から確立可能な生態学的自己，他者との相互作用により確立される対人的自己，主に言語的な情報によって確立される概念的自己，個人のライフストーリーにより確立される時間的拡大自己，そして最後に確立される主観的な経験を重んじた私的自己，の5つの自己があるとした[2]。これ以外にも，自己はさまざまに定義されるが，ここでは自分の身体を自分のものとして感じるという，最も基本的な自己についての神経基盤について紹介する。

A. 身体をベースとする自己

哲学者のギャラガー（Gallagher, S.）は，最小の自己として身体所有感（sense of self-ownership）と運動主体感（sense of self-agency）があるとした[3]。身体所有感とは「この身体が自分のものだ」という感覚であり，運動主体感とは「この行為は自分が引き起こしたものだ」という感覚である。

身体所有感は，どのようにつくられているのだろうか？　我々は自分自身の身体を，自分の目で見て（視覚）確かめることができるだけでなく，触ったりつねったり（触覚），動かしたり（固有感覚）することでも確認できる。

通常，我々は自分の体が自分のものであるということが当然のこととして感じられるので，それがないという状態を想像できない。しかし，左上頭頂小葉の損傷によって，目を閉じると自分の右手足が消えるように感じるという，ウォルポート（Wolpert, D. M.）による症例報告がある[4]。逆に，手術などで手足を切断した人の中には，既にないはずの部位があるように感じたり（幻肢），そこに痛みを感じたり（幻肢痛）することがある。こうした，あるのにないと感じたり，ないのにある・痛むと感じたりする感覚は，視覚的な入力により変化する。例えば，先ほどの症例報告の患者は，自分の手足を見ることによりその存在を自分の身体として感じることができる。また，8.7節でも触れたように，ラマチャンドランは幻肢痛の患者の幻肢と健常側の手の間に鏡を置き，なくなった手がそこに存在するかのような視覚的錯覚を起こさせ，幻肢痛を和らげることに成功している。

　このような視覚による身体像の入力の影響は，別の形でも現れる。その代表的な例がラバーハンド錯覚である。この錯覚は，特殊な状況下で自分の手ではない偽物の手（ラバーハンド）と自分の手を同時に刺激すると，ラバーハンドが自分の手のように感じられるというものである（**図12.1**）。この錯覚の生起には，ある程度の空間的整合性（ラバーハンドの位置）と厳密な時間的整合性（刺激タイミングの一致）が必要とされている。また脳機能イメージング研究により，ラバーハンド錯覚には運動前野と頭頂葉が強く関係していることが示されている。このように，身体所有感は１つの感覚入力か

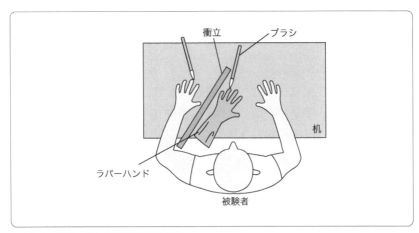

図12.1　ラバーハンド錯覚実験の様子

らつくられているわけではなく，いくつかの感覚入力が脳で統合された結果として現れているのである。そして，脳の活動の仕方によっては，身体所有感はたやすく揺らぐ。

　ではもう1つの自己感の要素である運動主体感について紹介する。先ほども述べたように，運動主体感とは運動の主体が自分であるという感覚である。我々が自分で体を動かすとき，脳内では運動指令のコピー（これを遠心性コピーという）が身体や空間の知覚を担っている領域に送られる。それと同時に，運動している最中の視覚や体性感覚（触覚・固有感覚）情報も感覚器などを通して脳に送られる（これを感覚フィードバックという）。運動主体感は，この遠心性コピーと感覚フィードバックが一致しているときに生まれ，時間的なズレがあったときには失われると考えられている。ブレイクモア（Blakemore, S. J.）らは，左手を操作して右の手のひらをくすぐる装置（図12.2A）を開発し，運動と触覚のタイミングのズレがくすぐったさに及ぼす影響について検討した。実験の結果，くすぐりのタイミングが左手の運動に遅れるほどくすぐったさを感じることがわかった。彼らはこの現象の説明として，脳内で遠心性コピーを使って感覚を予測し，遠心性コピーが実際に入ってきた感覚フィードバックと照合されるメカニズム（図12.2B）があり，これが運動主体感に関与していると述べている。さらに最近の今水寛らの脳機能イメージング研究により，運動主体感の生成にはいくつかの脳領域が関わっているが，頭頂葉の右縁上回が運動の主体感に強く関わっている

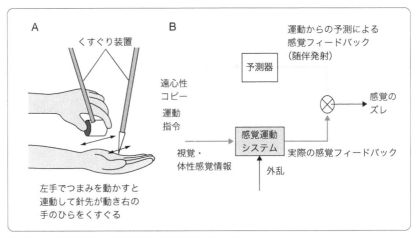

図12.2　（A）自己くすぐり装置と（B）脳内メカニズム

ことも示されている[5]。

B. 自己意識とデフォルトモードネットワーク

　ここまでは身体をベースとした自己についてみてきたが，少し違った角度から自己というものを考えてみよう。第5章でも紹介したように，1990年代初頭に小川によりBOLD効果が発見され，MRIによる脳活動の可視化が可能になってから，課題を用いた心的機能の神経基盤を探る，いわゆる脳機能マッピングが盛んに行われるようになった。そんな中，レイクル（Raichle, M. E.）らは，内側前頭前野と後部帯状回，楔前部が課題遂行時より安静時に活動が高いことを発見し，デフォルトモードと名づけた[6]。その後，安静状態で脳活動がダイナミックに変化していることがわかり，そのゆらぎの同調の様子からいくつかのネットワークに分類できることが示された。これらを総称して安静時ネットワーク（resting state network）というが，デフォルトモードに含まれる領域もこの中の1つであることがわかり，デフォルトモードネットワーク（default mode network：DMN）とよばれている（**図12.3**）。デフォルトモードネットワークに関わる脳領域は，ぼーっとしていたり，視点が内向きになっているときに強く活動することがわかっており，自己の内省といったこころの状態との関連が示唆されている。

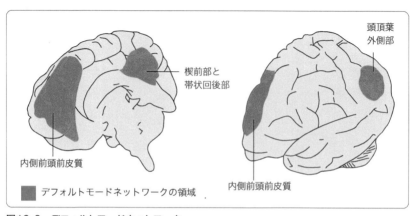

図12.3　デフォルトモードネットワーク

ヒトは生まれながらにして社会的な生物であるといわれるが，生まれてきたときから社会的な能力をすべて備えているわけではない。社会認知能力ともいわれる社会性は，自己の認知，他者への関心や理解の発達と強く関連している。

A. 模倣

他者の行動を観察し，自らそれと同じまたは似た行動をすることを模倣という。模倣は，ヒトの発達のかなり初期からみられるものである。メルツォフ（Meltzoff, A. N.）らは，生後数時間の新生児が他者の顔をまねるという現象を発見し，新生児模倣と名づけた。新生児模倣は，再現性の問題や，これを模倣とよんでよいのかなどの議論が続いているが，後述するミラーニューロンとの関連も指摘され，新生児模倣生起に関するいくつかの仮説も提唱されている。

模倣したり模倣されたりすることを相互模倣という。乳幼児は相互模倣を盛んに行い，自他の相互的なつながりやコミュニケーションのやりとりを学ぶと考えられている。また自分の動作と他者の動作が同じであることから，その動作に関わる意図を他者に帰属させることで，他者の意図の理解が可能になるともいわれている。

B. ミラーニューロンシステム

現在，模倣の神経基盤の1つと考えられているのがミラーニューロンである。

ミラーニューロンはリゾラッティのグループが偶然に発見した，特殊な反応をする神経細胞である[7]。彼らはサルの腹側運動前野にあるF5とよばれる領域の神経細胞の研究を行っていた。この領域の神経細胞は，つかむとか，引き裂くとか，口に運ぶといった運動の計画や選択，実行に関わっているとされており，彼らはその詳細なメカニズムを電気生理学の手法を使って調べていた。あるとき，サルに電極を挿入したまま実験者が何かに手を伸ばしたところ，その細胞が強く発火した。別のときには実験者がピーナッツをつまんだらまた強く別の神経細胞が発火した。これらの事実を元に，彼らは新規の実験を計画し，新しいタイプの神経細胞であるミラーニューロンを発見し

たのである[8]。ミラーニューロンの特徴は，ある動作を，自分がしても，他者が同じ意図をもって行動するのを見たり聞いたりしても活動するところにある。ミラーニューロンの発見は脳の研究者にとって衝撃的であった。これまでは，視覚から入ってきた他者の動作の情報と，自分の運動に関する情報は別物であり，それぞれ脳内で表象されていると考えられていた。しかしミラーニューロンは観察される行為と実行する行為は1つの神経細胞で表象されている，つまり1つの神経細胞で感覚と運動情報が統合されていることを示しており，従来の見解を覆した。その後，同じような特性をもつ神経細胞が頭頂葉のPF領域でも見つかった。F5領域，PF領域，および動作に関する視聴覚応答のある上側頭溝領域（STS領域）の3つの領域で構成されるネットワークをミラーニューロンシステムとよぶ（**図12.4**）[9]。なお，上記領域のヒト相同部位が同じような活動を示すことが脳機能イメージング研究により確かめられ，ヒトにもミラーニューロンシステムがあると考えられている。また，ここまでは情動を伴わない行為についての話であったが，情動的な知覚と行為についても反応をする領域が見つかっている。それらは島前部と帯状回を中心としたネットワークであり，情動的ミラーニューロンシステムとよばれることもある。

　ミラーニューロンは，元々リゾラッティの研究グループが運動制御に関わる神経細胞を調べていたときに偶然見つかったものであるが，その後，動作の認識のみならず，模倣，コミュニケーション，共感などとの関わりも指摘され，現在も精力的に研究が行われている。

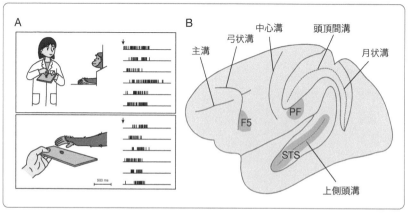

図12.4　（A）つかむミラーニューロンの例と（B）サルのミラーニューロンシステム

C. 他者のこころをどう捉えるか

　我々はどのようにして他者のこころを捉えているのだろうか？　いうまでもなく，「こころ」を直接見ることはできないが，他者がこころをもっていると想定することにより，他者の行動を理解しある程度予測できるようになると考えられる。この概念を「心の理論」として初めて提唱したのは，プレマック（Premack, D.）とウッドルフ（Woodruff, G.）である[10, 11]。彼らは「チンパンジーは心の理論をもつか？（原題：Does the chimpanzee have a theory of mind?)」という論文において，もしチンパンジーが他者の意図や目的，知識，信念，思考，好み，推論といった心的状態を理解できるのであれば，それは「心の理論をもっている」と定義することにし，行動実験を試みた。プレマックらの論文に対して，デネット（Dennett, D. C.）ら数名の哲学者は，心の理論をもっているかを確かめるには，自他のもっている知識が異なる場面を想定してそれを理解できているか，つまり「他者は，自分とは違う，ときに誤った信念（誤信念）をもつということを理解できているか」を確かめることが，必要ではないかと主張した。これを受けて，発達心理学者のヴィマー（Wimmer, H.）とパーナー（Perner, J.）が「マクシ課題」とよばれる誤信念課題を開発し，ヒトの幼児期の心の理論獲得の発達過程を調べる研究がスタートした。さらにバロン＝コーエン（Baron-Cohen, S.）らは，この誤信念課題の設定や登場人物を改変し（「サリーとアン課題」とよばれる），自閉症児を対象に研究を行うことで，自閉スペクトラム症の特徴の理解を深めた。このように，霊長類学から始まった心の理論研究は，ヒトを対象とした研究へと展開し，次々と課題の問題点が改良され，今日まで研究が続けられている。

　ところで，心の理論に強く関連する脳領域はあるのだろうか？　これまで行われた多くの脳機能イメージング研究から，心の理論に強く関わる脳領域として，内側前頭前野（mPFC），側頭頭頂接合部（TPJ），前部帯状回（ACC），上側頭溝前部（aSTS）および後部（pSTS），楔前部（precuneus），側頭極（temporal role）などが挙げられている。これらの領域はメンタライジングネットワーク（**図12.5**）ともよばれ，それぞれの領域の役割もある程度明らかになってきた。例えば，内側前頭前野は腹側が自己，背側が他者の認知に，側頭頭頂接合部は注意の切り替えや他者視点取得に，それぞれ関連して活動すると考えられている。しかしまだその全容は解明されておらず，これらの領域の関係性についてもわかっていないことが多い。

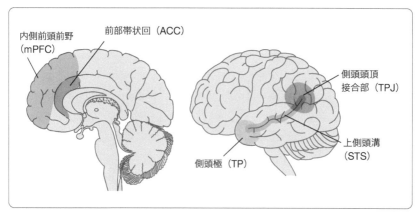

図12.5　メンタライジング（心の理論）ネットワーク

　心の理論は，心的状態を他者に帰属させることにより，その行動を理解し予測しようというものだった。この考え方には，さまざまな心的状態と行動の関係は一般法則化が可能であるという哲学的議論が背景にあり，理論説とよばれる。

　他者のこころの理解に関して，シミュレーション説というもう1つの説がある。ヒトは互いに同じような心的状態になれば，同じような意図をもって同じような振る舞いをする。ここから，あることを信じるといった"ふり"によって，仮想的な意図や行動を産出できると考えられる。もしそれが可能なら，自分が他者と同じ信念を仮想的にもつことにより，仮想的な意図を形成し，他者の行動を予測することができる。これがシミュレーション説であり，ミラーニューロンシステムがこの説を支持する証拠であるという研究者もいる。

　他者のこころの捉え方として，理論説とシミュレーション説のどちらが正しいかの論争が続いてきた。それぞれの説を支える神経基盤をみてみると，理論説はメンタライジングネットワーク，シミュレーション説はミラーニューロンシステムであり，両者の脳領域は重なっておらず担っている機能も違う。ここから導き出される1つの結論は，2つの説は他者の捉え方が異なっており，どちらかが正しいというよりは，我々は2つの機能をうまく使い分けながら他者を理解している可能性が高い，ということである。

D. 共感

　社会の中でうまく暮らしていくには，他者に対して共感し，協力することが必要である。「共感」は，「あなたにとても共感した」など日常的に使う言葉であるが，実は多くの異なる現象に対しても使用されている。近年，心理学や神経科学で共感を研究対象として扱うにあたり，共感の中身の整理が進んできた。これまで，共感はヒトしかもたない高次な心的機能と思われていたが，共感の範疇には動物でもみられるものがあることもわかっている。ドゥ・ヴァール（de Waal, F.）は，共感は哺乳類と同じくらい古い起源をもつもので，情動伝染，他者への気遣い，視点取得といった機能が，マトリョーシカのように入れ子構造になっていると説いた[12]。この説の核となっている情動伝染とは，ある個体の情動や心的状態が他の個体に伝染し，その個体と同様の身体反応を起こすことをいい，これはラットなどにもみられるものである。ドゥ・ヴァールの説は，現在では完全に受け入れられているわけではないが，共感を進化の視点で捉えた点でその功績は大きいといえる。

　ヒトにおいては，現在共感を2つの側面から捉えることが多い[13]。1つは他者と情動を共有する側面で，情動的共感とよばれる。情動的共感とは，情動伝染のように，他者と同じような情動状態になることを指し，身体反応を伴うこともある。情動的共感は，意識することなしに自動的に起こることが多く，基本的にはボトムアップの情報処理であり，自分の意思で制御することが難しいと考えられている。これに関わる脳領域として，島前部，帯状回，扁桃体があり，先に挙げた情動的ミラーニューロンシステムと一致する。

　もう1つの側面は，他者の立場に立ってその人の心情・心的状態を推察し，理解するもので，認知的共感とよばれる。認知的共感は，他者がどういった状況に直面し，何を思い，どうしたいか，といったことを知る必要があるため，心の理論をもっていることが必要となる。また認知的共感は，情動的共感と異なり，他者と自分の情動状態が一致している必要はない。認知的共感はある意味冷めた共感であり，情報処理はトップダウン的で自分で制御可能である。認知的共感に関わる脳のメカニズムはメンタライジングネットワークの関与が示唆されており，特に他者視点取得との関わりが深い側頭頭頂接合部が重要な役割をもつと考えられている。

　実際には，ヒトの共感をこの2つの側面に分離するのは不可能であり，両者は複雑に絡み合っている。現在は，そのことを念頭に置いたより精緻な共感の神経メカニズムを探る研究へと進んでいる。

　ここまでは自己と他者についてみてきたが，最後に，両者の関わりについての脳のメカニズムについてみてみよう。社会的相互作用の研究においても，その他の社会認知能力の研究と同じような枠組みを用いて行われてきた。例えば，他者の視線を読み取って同じところに注意を向ける共同注意に関わる神経基盤研究では，アニメ動画や他者が映っているビデオを用いて，その人の視線の先にあるものを実験参加者も見ているときの脳活動をMRI等により計測する。しかし実際のコミュニケーション場面は，リアルタイム性をもち，ダイナミックな相互作用がある[14]。先に示した実験方法では，このリアルタイム性や時々刻々と変化する関係性に注目することはできない。近年，このリアルタイム相互作用を重視する研究者の中で，実際に相互作用する二者の脳活動を複数台の脳活動計測装置を用いて同時に計測するハイパースキャニング研究が広がりをみせている[15]（**図12.6**）。

　ハイパースキャニング研究は相互作用する二者の脳活動を同時に取得できることから，二者間の脳活動の同期を調べることが可能である。例えばお互いに見つめ合っているときには，初対面であっても中側頭回後部の脳活動の同期がみられる[16]。さらに，2人が同じものやことに注意を向ける共同注意課題を一緒に行った後では，右上側頭溝や右運動前野にまで脳活動の同期が広がることや，共同注意課題中には右半球の上側頭溝，腹側運動前野，側頭頭頂接合部前方部，背内側前頭前野などミラーニューロンシステムやメンタ

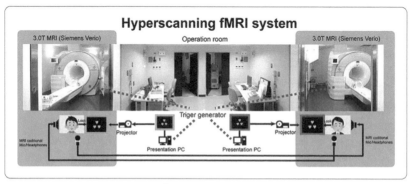

図12.6　ハイパースキャンfMRIの概念図
（Yoshioka, A., Tanabe, H. C., Sumiya, M., Nakagawa, E., Okazaki, S., Koike, T., & Sadato, N. (2021). Neural substrates of shared visual experiences: a hyperscanning fMRI study. *Social Cognitive and Affective Neuroscience*[17], in press. Figure.1より）

ライジングシステムに含まれる領域の二者の脳活動の同期が増大することがわかってきている[17]。その他，二者が協力する課題と競争する課題では，協力課題のほうが脳活動の同期が多くみられることなど，個人の脳活動計測だけでは得られなかった，新たな知見が次々と得られている[18]。

練習問題

1. 自己に関する以下の記述で，正しいものをすべて選びなさい。

a. 身体所有感は最も基本的な自己の形成に必要であり，その感覚が揺らぐことはない。

b. 既にない身体部位に痛みを感じる幻肢痛は脳活動によってつくり出されたものであり，なくすことはできない。

c. ラバーハンド錯覚を起こすためには厳密な時間的整合性が必要であるが，空間的整合性はそこまで厳密でなくともよい。

d. 自分の体を動かす際には，脳内では運動指令に関する信号のコピーが身体空間の知覚を司っている領域へと送られる。これを遠心性コピーという。

e. 自己の内省に関わるとされるデフォルトモードネットワークは，複数ある安静時ネットワークには含まれない，特別なものである。

2. 他者のこころの理解に関する以下の記述で，間違っているものをすべて選びなさい。

a. 心の理論という概念は発達心理学者によって考え出されたもので，これが種を超えて霊長類や鳥類にもあるのか調べられるようになっていった。

b. ミラーニューロンとは，他者の行為を自分が観察しているときと，その行為を自分が行ったときのどちらにも反応する神経細胞のことであり，最初サルの腹側運動前野で見つかった。

c. 他者のこころの捉え方として理論説とシミュレーション説があったが，ミラーニューロンの発見によりシミュレーション説が正しいことが判明した。

d. 共感は高次な心的機能であり，ヒト以外の動物にはみられない。

e. 情動的共感にはミラーニューロンシステムが，認知的共感にはメンタラ

イジングシステムが，それぞれ関与していると考えられている。

〈引用文献〉
1. ジェームズ, W. 今田 恵（訳）（1992-1993). 心理学（上・下）. 岩波書店
2. Neisser, U. (1988). Five kinds of self-knowledge. *Philosophical Psychology*, *1*, 35-59.
3. Gallagher, S. (2000). Philosophical conceptions of the self: implication for cognitive science. *Trends in Cognitive Sciences*, *4*, 14-21.
4. Wolpert, D. M., Goodbody, S. J., & Husain, M. (1998). Maintaining internal representations: the role of the human superior parietal lobe. *Nature Neuroscience*, *1*, 529-533.
5. Ohata, R., Asai, T., Kadota, H., Shigemasu, H., Ogawa, K., & Imamizu, H. (2020). Sense of agency beyond sensorimotor process: decoding self-other action attribution in the human brain. *Cerebral Cortex*, *30*, 4076-4091.
6. レイクル, M. E. (2013). 浮かび上がる脳の陰の活動. In 日経サイエンス編集部（編）. 別冊日経サイエンスno.191 心の迷宮 脳の神秘を探る（pp. 79-85）. 日経サイエンス
7. リゾラッティ, G., & シニガリア, C. 柴田裕之（訳）. 茂木健一郎（監修）（2009). ミラーニューロン. 紀伊國屋書店
8. Iacoboni, M. (2008). *Mirroring people*. Farrar Straus & Giroux. (塩原通緒（訳）（2009). ミラーニューロンの発見. ハヤカワ新書)
9. 村田 哲（2005). ミラーニューロンが明らかにしたもの：運動制御から認知機能へ. 日本神経回路学会誌, *12*, 52-60.
10. 子安増生・郷式 徹（編）（2016). 心の理論 第2世代の研究へ. 新曜社
11. 鈴木貴之（2002). 「心の理論」とは何か. 科学哲学, *35*, 83-94.
12. de Waal, F. (2009). The age of empathy. Crown. (柴田裕之（訳）. 共感の時代へ. 紀伊國屋書店)
13. Decety, J., & Ickes, W. *The social neuroscience of empathy*. The MIT Press. (岡田顕宏（訳）（2016). 共感の社会神経科学. 勁草書房)
14. Redcay, E., & Schilbach, L. (2019). Using second-person neuroscience to elucidate the mechanisms of social interaction. *Nature Reviews Neuroscience*, *20*, 495–505.
15. 小池耕彦（2019). ハイパースキャニング脳機能イメージング. バイオメカニズム学会誌, *43*, 179-187.
16. Koike, T., Tanabe, H. C., Okazaki, S., Nakagawa, E., Sasaki, A. T., Shimada, K., ... Sadato, N. (2016). Neural substrates of shared attention as social memory: A hyperscanning functional magnetic resonance imaging study. *NeuroImage*, *125*, 401-412.
17. Yoshioka, A., Tanabe, H. C., Sumiya, M., Nakagawa, E., Okazaki, S., Koike, T., & Sadato, N. (2021). Neural substrates of shared visual experiences: a hyperscanning fMRI study. *Social Cognitive and Affective Neuroscience*, in press.
18. Minagawa, Y., Xu, M., & Morimoto, S. (2018). Toward Interactive Social Neuroscience: Neuroimaging Real-World Interactions in Various Populations. *Japanese Psychological Research*, *60*, 196-224.

第13章 情動・ストレスと脳神経系の関わり

我々は日々の生活の中で，これは好きとか，ここは危険そうで怖いな，この人嫌いだな，等といった評価をし，それに対して反応する。本章では，こういった評価・反応の総体としてのこころの動きに焦点をあて，その脳内メカニズムについて紹介する。

13.1節 情動・気分・感情とは

まず最初に，用語の整理をしておきたい。こころの動きを表現する言葉には，感情（feeling, affect），気分（mood），情動（emotion）などという言葉がある。これらの用語の使い分けは専門家の間で必ずしも一致しているわけではなく，またここに示した日本語と英語の対応も必ずしも一貫したものではない。大雑把に言えば，ある原因によって一過的に引き起こされ，生体に変化が生じ，それによって行動が惹起される心的状態を情動，外部からの刺激の有無にかかわらず一定期間続く心的状態を気分，広い意味での心的状態や本人が主観的に心的状態を感じている状態を感情という[1, 2, 3]。また感情は情動と気分を含んだ心的状態の総称としても使われることがある。本章では，動物を対象にした研究にも触れることから，こころの動きを表現する言葉として主に情動を用いるが，感情と置き換えて読んでもらっても差し支えない。

A. 情動に関する2つの説

情動の研究は古くはギリシャ哲学に遡ることができるが，ここではまず情動における2つの古典的理論である「ジェームズ=ランゲ説」と「キャノン=バード説」について紹介する。

ジェームズ=ランゲ説は，身体反応により情動が喚起されると考える説で，末梢起源説ともいわれる（**図13.1**A）。一般的には，我々は悲しいから泣く，つまり悲しいというこころの状態が先にあって，それが泣くという身体的反応を引き起こしていると考えられている。しかし心理学者ジェームズは，それは順序が逆であり，まずある事柄の知覚から直接身体的な変化が起こり，

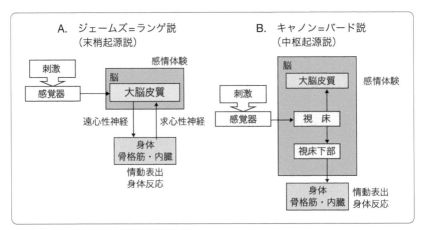

図13.1　(A)ジェームズ=ランゲ説と(B)キャノン=バード説

　それによって喚起される感覚そのものが情動である，と考える。つまり，ある事柄に接して泣くという身体反応が引き起こされ，それに伴って喚起される感覚が悲しいという情動である，というのである。ジェームズは1890年に出版された『心理学原論』の中で，1章を割いてこの情動に関する理論を展開している。ジェームズは自分で実験することはなかったが，この本の中で生理学者のランゲ（Lange, C.）による情動に伴う数々の生理反応の記述を引用して，自説を展開した。2人の説には相違もあるが大筋では同じであるため，今日ではジェームズ=ランゲ説とひとくくりにされることが多い。
　ジェームズ=ランゲ説は当時の人々に驚きをもって迎え入れられたが，その後反論も出ている。その筆頭が，キャノン（Cannon, W. B.）による，情動の起源が身体（末梢）であるというには証明に足る証拠が乏しく，情動の起源は脳にあるとする中枢起源説である。このキャノンの主張をバード（Bard, P.）が修正・実証したため，今日ではキャノン=バード説とよばれる（図13.1B）。キャノンは，ジェームズ=ランゲ説の問題点として，情動が身体反応から引き起こされるのであれば同じ身体反応は同じ情動を引き起こすはずであるが，実際には異なる情動が引き起こされることがあることを指摘した。また，身体反応とそこから惹起される情動の関係性が不明確であること，身体反応を阻害しても情動が喚起されることを挙げ，主に動物を用いた実験により自説を展開した。この説に従えば，我々は悲しいという情動が脳で生み出され，泣くという反応が起こる，ということになる。
　キャノンは，生体は常に一定の状態を保つように調整されるというホメオ

スタシス概念の提唱者でもある。ホメオスタシスの維持には，脳の視床下部，自律神経系や内分泌の働きが強く関与している。彼は情動経験において視床の役割を重視し，外界からの刺激は視床においてどのくらい情動的な要素があるかが判断されると考えた。そして刺激が情動的なものであれば，大脳皮質にその情報が送られ，情動経験が引き起こされ，同時に視床からの情報は視床下部を経由し自律神経に働きかけたり身体反応を惹起する，とした。このように，キャノン＝バード説では脳を情動発生の中心と考えている。

B. その後の情動説

　キャノン＝バード説以降にも，情動に関する説はいくつも提唱されている。シャクターとシンガーは，喜びや悲しみなど異なる情動がどのように体験されるのかを，生理的な変化とその原因に対する認知的なラベルづけという2つの要因を用いて理解しようとした（情動二要因説）。またアーノルド（Arnold, M.）やラザルス（Lazarus, R. S.）は，刺激や状況をどのように評価するかによってどういった情動が生じるかが決まるとする認知的評価説を提唱している。ただしこの説に対しては，ザイアンス（Zajonc, R. B.）が真っ向から批判し，刺激に対する情動反応は認知的評価を必要とせず，認知的評価に先だって惹起されるとする情動優先説を唱えている。このように情動に関する議論は続いているが，理論が1つに収斂することはないようである。

C. 情動の神経基盤

　心理学者らによる情動理論の議論と並行して，キャノン以降，情動に関わる脳領域や神経回路の研究も進んだ。キャノンらの説を受けて，神経解剖学者のパペッツ（Papez, J.）は視床下部と大脳皮質をつなぐ海馬，脳弓，乳頭体，視床前核，帯状回，海馬傍回を含む閉回路が情動経験を生み，ここから生理的反応が喚起されるとした（パペッツの回路）。一方ヤコブレフ（Yakovlev, P. I.）も扁桃体，視床背内側核，前頭眼窩皮質，前部側頭葉を含む閉回路が情動経験を生み出すと考えた（ヤコブレフの回路）。マクリーン（MacLean, P. D.）は，上記の領域を含む大脳皮質下の領域を大脳辺縁系と名づけ，情動発生の中枢であると考えた。現在では，大脳辺縁系は情動だけでなく，記憶や動機づけにも重要な働きをしていることがわかっている[4]。
　大脳辺縁系の中で，現在特に情動生起に重要とされているのが扁桃体であ

る。クリューバー（Klüver, H.）とビューシー（Bucy, P.）は，扁桃体とその周りの側頭葉内側部を切除したサルが，生得的に恐怖の対象であるはずのヘビや火を恐れずに近づいたり，誰彼構わず交尾をしようとしたりするなど，情動異常による著しい行動の変化がみられることを発見した。このような症状をまとめてクリューバー＝ビューシー症候群といい，同様の部位を損傷したヒトでもみられる。扁桃体はさまざまな部位と直接的な解剖学的つながりをもつが，この中には感覚刺激が大脳皮質を経由せずに脳幹あるいは視床を介して扁桃体に入力される経路や，扁桃体から視床下部に信号を出力し身体反応を引き起こす経路があることが知られている。ルドゥー（LeDoux, J. E.）は，外部からの刺激に対する情動の脳内処理には，視床から直接扁桃体に至る低次経路と，大脳皮質の感覚野を経由して扁桃体に至る高次経路があるとした（情動の二経路説）。そして，低次経路はすばやいが粗い情報処理過程，高次経路はゆっくりしているが詳細な情報処理過程という違いがあり，低次経路によりまず情動的刺激の存在を確認・反応し，後から高次経路によりその是非を精密に判断するという処理が可能になるとしている。しかし実際の神経回路はもっと複雑で，扁桃体はとりあえずすばやく処理し判断する機能をもっているというよりは，さまざまな入力を振り分ける配電盤のような役割を担っている，と現在では考えられている。

　扁桃体が情動生起に深く関わっていることは間違いないが，それを制御していると考えられているのは前頭前野である。中でも前頭眼窩野や腹内側前頭前野に損傷を受けると，情動や動機づけ，価値判断，意思決定がうまくできず，衝動的でルーズな性格になってしまうことが知られている。有名な症例として2.1節でも取り上げたフィニアス・ゲージの例がある。勤勉で責任感の強かった彼が，前頭前野の損傷により気まぐれで衝動的な性格に変わってしまった。このように，前頭前野の，特に腹側や内側面の損傷は，社会的行動障害を引き起こす。

　ダマジオ（Damasio, A. R）らは，腹内側前頭前野が経験や文脈に基づいて扁桃体の活動を調整する機能をもつと考えている。そしてここで生起された情動による身体反応は，身体の状態をモニターしている体性感覚野と島皮質に送られ，ここで主観的な感情が生まれる。さらにその情報は前頭前野に戻され，意思決定にも関与する。我々は日常生活でたくさんの意思決定を行っているが，多くの場面ではどの選択肢が最適であるかがすぐにはわからない。ダマジオらは，このとき経験や過去の判断を基に情動的評価をし，す

ばやく悪い選択肢を排除する機構があると主張する。彼らは意思決定に影響する身体からの信号をソマティック・マーカーと名づけ，それは腹内側前頭前野に蓄えられていて意思決定の際に利用されると考えている（ソマティック・マーカー仮説）[2]。この説はジェームズ=ランゲ説をより精緻化したものと考えることもでき，末梢起源説の見直しの契機ともなったが，批判や否定的見解も多く，必ずしも確定した理論ではない。

D. さまざまな感情

　ここまでは，情動とひとくくりにして話を進めてきたが，我々のもつ主観的な感情にはさまざまなものがある。感情の分類には，いくつかの基本的な感情を想定する基本感情説によるものと，評価次元によるものがある。基本感情説の代表例としては，エクマン（Ekman, P.）による怒り，嫌悪，恐怖，喜び，悲しみ，驚きの6つが挙げられる。もう一方の評価次元の例としては，ラッセル（Russell, J. A.）による感情価（快−不快）と覚醒（覚醒−睡眠）の二次元による円環構造モデルが有名である。彼はこの二次元で定義できる生物学的状態をコア・アフェクトとよび，これが感情現象の核心であると考えている。

E. 快情動と報酬系回路

　上記のように，感情にはさまざまなものがあるが，研究で扱いやすいのは恐怖や嫌悪などネガティブな感情であり，ここまで述べてきた情動に関する説の構築にもネガティブな刺激が多く使われている。一方最近の傾向として，特にヒトを対象とした研究では，快情動が注目されている。快情動は動機づけとの関連も指摘されている。そこでこの項では，快と報酬に関わる脳内機構について紹介する。

　快情動研究のさきがけとされているのは，オールズ（Olds, J.）とミルナー（Milner, P.）が行った，ラットを用いた電極埋め込み実験である。ラットの脳の中隔という部位に電極を挿入し，レバーを押すと電流が流れるようにして実験を行ったところ，ラットは寝食を忘れてレバーを押すようになった。レバーを押しても電流が流れないようにするとレバーを押さなくなったことから，中隔への刺激がオペラント条件づけにおけるエサのように報酬（正の強化子）として機能していると考えられた。

　このような脳内自己刺激を誘発する脳部位には，側坐核，中隔，帯状回な

どの大脳辺縁系，中脳の腹側被蓋野，黒質，視床下部の内側前脳束があり，これらの領域は刺激によって快感が得られると考えられたことから報酬系（**図13.2**）とよばれるようになった[5]。報酬系の中でも特に反応性が高いのは内側前脳束である。内側前脳束は腹側被蓋野から側坐核などに投射する経路を間接的に刺激するからであり，この経路の神経伝達物質はドーパミンである。覚醒剤（コカイン，アンフェタミン），麻薬鎮痛剤（モルヒネ，ヘロインなどのオピオイド類），アルコール，たばこ（ニコチン）などさまざまな依存性物質は，側坐核のドーパミン放出を増加させることもわかっており，ドーパミンが快情動の生起に関係していると考えられる。ドーパミンは腹側被蓋野のドーパミン作動性神経細胞で産生されるが，この神経細胞は側坐核だけでなく，前頭前野，前帯状回，海馬，扁桃体などにも投射している。さらに腹側被蓋野はさまざまな領域からの信号の受け手でもある。

　ドーパミンの作用は部位によって異なり，前頭前野や前帯状回では主観的な快感を増強させる一方，側坐核ではドーパミン分泌の原因と脳が判断した行動が強化される。例えば，ある行動に伴ってドーパミン産生細胞が活動し，それが側坐核で分泌されると，その行動を好むようになる。そして，その行動の結果またドーパミンが分泌されるとその行動が引き起こされることが繰り返され，その行動が止められなくなってしまう。オールズとミルナーの実験はまさにそれをみていたことになる。また，ドーパミン産生細胞の活動は，不確実性や，予測と現実の隔たりの大きさ（報酬予測誤差）によって変化す

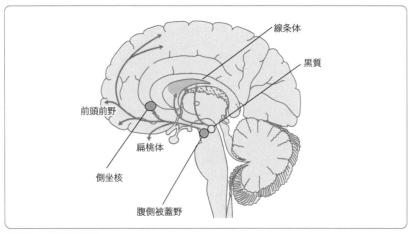

図13.2　報酬系回路

る。例えば，確率の高い賭けで儲けた場合と，低い賭けで儲けた場合では，同じ報酬額でも後者のほうが腹側被蓋野のドーパミン産生細胞を激しく活動させる。この脳内に備わっている報酬系回路システムは，報酬が得られる方向に行動を方向づけられるため，やる気を生み出したり行動の動機づけのもととなるが，ときに厄介な問題を引き起こす。現代においてそれが顕在化しているのが，薬物乱用やギャンブルなどの嗜癖，依存である。長期的にみれば明らかに負の影響が大きいコカインに手を出してしまうのは，コカインがすばやく快感をもたらすためである。コカインなどの薬物を摂取する人は，即効性のある薬物が引き起こす快感を求めている。そしてこれが摂取するという行動を強化する。ここには，まさに先ほど例に挙げたラットと同じメカニズムが働いている。嗜癖からの脱却は難しいが，薬物療法や脳深部刺激，経頭蓋磁気刺激法，認知行動療法など，現在ではさまざまな治療が行われている。

F. 気分に関わる神経伝達物質

　第3章でも述べたように，シナプスを介した神経細胞間の情報伝達は主に神経伝達物質によって行われる。神経伝達物質にはさまざまな種類があるが，この中で，ノルアドレナリン，アドレナリン，ドーパミン，セロトニン，ヒスタミンはモノアミン類とよばれる。このモノアミン系の神経伝達物質はゆっくり広範囲に情報を伝えるという特徴があり，脳のモードを調整している。そのため，気分に大きく影響をもたらす。

　例えば，先ほど説明したように，ドーパミンは報酬系回路で重要な役割を果たし，快感情などをもたらす。ノルアドレナリンには覚醒作用があり，興奮状態をつくり出す。ヒスタミンも同様に覚醒作用があり，花粉症などで抗ヒスタミン薬を摂取すると眠くなるのは，ヒスタミンによる覚醒効果を抑制するからである。セロトニンは脳全般の調節因子として働き，その生理機能は多岐にわたる。セロトニンは，ドーパミンやノルアドレナリンによる作用を制御し，精神安定化作用があるともいわれている。これらが複雑に絡み合って，我々の気分はさまざまに変化する。

13.2節 ┃ ストレス

　ストレスを感じない日はないといえるくらい，現代人はストレスにさらさ

れている。先ほど紹介したように，生体は外部環境の変化に抗って内部環境（＝身体）を一定に維持しようと努めている（ホメオスタシス）。ストレスとは，外部から生体に与えられた有害な刺激（これをストレッサーという）によって引き起こされる作用のことであり，ストレッサーに曝された生体は，反応（これをストレス反応という）をする。嫌なものや恐怖を引き起こす刺激に対するストレス反応は，本来生体にとって有用なものである。例えば，キャノンが闘争か逃走か反応（fight-or-flight response）とよんだ緊急事態での生体反応は，生体の生存にとって有利に働く。しかし，ストレスがかかった状態が長期に続くと，それはむしろ有害となりかねない。

　ストレス学説の提唱者として知られるセリエ（Selye, H.）は，ラットに色々な物質を注入したり，X線を照射したり，外傷を与えたりしたときの生体の変化を観察した。その結果，刺激の種類によらず，同じような臓器や組織の変化（副腎皮質肥大，リンパ組織の萎縮，胃や十二指腸の潰瘍）があることを発見し，これを汎適応症候群と名づけた。さらに研究を進め，ストレス反応には，上記に挙げたような臓器や組織の変化を示しストレッサーに対抗する生体反応が発動される警告反応期，ストレッサーに対し何とか適応できている抵抗期，ストレッサーに耐えられなくなり生体の機能が破綻してしまう疲憊期，の3つの段階があることを明らかにした[6]。

　またセリエらは，ストレス反応には，脳下垂体から副腎皮質へとつながる内分泌系経路と，自律神経系の経路の2つが存在することも示した。現在これらの経路はそれぞれ，視床下部–下垂体–副腎皮質（HPA）系，視床下部–交感神経–副腎髄質（SAM）系として知られている（図13.3）。

　HPA系では，ストレスがかかるとまず，視床下部が副腎皮質刺激ホルモン放出ホルモン（CRH）を分泌する。CRHは下垂体前葉に作用し，副腎皮質刺激ホルモン（ACTH）の分泌を促す。ACTHは全身に循環し，副腎皮質を刺激してコルチゾールなどのグルココルチコイドを分泌させる。なおグルココルチコイドの分泌が増えると，CRHやACTHの分泌を抑制する負のフィードバック制御機構がある。

　一方SAM系では，ストレスがかかるとまず，視床下部で制御されている自律神経系のうち交感神経が活発になる。それによりノルアドレナリン放出が促進され，各臓器が臨戦態勢となる。さらに副腎髄質からアドレナリンも放出され，体内のエネルギーを消費する方向へと一気に進む。通常，交感神経と副交感神経は拮抗的にバランスを取りながら生体活動を維持しているが，

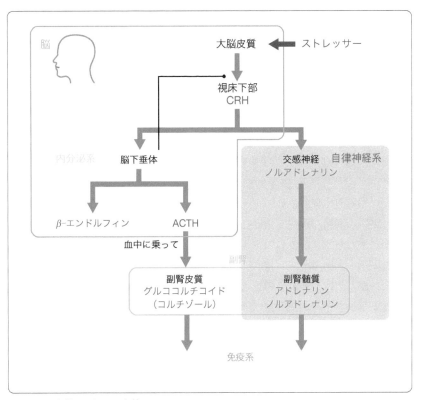

図13.3　生体のストレス応答

　それが崩れてしまうのである。ストレスは，生体活動だけでなく情動にも影響を与える。つまり，ストレスがかかると心身ともに疲弊してしまう。

　ストレス状況下では，内分泌系と自律神経系が反応するだけでなく，これらが免疫系にも重大な影響を与える。T細胞やB細胞といったリンパ球はACTH，アドレナリン，コルチゾールの受容体をもっており，HPA系やSAM系から複雑な調節がかかる。また胸腺や脾臓といった免疫に関わる器官は交感神経系の支配下にあり，急性ストレスではナチュラルキラー細胞などのリンパ球が一時的に増加する。この免疫系細胞の反応に伴って，炎症性サイトカインなども活性化される。このように，ストレスにさらされると，生体はさまざまな手を使ってそれに抗おうとする。これが長期間続くと，生体は耐えられなくなり，ついには生体そのものが破綻してしまうため，注意が必要である。

練習問題 ✎

1. 情動に関する以下の記述で，正しいものをすべて選びなさい。

a. 情動に関する2つの古典的な説とは，認知的評価説と情動優先説である。

b. 情動に関わる神経回路として知られているものにパペッツの回路があるが，この回路は記憶にも関係している。

c. 扁桃体は情動の生起に強く関与していると考えられており，両側の扁桃体とその周りを切除されたサルがみせる症状をクリューバー＝ビューシー症候群という。

d. 外側前頭前野を損傷すると社会的行動障害を引き起こす。

e. 報酬系回路システムは，動機づけにも関与する。

2. ストレスに関する以下の記述で，間違っているものをすべて選びなさい。

a. さまざまな外的刺激による生体の反応を調べ，ストレス学説を提唱したのは，ホメオスタシスという概念の提唱者でもあるキャノンである。

b. ストレス反応の1つであるHPA系では，視床下部から副腎皮質刺激ホルモン放出ホルモンによって刺激された下垂体前葉の副腎皮質刺激ホルモンが全身に循環し，副腎皮質のコルチゾールの分泌を促す。

c. 通常，ストレスがかかると交感神経が優位となり生体のエネルギーを消費する方向に向かう。

d. ストレスに対する反応は，主に視床下部を起点とする自律神経系と内分泌系の経路によるものであり，外敵から身を守るための免疫系は関与しない。

e. ストレッサーに抵抗するためのストレス反応は，我々の身体状態を一定に保とうとする，一種の生体防御反応と考えることができる。

〈引用文献〉
1. Plamper, J. (2015). *The History of emotions. an introduction.* Oxford University Press.（森田直子（監訳）(2020). 感情史の始まり. みすず書房）
2. 梅田 聡・小嶋祥三（監修）(2020). 感情 ジェームズ／キャノン／ダマシオ. 岩波書店
3. 大平英樹（編）(2010). 感情心理学・入門. 有斐閣
4. 櫻井 武 (2018).「こころ」はいかにして生まれるのか. 講談社
5. 筒井健一郎・渡邊正孝 (2008). 報酬の脳内表現. 生理心理学と精神生理学, *26*(1), 5-16.
6. 杉 晴夫 (2008). ストレスとはなんだろう. 講談社

第14章 動機づけ・摂取行動・性行動・睡眠と概日リズム

動機づけという言葉は心理学でもよく使われるが，日常的にはやる気など狭い意味で使われていることが多い。行動はなぜ起こるのか？　本章では，動機づけを，ある目的に向かって行動を開始させ，維持・調整する機能であると定義し，話を進める。

14.1節 動機づけ

何らかの動機を引き起こす原因には，生理的なものから社会的なものまでさまざまなものがある。動機づけの理論には，空腹や喉の渇きなど内的な要因の役割を重視する動因論と，飲食物といった欲求の対象がもつ機能を重視する誘因論があるが，空腹と食物の関係を想像してみてもわかるように，動因と誘因は現実の生活場面では相互に作用することが知られており，対立するものではない。また，この食べ物が欲しい，といったような動機づけは，感情や報酬と結びついているため，これらを切り離して考えることは難しい。これまでの動機づけ研究は，動機を生物学的，心理的，社会的な要因に区別してそれぞれ行われてきた。本章では，最も生理学・神経科学的研究が進んでいる，生物学的に動機づけられた行動について紹介する。感情や報酬系神経回路と動機づけの関係については，第13章を参照されたい。

ところで，我々の身体は常に安定状態となるようさまざまなしくみがある。この身体の恒常性をホメオスタシスという。視床下部はその中枢であり，多様な神経ホルモンを産生・分泌すると同時に，自律神経系にも影響を及ぼしながら生体の機能を調節している。動機づけられた行動も視床下部の働きによって引き起こされる。

14.2節 摂取行動

我々は体内環境の維持のため食物や水分などを摂取しなければならない。水分が足りなくなれば，水が飲みたいという動機づけにより摂水行動を起こさせる。ではどのようにして体は水の過不足を判断しているのだろうか？

生体の細胞の内と外は細胞膜で仕切られているが，脳の視床下部には内と外の水の動きをチェックする浸透圧センサーが備わっている。通常では我々は必要以上に水を摂取しているので，余分な水は腎臓の働きにより排出されている。ところが汗をかいたりして，浸透圧センサーが体に水が足りなくなっていると判断すると，脳下垂体後葉から抗利尿ホルモンであるバゾプレッシンを分泌する。バゾプレッシンは腎臓に働きかけ，尿の産生を下げることで体内の水分低下を防ぐ。また脱水により血管内液（血漿）の量が減ってくると，腎臓はそれを感知し，レニンという酵素を分泌する。この酵素はアンジオテンシノーゲンを分解しアンジオテンシンⅠをつくり，さらにこれは転換酵素で分解されアンジオテンシンⅡとなる。アンジオテンシンⅡは血管を収縮させ血圧上昇を引き起こし，脳弓下器官に作用し飲水行動を引き起こす（レニン‒アンジオテンシン系）。このように，視床下部から始まる一連の反応により，我々は水を飲みたいと動機づけられ，飲水行動が引き起こ

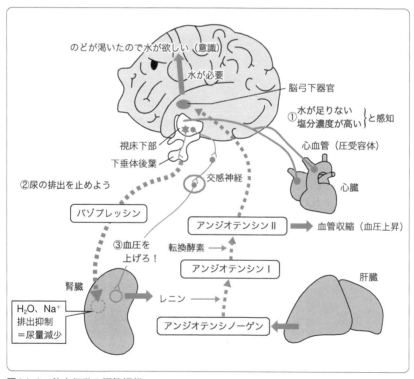

図14.1　飲水行動の調節機構
（工藤佳久（2021）．改訂版 もっとよくわかる！脳神経科学．羊土社[1]，p.149，図4-2より）

される（**図14.1**）。

　では次に，摂食のしくみをみてみよう。摂食は我々にとって最も重要な行為であるといっても過言ではない。外から体内に食物として分子を取り入れることは，我々の身体を構築・維持するためだけでなく，機能させることにも必要だからである。第3章でも触れたように，脳のエネルギー源はブドウ糖（グルコース）であり，これが欠乏するとすぐに脳は機能しなくなる。一方で，身体が必要としている以上にエネルギー源を摂取すると，それは脂肪として蓄えられ，増えすぎると肥満となってしまう。生体がいかにしてエネルギーの需要と供給のバランスをとっているのか，ここではその調節機構について概観し，最後にその破綻としての肥満や摂食障害について触れる。

　我々がエネルギーを必要とするのは，なにも激しい運動をしたときだけではない。脳活動，呼吸，循環，体温維持など生理的な機能を遂行するためにも多くのエネルギーを必要とする。エネルギー源としてのブドウ糖は，脳をはじめとして機能を遂行する臓器に安定して供給されなければならない。しかし我々は常に一定の速度で食物を摂取しているわけではないため，どこかに保存する必要がある。蓄えておく場所は，短期的な貯蔵庫として肝臓と筋肉，長期的な貯蔵庫としては脂肪組織である。

　血中のブドウ糖の濃度（血糖値）は常に一定になるように，インシュリンとグルカゴンによって調節されている。食物を摂取するなどして血糖値が上がると，膵臓からインシュリンが分泌され，この作用により血中のブドウ糖はグリコーゲンに変換され肝臓や筋肉に蓄えられる。一方血糖値が下がると，膵臓はインシュリンの分泌を止めグルカゴンを分泌する。グルカゴンはインシュリンと逆の作用をもっており，肝臓に蓄えられたグリコーゲンはブドウ糖に変換され血中に放出される。

　長期的な貯蔵庫である脂肪細胞には，グリセロールと3つの脂肪酸が結合したトリグリセライドとして皮下や腹腔内の脂肪組織に蓄えられる。ここに蓄えられたトリグリセライドは，必要時に脂肪酸とグリセロールに分解され，脂肪酸は脳以外の組織で代謝され，そこでの活動に使われる。

　しかしながら，ブドウ糖の濃度の変動のみが摂食行動を制御しているのではない。これまでの動物を使った研究から，視床下部外側野を刺激すると摂食行動が亢進し（摂食中枢），視床下部内側核（VMH）を刺激すると摂食行動が抑制される（満腹中枢）ことがわかっており，我々の食欲は視床下部の摂食中枢と満腹中枢を中心とした神経ネットワークにより調節されている

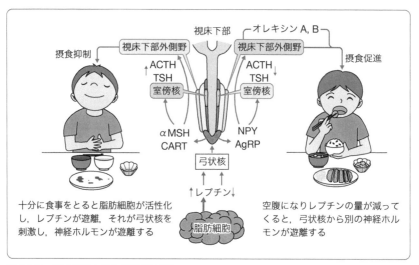

図14.2　摂食行動に関わる神経回路
（工藤佳久（2021）．改訂版 もっとよくわかる！脳神経科学．羊土社[1]，p.153，図4-4より）

と考えられている（**図14.2**）。摂食の制御には数多くの神経ペプチドが関与しているが，視床下部外側野にはオレキシンとメラニン凝集ホルモンを分泌する神経細胞群がそれぞれ存在し，空腹感を感じさせ摂食を促進させる働きをもっている。そしてこれらの神経細胞群の活性化に関わっているのが神経ペプチドYである。一方摂食を抑制するペプチドとしては，コカイン–アンフェタミン調節転写産物（CART）やαメラニン細胞刺激ホルモン（α-MSH）が知られている。さらに，胃の内容物が減ると，胃からグレリンというホルモンが分泌され，神経ペプチドYを活性化させCARTやα-MSHを抑制すること，脂肪細胞から分泌されるレプチンというホルモンが視床下部に直接作用し，食欲を抑え代謝を増大させることもわかっている。遺伝的にレプチンを欠損している人は食欲を抑えられず，代謝も低いため，専門的な治療を受けなくてはならないほどの肥満となることが知られているが，この遺伝子の変異をもつ人は稀なため，これだけで数多く存在する肥満の原因を説明することはできない。現在では，食欲を抑える薬物の開発や生活環境に起因する要因など，複合的な観点から研究者はこの問題に取り組んでいる。

　また，思春期の女性を中心として，飢餓状態になっても食べることができない神経性やせ症（拒食症）や，食べることの制御が効かない神経性過食症といった摂食障害も問題となっている。これらについても，遺伝，思春期に

おけるホルモン変化，生活環境などさまざまな要因が指摘されているが，まだはっきりとした原因はわかっていない。

14.3節 性行動

　生物学的な性は性染色体によって決まる。XY染色体をもつ個体は，Y染色体上のsry遺伝子の働きにより原始生殖腺が精巣へと変化し，精巣から分泌されるテストステロンとジヒドロテストステロンにより男性化する。一方XXをもつ個体は，精巣決定因子であるsry遺伝子の影響を受けないため，原始生殖腺が卵巣へと変化し，また精巣ホルモンの影響も受けないため女性化する。思春期になると，視床下部弓状核の神経細胞からのキスペプチン分泌をはじめとして，性腺刺激ホルモン放出ホルモン（GnRH）の分泌，下垂体前葉の卵胞刺激ホルモン（FSH）と黄体形成ホルモン（LH）といった性腺刺激ホルモンの分泌と続き，これらが男性なら精巣，女性なら卵巣を刺激し，性成熟が促される。さらに成熟した女性では，FSHとLHの周期的な量変化により生殖周期（月経周期）が生まれる。

　性的な欲求とそれに伴う性行動もホルモンの影響を強く受ける。性行動の制御についても，少なくとも動物では雌雄で脳内機構が異なることがわかっている[2]。重要な脳部位はオスでは内側視索前野（MPA），メスでは視床下部内側核（VMH）であり，これらの部位をそれぞれ電気刺激すると交尾行動が誘発される。またメスにみられる母性行動にもホルモンの影響がみえる。例えば出産経験のないメスにプロゲステロン，エストラジオール，プロラクチンを順に投与すると母性行動が促進される。さらに，バゾプレッシンやオキシトシンといったホルモンは，パートナーや親子の絆形成にも関与していることがわかっている。

　ここまでみてきたように，性に関わる行動にはホルモンの影響が強くみられるが，ヒトではそれ以上に社会的・文化的な影響が大きい。また脳神経系の男女差についても，近年の脳イメージング研究の結果をみると，生物学的な性別の違いは従来考えられていたほど大きくなく，少なくとも性別だけで区別できるほど男女の違いはないことがわかっている。動物を用いた性行動の研究と異なり，ヒトの性の問題は生物学的，心理的，社会的な要因が複雑に絡み合っているため，これらの研究の発展が待たれるところである。

A. 睡眠

　睡眠は哺乳類や鳥類など高等脊椎動物にみられる現象である。ヒトにおいては，ほとんどの人が1日の1/3程度を睡眠にあてている。このように書くと覚醒と睡眠を交互に遷移しているようだが，実際には覚醒も睡眠も連続的に変化している。脳波・筋電図・眼球運動計測などの計測器の誕生によって，これを生理学的に捉えることができるようになった。睡眠をその特徴で分類すると，レム睡眠とノンレム睡眠の2つの状態に分けられる。さらにノンレム睡眠は1（浅い）〜4（深い）の4つの段階に分けられ，睡眠が深くなるにつれ脳波の振幅はゆっくり大きくなる。ヒトは通常，覚醒時で活発に活動しているときにはβ波が，リラックスしているときにはα波成分が多くみられる。まどろみ，眠たくなってくると，睡眠段階1に入るが，ここではθ波が出現してくる。睡眠段階2に入ると12〜14 Hzの群発波である睡眠紡錘波と，突発的で鋭角的な波形のK複合波という特徴的な波形が現れる。さらに睡眠が深くなるとδ波が出現し，これが全体の脳波の20〜50％になると睡眠段階3，50％以上になると睡眠段階4となる。この段階の睡眠は徐波睡眠ともいわれる。一方睡眠の途中で，睡眠段階1のときにみられるθ波や覚醒時にみられるβ波とともに，閉じたまぶたの下ですばやい目の動きが観察される。またこのとき筋肉は完全に弛緩している。この睡眠状態は質的に異なっており，急速眼球運動（rapid eye movement）という特徴があるため，レム睡眠（REM sleep）とよばれている。レム睡眠の脳波は覚醒時の脳波に近いため，逆説睡眠ともいわれる。

　1日の睡眠では，このような睡眠の状態変化が周期的に現れる（**図14.3**）。1周期はおよそ90分であるが，1日の睡眠の前半は深い眠りである徐波睡眠がみられ，後半では徐々に睡眠深度が浅くレム睡眠の時間が長くなる傾向がある。

　この睡眠・覚醒パターンの維持と制御に深く関わっているのが，視床下部外側野に散在する神経細胞に特異的に発現しているオレキシンである。これらオレキシンを発現する神経細胞（オレキシン神経）は，覚醒レベルの維持や覚醒・睡眠リズムの制御に深く関わる青斑核，縫線核，結節乳頭体核，背外側被蓋核，橋脚被蓋核に密な投射がみられることから，オレキシン神経はこれらの核を上流で制御していると考えられている。このことは，突然激し

く耐えがたい眠気が襲ってく
るナルコレプシー患者の
90％で髄液中のオレキシン
濃度が著しく低下しているこ
とや，遺伝子操作によりオレ
キシン神経を欠失したマウス
やオレキシン受容体のノック
アウトマウスがナルコレプ
シー様の症状を呈し，覚醒と
睡眠のリズムが乱れたことな
どからも示されている。

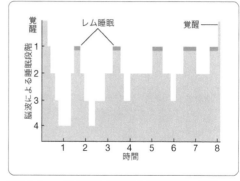

図14.3　一晩の間の典型的な睡眠段階の推移

　これまでの研究で，睡眠がただ単に身体や脳を休ませるためだけにあるの
ではないことがわかってきている。その1つが学習への関与である。例えば，
ヒトやラットなどを対象とした実験で，REM睡眠を無理矢理剥奪すると課
題の学習成績が低下することが繰り返し示されている。運動学習では，睡眠
を挟むと翌日のパフォーマンスが向上することも明らかとなっている。また
ヒトの脳機能イメージング研究において，仮想空間の道順の学習中とその後
の睡眠中の脳活動を計測したところ，学習中と同じ海馬の領域が徐波睡眠中
に活動することや，動物を用いた電気生理学的研究において，脳が新しく学
習した情報を徐波睡眠中にリハーサルしている様子が確認されている。この
ように，睡眠は記憶の固定に関わっていると考えられている。

B. 概日リズム

　概日リズム（サーカディアンリズム）とは，約1日の周期をもつ生体のリ
ズムのことである。生体における体温の変化や物質の分泌など，多くの生理
機能は1日の中で変動をする。これらは何を手がかりに，どのように調整さ
れているのであろうか？

　外の明るさや気温・湿度の変化など時間を知る手がかりをツァイトゲー
バー（時間同調因子）というが，実験的にツァイトゲーバーをなくした状態
での生活リズムをフリーランリズム（自走リズム）という。このリズムはマ
ウスでは23時間，ヒトでは24.5〜25.5時間といわれており，完全に24
時間ではない。多くの生物は体内に時計をもっているが，それだけでは正確
な周期を生み出すことができず，体内時計は光などの環境因子によって概日

リズムがおおよそ24時間になるように調整されている。**図14.4**はマウスのフリーランリズムと光によるその調整の様子を示したものである[3]。実験では最初の7日間は12時間ずつの明暗サイクル条件，その後48日まで恒暗条件，そこからまた7日間は12時間ずつの明暗サイクル条件下でマウスを飼育した。その結果をみると，最初の明暗サイクル条件では活動周期が12時間であったものが，恒暗条件になるとマウスの体内時計にしたがって少しずつ行動リズムが前倒しになり，明暗サイクル条件に戻ると光というツァイトゲーバーにより概日リズムが元に戻ったことがわかる。

　哺乳類の脳の視床下部にある視交叉上核には，約24時間の活動周期をもつ神経細胞群（体内時計）があることが知られている。視交叉上核を損傷すると概日リズムが消失する。網膜にはメラノプシンという光受容体を発現する神経節細胞があり，この神経節細胞は視交叉上核の上記神経細胞に直接投射し，体内時計を調節している。また視交叉上核は松果体と間接的につながり，メラトニンの分泌を制御している。メラトニンは松果体で産生・分泌される生体リズムの調節に関わるホルモンであり，分泌量は日中少なく夜に増えるという日内変動がある。メラトニンには催眠作用があるため，現在睡眠障害などの治療薬としても使われている。

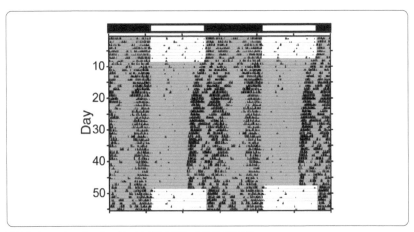

図14.4　マウスのフリーランリズムと光によるその調整
（Hirano, A. et al.,（2013）.FBXL21 regulates oscillation of the circadian clock through ubiquitination and stabilization of cryptochromes. *Cell, 152*, 1106-1118[3]. Figure. 2より改変）
図中の黒い点はマウスの輪回し行動，グレー部分は照明の暗期，白い部分は明期を表す。1行に2日（1行目に1, 2日目，2行目に2, 3日目……）として表記している。

1. 摂取行動に関する以下の記述で，正しいものをすべて選びなさい。

a. 視床下部には水の浸透圧センサーが備わっており，体内に水が多いと判断すると脳下垂体後葉からバゾプレッシンを分泌し腎臓での尿産生を増やす。

b. アンジオテンシンIIは飲水行動にのみ関連する特別なホルモンである。

c. 血糖値はインシュリンとグルカゴンによって常に一定になるように調整されている。

d. エネルギー源は，肝臓，筋肉，脂肪細胞にグリコーゲンとして蓄えられる。

e. 視床下部には摂食行動を亢進させたり抑制したりする中枢がある。

2. 概日リズムに関する以下の記述で，間違っているものをすべて選びなさい。

a. 概日リズムとは，さまざまな生体リズムの総称である。

b. ツァイトゲーバーのおかげで，我々は概日リズムを約24時間に保つことができている。

c. 網膜の桿体と錐体には光受容体であるメラノプシンが発現しており，この情報は神経節細胞を介して視交叉上核に伝えられる。

d. 視交叉上核には，約24時間の周期で活動を変化させる神経細胞集団が存在する。

e. メラトニンは松果体から分泌される覚醒作用をもつホルモンである。

〈引用文献〉
1. 工藤佳久（2021）. 改訂版 もっとよくわかる！脳神経科学. 羊土社
2. 近藤保彦・小川園子・菊水健史・山田一夫・富原一哉（編）(2010). 脳とホルモンの行動学. 西村書店
3. Hirano, A. et al. (2013). FBXL21 regulates oscillation of the circadian clock through ubiquitination and stabilization of cryptochromes. *Cell, 152*, 1106-1118.

第15章

発達障害・精神疾患・神経疾患と脳神経系の関わり

　心理学の起源はギリシャ哲学に遡り，「物」と対比する形で「こころ」を理解しようとする哲学の中で進化を続けてきた。ルネサンス以降，17世紀から18世紀にかけて「物」に対する科学探究は，天文学や物理学を軸に成熟し，数多くの発見をもたらした。その後18世紀初頭，哲学から心理学が誕生する過程には，近世哲学の祖として知られるデカルトが大きな影響を与えた。デカルトは数学・物理学に深い理解を示すとともに医学を修めて，ギリシャ哲学から続く伝統的なテーマである心身問題つまり人間のこころと身体の関係について「心身二元論」を示した。この理論は，ギリシャ哲学から続く「こころ」と「物」（身体）の関係性の理解に，自然科学をふまえた新たな展開をもたらした。

　19世紀初頭，物理学者ウェーバーとフェヒナーにより，心理量*が測定すべき対象と認められるようになり，精神物理学が誕生した。19世紀中頃，哲学者で生理学者でもあるヴントは，哲学の枠組みの中での心理学を超えた実証的心理学（実験心理学）を目指し，心理学研究室を運営した。

　同時期，ブローカとウェルニッケは，臨床報告によって脳機能局在に決定的な貢献をした。このように傷ついた脳とその臨床症状を照らし合わせることで，ヒトの「こころ」の成り立ちを解明する学問分野を神経心理学という。その後，20世紀後半になると，傷ついた脳によらずとも，機能的磁気共鳴画像などで脳機能を明らかにすることができるようになり，基礎・臨床研究から治療や支援につながる成果が出てきた。こうした神経科学の成果により，近年では発達障害や精神疾患の神経学的な特性も明らかにされてきている。

　本章では，心理学の分野で支援の対象とされる発達障害，精神疾患，および神経疾患について，その神経学的背景の概要をまとめる。言語・注意・社会的認知など高次脳機能の障害については，関連各章を参照されたい。

＊心理量：主観的に経験される量。刺激条件や個人によって変動する。物理量に対して感覚量ともいう。

15.1節 ‖ 発達障害や精神疾患の分類：DSMおよびICD

　DSMは正式名称を"Diagnostic and statistical manual of mental disorders"といい，アメリカ精神医学会が精神疾患の診断基準・診断分類を示したものである。この中には，発達障害や統合失調症などの精神疾患の基本的な定義などがまとめられている。日本語版は，日本精神神経学会の監修のもとに『精神疾患の診断・統計マニュアル』として出版されている[1]。

　DSMは1952年以来改訂を重ねて，2013年に第5版（DSM-5）が出版された。DSM-5は，精神疾患を22のカテゴリーに分けて解説しており，「神経発達症群／神経発達障害群（neurodevelopmental disorders）」や「統合失調症スペクトラム障害および他の精神病性障害群（schizophrenia spectrum and other psychotic disorders）」などの分類の下に，下位項目をおいている。

　精神疾患等を調べていると，DSMの他にICDという診断基準を見かけることがある。ICDは正式名称を"International statistical classification of diseases and related health problems"といい，世界保健機関憲章に基づいて世界保健機関（WHO）が作成した国際的な診断基準である。ICDは，精神疾患のみではなく，すべての疾患を対象としており，各国で死亡や疾病データを体系的にまとめて比較検討する行政調査に用いられることが多い。日本語では，「疾病及び関連保健問題の国際統計分類」といい，現在，国内で使用している分類はICD-10（2013年版）に準拠している。ICDとDSMの精神疾患の分類は，おおよそ共通しているが，基本概念や目的の相違に留意する必要はあろう。

15.2節 ‖ 発達障害[2]

　発達障害の特性を理解することは，適切な支援の基盤として必要である。障害の有無にかかわらずすべての人が平等に人権を享受し行使できる社会を目指して，わが国では「障害を理由とする差別の解消の推進に関する法律」（障害者差別解消法）が施行された（2021年改正）。さらに，発達障害をもつ者に対する援助等について定めた法律「発達障害者支援法」や「障害者の日常生活及び社会生活を総合的に支援するための法律（障害者総合支援法）」

などにより，個々の障害に沿った「合理的配慮」の実施が強化され，対人・生活スキルの向上により自立を目指す「生活訓練」や「就労移行支援」などのさまざまな福祉サービスを受ける体制が整備されてきた。

DSM-5では，発達障害を「神経発達症群／神経発達障害群」に分類し，その下に「自閉スペクトラム症／自閉症スペクトラム障害」「注意欠如多動症／注意欠如多動性障害」「限局性学習症／限局性学習障害」「知的能力障害群」「コミュニケーション症群／コミュニケーション障害群」，発達性協調運動症／発達性協調運動障害を含む「運動症群／運動障害群」などをおいている。発達障害の神経学的特性を理解することは，それに続く支援のためにも重要であり，本章の前半ではDSM-5に沿って自閉スペクトラム症，注意欠如多動症，限局性学習症についてまとめる。

A. 自閉スペクトラム症／自閉症スペクトラム障害

自閉スペクトラム症（autism spectrum disorder：ASD）は，複数の状況で社会的コミュニケーションおよび対人的相互反応における持続的欠陥や，限局した行動・興味または活動の反復性が発達早期からみられる。多くの例で，感覚過敏や鈍麻，多動，不器用，アンバランスな知能などがみられ，同一の神経発達症群に含まれる注意欠如多動症，限局性学習症，発達性協調運動症などを伴う例が多い。また，抑うつなどの精神疾患，てんかん，睡眠障害などの神経障害を合併しやすいことも知られている。こうした特性のために，日常生活に支障をきたし，心理面や医療のサポートを必要とする場合も多い。

ASDの有病率は，約100人に1人から，最近では50人に1人とも報告されている。男性に多く，女性の約4倍の発生頻度といわれる。発症原因には，遺伝子またその発現要因・神経伝達物質・神経結合・大脳皮質の発達の問題などが挙げられている[3, 4, 5, 6]。ASDの発症には遺伝の影響が高い（90％）と考えられていたが，比較的最近の研究結果では40％程度と算出されている。発症に関わるとされる遺伝子の数も多く，またASDの定義や研究方法が変化していくことで，遺伝的要因の影響に対する考え方も変化してきている。その他，ASDの背景に，精神的な安定を与えて円滑な社会行動をもたらすとされるセロトニンの減少が報告されている。また，長距離の脳内ネットワークを可能にするフォン・エコノモ神経細胞の少なさ，ミラーニューロンシステムの脆弱性，扁桃体の体積減少が指摘されている。また「心の理

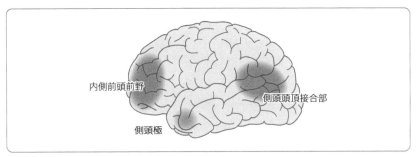

図15.1　ASD児が定型発達児に比べて,「心の理論」を使う課題をしているときに活動が低下している部位 (Castelli et al., 2002[7])

論」の課題による実験では内側前頭前野・側頭頭頂接合部・側頭極のネットワーク（**図15.1**）の脆弱性が報告されている[7]。

　近年，ASDの中核症状の改善に，抗ストレス作用や社会的認知能力に関わるオキシトシン（ホルモン・神経伝達物質）が効果的であるという報告があり，経鼻スプレーでの投与が試みられている。しかしながら，多数例での検証で有意差がみられないなど，さらに詳細なメカニズムや適用例の検討が必要と考えられる。

B. 注意欠如多動症／注意欠如多動性障害

　注意欠如多動症（attention-deficit/hyperactivity disorder：AD/HD）は，不注意と多動性−衝動性を主な特徴としており，小児期からみられる発達障害の1つである。不注意とは注意散漫・勘違い・計画性のない行動が多いことをいい，多動性−衝動性とは落ち着きがなく動き回る・待つことが苦手で思いついたままの行動が多いことをいう。こうした特性のために，家庭や学校生活また社会生活で叱責されることが多く，心理面や医療のサポートを必要とする場合も多い。

　AD/HDの有病率は，小児・青年では3〜7％程度といわれ，男性は女性の3〜4倍の頻度と考えられている。発症原因は多岐にわたるが，ASDと同じく遺伝の影響が高いと考えられている。その他，妊娠期のアルコールや喫煙，胎児期および生後早期の化学物質の影響なども指摘されている。

　前述のようなAD/HDの臨床症状は前頭前野の機能低下を示すものが多い。前頭前野の機能は，多くの神経伝達物質に支えられているが，中でもドーパミン受容体は前頭葉に多く分布して前頭前野の働きに重要な役割を果

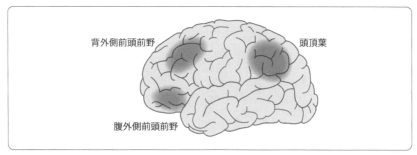

図15.2　AD/HDに関わる脳領野（Bush, 2010[9]）

たしている。神経細胞は，シナプスを介して次の神経細胞を興奮させるが，そのときに必要なものが神経伝達物質である。神経伝達物質はシナプス前終末からシナプス間隙に放出され，その一部は神経前終末へ再取り込みされる。AD/HDの症状を改善するための治療薬の多くは，この再取り込みを抑えることで，シナプス間隙における神経伝達物質の濃度を調整するものであり[8]，ドーパミンやノルアドレナリンの再取り込み阻害薬が用いられている。AD/HDの発症に関わる脳領野には，課題関連情報の維持や課題の切り替え，計画と抑制を含む実行系の制御などに関わる前頭前野の他に，注意に関わる頭頂葉，背外側前頭前野，腹外側前頭前野，線条体，前部帯状回，小脳などが挙げられている（**図15.2**）[9]。神経伝達物質の問題は，複数領野の機能低下を説明する可能性を示している。

C. 限局性学習症／限局性学習障害 [10]

　限局性学習症（specific learning disorder：SLD）は，読み書き能力や計算などの算数機能の低下を特徴とする発達障害である。SLDはASDやAD/HDを伴う場合も多く，言語障害や注意の問題，知的能力との関連も無視できない。ICDの疾病分類やDSMの診断基準の他に教育的見地に立つ文部科学省の定義もあるので，何をベースにした評価や診断であるかを理解する必要がある。そのうえで，一人ひとりの認知特性への本質的な理解と障害に応じた合理的配慮がなされるよう家庭・学校・医療を含む包括的サポートが必要である。

　読み書きの障害（dyslexia）では，読む・書くを中心に聞く・話すにも問題がみられる。小児期に発症する発達性ディスレクシアは，この障害の中核的疾患として知られ，知的な遅れや視聴覚障害がないにもかかわらず，読

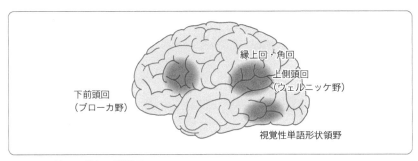

図15.3　読みに関わる脳領野

字・書字など文章の読み書きの能力が十分ではないという特徴を示す。アルファベット語圏で3～12％，日本語では4.5％程度の発生頻度といわれ，男性に多く，女性の1.5～3倍とされる。この疾患は遺伝的要因が極めて高く，該当する遺伝子をもっている者の発症割合は40～60％である。臨床的特徴は，逐次読み（文字を一つひとつ拾って読む），音読不能な文字の読み飛ばし，拗音・促音の書き間違えや形の似た文字（例：め・ぬ，さ・ち）などの書字誤り，漢字におけるへんとつくりの間違いなどがある。空間認知の問題を伴う場合もある。

　読みに関わる主な脳領野は，右半球の側頭葉後下部（紡錘状回の中央あたり），上側頭回（ウェルニッケ野）・縁上回・角回，下前頭回（ブローカ野）である（**図15.3**）。側頭葉後下部は，視覚性単語形状領野ともよばれる場所である。発達性ディスレクシアでは側頭葉後下部側頭回の機能低下がみられる。またウェルニッケ野とブローカ野は，左弓状束とよばれる神経回路で結ばれているが，この弓状束を介した相互連絡の機能障害が指摘されている。

　書字障害の原因は，空間知覚を含む視覚認知能力および視覚・運動記憶さらには運動，特に微細運動の影響など，さまざまな神経学的背景が考えられる。臨床症状を多方面から丁寧に分析して，支援につなげることが望ましいと考える。

　算数障害（dyscalculia）では，数の大小など数量概念，暗算や筆算の実行，数学的推論，図形やグラフの理解などにつまずく。計算に関わるとされる領野は脳内の広範な領野に複数あり，ネットワークを形成している（**図15.4**）。算数，特に計算が苦手な症例では，視空間表象・注意・ワーキングメモリ・情報の短期保持・意味記憶を担うネットワークに問題があると考えられ，背景にある認知特性を理解してサポートする必要がある。

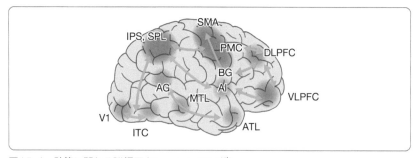

図15.4 計算に関わる脳領野（Fias et al., 2013[11]）

V1：第一次視覚野, ITC：下側頭皮質, IPS：頭頂間溝, SPL：上頭頂小葉, AG：角回, MTL：側頭葉内側部, ATL：側頭葉前部, AI：島前部, SMA：補足運動野, PMC：前運動皮質, BG：基底核, DLP-FC：背外側前頭前野, VLPFC：腹外側前頭前野

15.3節 精神疾患

　精神医学はこころの病気を対象とした医学の一領域であると一般に認識されているが，現代の精神医学において精神疾患（精神障害）は脳の失調と関連しているとみなすことが多い[12]。19世紀後半に活躍したクレペリン（Kraepelin, E.）は，患者の訴え，症状，経過，結末を観察し精神病を疾患単位として捉えることを提唱し，今日の精神医学の基礎を築いた人物として知られている。精神医学領域では，現在に至るまでこの疾病による分類が主流となっており，例えば本章の最初に挙げられているDSM-5やICD-10による分類が有名で使用頻度も高い。カテゴリーによる精神疾患の分類は臨床場面においては多くの利点がある一方で，この分野の基礎研究が進むにつれ，生物学的指標の多くがいくつもの疾患カテゴリー間に重複してみられたり，逆に同じカテゴリー内の疾患であっても症状や薬の効き方に大きな差があるなど，問題点が指摘されている。このため米国国立精神衛生研究所の主導で，従来の疾患の分類にとらわれない，症状の実態に即した行動指標とそれに対応する遺伝子，分子，細胞，神経回路などの階層とを照合する新たなアプローチ，Research Domain Criteria（RDoC）プロジェクトが進んでいる[13]。

　とはいうものの，現行のカテゴリー分類はわかりやすく操作的診断基準ともなっているため，ここではそれに基づき統合失調症，気分障害，不安障害・強迫性障害を特に取り上げ，その生物・神経科学的基盤について紹介する。

A. 統合失調症

統合失調症は，うつ病や双極性障害といった気分障害と並んで二大精神疾患とされる。思春期から青年期に好発し，生涯発症率は約1％である。統合失調症は親族内での発症率が高く，また一卵性双生児の発症一致率も高い（約50％）ことなどから，遺伝的要因が関係していると考えられているが，疾患の発症に関与する遺伝子（の変異）は多数あり，それぞれの遺伝子は疾患のかかりやすさに影響しているのみである[12]。環境要因も関係していることがわかっており，特に胎生期から乳児期の脳に何からの外的侵襲が加わると発症リスクが高まる。

統合失調症の主な症状は，幻覚，妄想，思考過程の障害，自我意識の障害といった陽性症状と，感情鈍麻，常同的思考，自発性や意欲の低下，無関心といった陰性症状，さらに最近では広汎にわたる認知機能障害があるとされている。治療としては，抗精神病薬の投与と社会復帰に向けた自立支援，それに心理療法を組み合わせて行うことが多い。統合失調症は治療による回復期，その後の安定期と続くが，治療法が進歩した現在では，長期的にみると約半数が寛解し，重篤な精神病態のままであるのは10～15％程度である。

近年生物学的基盤の研究が進み，さまざまなレベルでの病態生理が明らかになりつつある。例えばMRIによる研究から，統合失調症の患者は前頭前野，帯状回や側頭葉といった脳の特定の領域の萎縮がみられることがわかってきた。ゲノム研究から，統合失調症に関連する遺伝子としてシナプスに関連するものが多く報告されていることや，病理組織学的にシナプス数の減少が示唆されていることから，これらの萎縮は細胞やシナプスレベルの変化を反映したものであると推測されている。

統合失調症の原因として現在いくつかの仮説が提唱されている。1つはドーパミン仮説（ドーパミン伝達過剰仮説）で，これは抗精神病薬の多くがドーパミン受容体の1つであるD2受容体遮断作用を有することに由来する。しかしドーパミンD2受容体をターゲットとした抗精神病薬は，陰性症状や認知機能障害にはあまり効果がなく，この仮説のみでは統合失調症の病態を説明できない。もう1つの仮説はNMDA受容体を介するグルタミン酸仮説（グルタミン酸伝達低下仮説）である。これは，NMDA受容体遮断薬が統合失調症様の症状を引き起こすという知見をもとに考えられた仮説である。この仮説は必ずしもドーパミン伝達過剰仮説とも矛盾しないことから，より包括的な観点から統合失調症の分子病態の解明が進められている。

B. 気分障害

気分障害には，うつ病，双極性障害（躁うつ病），さらに軽症のうつ状態である気分変調症の3つの病態がある。うつ病の生涯発症頻度は高く，10〜20％程度といわれている。また女性が男性の2倍の有病率であることも特徴として挙げられる。一方，双極性障害はI型とII型に分類されるが，それぞれ約1％，0.6％の発病率であり数としては少ない[12]。

うつ病や双極性障害は自殺を引き起こす主要な原因の1つであり，そのため生物学的基盤の解明が急がれるが，いまだわかっていないことも多い。うつ病の原因がモノアミンの減少ではないかとするモノアミン仮説は，1950〜60年代に偶然見つかったイミプラミンやイプロニアジドなどの抗うつ薬の作用機序の発見や，降圧剤であるレセルピンの投与によりうつ病様の症状を呈することをきっかけに提唱されたものである。しかし現在ではモノアミンによる作用だけでは説明できず，この仮説は過去のものとなっている。一方，これまでの研究で，家族・双生児研究などから気分障害になりやすい遺伝子があること，生育環境やストレスなどの環境要因が発症に関わる重要な因子であることが明らかとなっている。このような知見を元に立てられたのが素質−ストレス仮説であり，うつ病では遺伝的・環境的な影響によりストレスに大きく関与している視床下部−下垂体−副腎皮質（HPA）系の過活動を引き起こすことが原因ではないかという説が有力である。双極性障害は躁状態とうつ状態を繰り返したり同時に生じたりする気分障害で，うつ病とは異なる。躁状態が社会的に問題となったり本人も困るほどのものをI型，本人も周りも困らない程度のものをII型として区別する。遺伝的な影響はうつ病より強いとされているが，こちらもストレスなどの環境要因の影響もあり，原因はわかっていない。病院での診断の際は，基本的には患者への問診によりDSMやICDの基準に照らし，医師が主観的に判断する。最近では少しでも客観的なデータに基づいて診断できるよう，問診の他に血液検査や脳画像検査を行うことが多くなった。中でも近赤外光スペクトロスコピー（NIRS）を使ってうつ病とそれ以外の精神疾患を区別する診断法が2014年に保険適用となり，現在診断の補助に使われることが多くなった。

治療法は，うつ病，双極性障害ともに薬物療法と心理療法が主である。うつ病の治療薬としては，神経伝達に作用する抗うつ薬が用いられる。これらは開発年代順に，三環系抗うつ薬，四環系抗うつ薬，選択的セロトニン再取り込み阻害薬（SSRI），セロトニン・ノルアドレナリン再取り込み阻害薬

（SNRI），ノルアドレナリン作動性・特異的セロトニン作働性抗うつ薬（NaSSA）というグループに分類される。一般的には，後発グループの薬のほうが治療効果が高く副作用も少ないとされているが，個々人の症状に合わせて処方される。一方，双極性障害の治療薬としては，リチウムなどの気分安定薬を基本として非定型抗精神病薬が併用される。うつ病，双極性障害ともに，これらの薬物治療に加え心理療法を組み合わせて行うことが多い。さらに，脳内に電流を流す電撃痙攣療法（ECT）が用いられることもある。近年では，頭上から強い磁気を当てて直下の脳部位を刺激し活動を高める磁気刺激（TMS）療法も治療効果があるとして注目されている。

C. 不安障害・強迫性障害

恐怖は明確な脅威に対する反応であり，不安は原因がはっきりとしないものに対して抱く不快な感情である。これらは誰でも経験するし，危機や危険を避けて生活するためには必要なものだが，一定の水準を超え，通常ではありえない場面で度々喚起され日常生活に支障をきたすような場合には不安障害とみなされる。不安障害は生涯発症率が約28％ともいわれており，他の精神疾患と比べても高い。

不安障害はパニック障害，全般性不安障害，限局性恐怖症，社交不安障害等に分類される。

パニック障害にみられるパニック発作は，前触れなしに突然起こる恐怖の感情であり，数秒から数時間続くとされる。また動悸，発汗，息切れ，めまいなど多くの身体症状を伴う。多くの患者はいつまたパニックになるかという先行不安に苦しみ，これがしばしば広場恐怖＊を引き起こす。全般性不安障害は，持続的かつ過度の不安と心配を特徴とする。限局性恐怖症は特定の対象や状況（ヘビ，注射，高所，雷鳴など）にさらされることにより誘発されるもので，これが他者の目があるなど社会的状況で生じるのが社交不安障害である。不安障害の生物学的基盤については，ある程度遺伝的な影響を受けることがわかっているものの，他の精神疾患同様，特定の遺伝子の同定には至っていない。またこれまでの不安障害の患者を対象とした脳機能イメージング研究により，扁桃体，帯状回，前頭前野，島皮質がこの疾患に関連し

＊広場恐怖：強い不安を感じたときにその場から容易に逃げられず，助けも得られない状況や場所にいることに対する恐怖。

ていることがわかっている。特に多くの研究で，不安障害の被験者は不快刺激に対し扁桃体の過活動がみられることが確認されている。さらに不安障害はストレス反応の制御系に問題があるとの指摘があり，現在研究が進められている。

強迫性障害（obsessive compulsive disorder：OCD）は，頭から離れない不必要な思考である強迫観念と，それによる不安を打ち消すため繰り返し行わずにはいられない強迫行為を特徴とする疾患である。強迫観念は統合失調症など他の精神疾患でもみられるが，強迫性障害の患者は思考や行為が無意味であることを自覚している。脳機能との対応については，これまでの脳機能イメージング研究により前頭眼窩皮質や尾状核，帯状回などの関与が示唆されている。

不安障害や強迫性障害の治療は薬物治療と心理療法の併用が一般的である。主な治療薬としては，ベンゾジアゼピンと選択的セロトニン再取り込み阻害薬（SSRI）が挙げられる。ベンゾジアゼピンは$GABA_A$受容体に結合し，GABAに対する反応を強化する。ベンゾジアゼピンには即効性があり，パニック障害の救急処置としても用いられるが，この薬には鎮静作用があり，依存性もあるため長期の服用には適さない。一方のSSRIは，即効性はないかわりに数週間かけてゆっくりと効果が現れ，依存性もないことから，近年では第一選択薬となることが多い[14]。このようにベンゾジアゼピンとSSRIは広範囲の不安障害や強迫性障害に効果的に作用することが実証されているが，不安障害や強迫性障害には認知行動療法などの心理療法もかなり有効であることがわかっているため，両者を併用することも多い。

今日，精神疾患は適切な投薬治療と心理社会的治療により寛解することも多く，寛解しなくとも病状をコントロールしながらともに生きていく疾患となりつつある。精神疾患は長期にわたる治療が必要になることも多いが，近年では国の政策として経済的負担を減らすための自立支援医療や，就労や社会復帰を促すための就労移行支援も行われるようになってきている。

15.4節 神経疾患

精神疾患が主に精神科領域で扱われる疾患であったのに対し，神経疾患は主に脳神経内科領域で扱われる疾患で，脳，脊髄，末梢神経，神経筋接合部，筋肉に起こる病気である。脳梗塞や脳出血などの血管障害，細菌・ウイルス

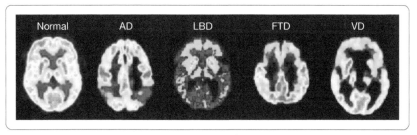

図15.5　FDG-PETによる認知症の脳活動低下部位の違い
（Heiss, WD., Rosenberg, G. A., Theil, A., Berlot, R., de Reuck, J. (2016). Neuroimaging in vascular cognitive impairment: a state-of-the-art review. *BMC Medicine*, *14*, 174[16]. Figure. 1より改変）
Normal：健常成人，AD：アルツハイマー型認知症，LBD：レビー小体型認知症，FTD：前頭側頭型認知症，VD：脳血管性認知症

などによる炎症，グリオーマなどの腫瘍，多発性硬化症などの脱髄疾患，筋萎縮性側索硬化症やパーキンソン病などの神経変性疾患など，神経疾患の原因は多様であり，本書ですべてを紹介することはできない。そこでここでは，近年高齢者の増加とともに発症数が多くなっている認知症を取り上げる。

　認知症とは，一度獲得した認知機能が何らかの原因で持続的に低下し，生活に支障をきたす状態のことをいう。その原因となる疾患はとても多いが，認知症の90％は，アルツハイマー型認知症，レビー小体型認知症，前頭側頭葉変性症，脳血管性認知症の4つのタイプに分類される[15]（**図15.5**）。このうち最も症例数の多いのがアルツハイマー型認知症であり，約半数を占める。

A. アルツハイマー型認知症

　アルツハイマー型認知症の特徴として，海馬や海馬傍回といった大脳辺縁系に始まり，側頭葉内側全体，さらには頭頂葉へと広がっていく脳萎縮がある。そしてこれらの部位の萎縮により，記憶障害や見当識障害が生じる。さらに病状が進行すると，失認・失語・失行などの高次脳機能障害が現れ，最終的には寝たきりとなり多くは肺炎で死亡する。

　脳萎縮を引き起こす原因として考えられているのが，アミロイドβやタウという脳内に蓄積するゴミと，それらが引き金となって起こる神経細胞死である。アミロイドβは神経細胞膜にある蛋白質からつくられ，細胞の外に放出される。通常はミクログリアによって排除されるが，年齢を重ねるとアミロイドβが凝集して塊となり神経細胞にまとわりつく。この塊を老人斑とい

う。このアミロイド β の蓄積や加齢により，もう1つのゴミであるタウも凝集する。タウ蛋白質は神経細胞の形の保持や運動に関わる微小管の構成要素であるが，タウ蛋白質が過剰にリン酸化されると微小管が不安定になり崩壊する。微小管から離れたタウ蛋白質は線維状に凝集して蓄積する。これを神経原線維変化といい，これが引き金となって神経細胞死を引き起こす。この老人斑や神経原線維変化は，実際に臨床症状が出てくる10年以上前から蓄積が始まることがわかってきており，現在ではPETを用いてアミロイド β とタウ蛋白質の凝集を可視化することで発症前にその兆候を捉え，抗アミロイド β 抗体などの治療薬により進行を抑える研究が，急ピッチで進められている。

B. レビー小体型認知症

　レビー小体型認知症は，アルツハイマー型認知症に次いで多い認知症であり，脳幹，大脳皮質，交感神経に多数のレビー小体を認める疾患である。レビー小体の主成分は，α シヌクレインという神経伝達物質の放出に関与する蛋白質が凝集したものであり，この蓄積により神経細胞が死滅し，認知機能の低下をきたす。レビー小体型認知症の多くは70代以上の高齢で発症し，男性のほうが多い。またこの認知症の症状として特徴的なのは，幻視や妄想である。脳幹に障害が及ぶと四肢の動きがこわばり，歩行困難などを引き起こす。一方記憶障害はアルツハイマー型認知症より軽度で視空間認知の障害が目立つ。認知機能の変動が大きいことも特徴である。進行も早い。

C. 前頭側頭葉変性症

　前頭側頭葉変性症はアルツハイマー型認知症以外で前頭葉と側頭葉が障害される認知症を指す。前頭側頭葉変性症はその症状から，さらに人格変化を特徴とする前頭側頭型認知症，言葉の意味がわからなくなる意味性認知症，発話がスムーズにできなくなる進行性非流暢性失語の3つに分類されるが，いずれも病識がなく自発性が低下しているという特徴がある。一番症例数の多い前頭側頭型認知症は，ピック病とほぼ同義であり，人格変化が顕著に現れるという特徴がある。また多くのことに無頓着になり，万引きなど反社会的な行動もみられる。末期には認知機能，身体機能ともに低下し，衰弱死に至ることが多い。

D. 脳血管性認知症

　脳血管性認知症は，生活習慣病などが原因で脳血管障害により生じる認知症を指す。このタイプは先の3つと異なり，特定の物質が脳内に蓄積することで引き起こされる神経変性疾患とは異なる。脳血管性認知症で特に多いのは，細い血管が詰まって小さな梗塞が多発するラクナ梗塞と，広範囲に白質の虚血性病変がみられるビンスワンガー病である。この認知症は動脈硬化が原因であることが多く，高血圧や糖尿病などの生活習慣病が進行を早める。また脳血管性認知症は梗塞が起こる度に悪化し，階段状に進行する。さらに脳のどこに梗塞ができるかによって，その部位が担う機能の低下や麻痺が起こる。アルツハイマー型認知症等と異なり，脳血管性認知症は上記のように認知機能がまだら状に保存されたり欠落したりするため，まだら認知症という別名がある。

E. 認知症の診断と治療

　認知症の診断においても，DSMやICDが広く用いられている。しかし診断にあたっては，問診や診察，改訂長谷川式簡易知能評価スケールをはじめとする神経心理学的検査に加え，近年ではCT，MRI，PET等の脳画像による検査や血液検査なども行い，総合的に判断している。認知症の進行を止める治療薬は長らくなかったが，1999年に世界初の認知機能改善薬ドネペジルが登場し，認知症治療に大きな風穴を開けた。その後薬の種類も増え，また診断法も進歩したことから，現在では重症度や症状を考慮しながら，どういった検査をし，どの薬を使い，どのように認知症を治療していくかという段階に入っている。

練習問題 ✏

1. 発達障害に関する以下の記述で，間違っているものをすべて選びなさい。

a. 発達障害は，DSM-5では「神経発達症群／神経発達障害群」に分類される。ASD，AD/HD，SLDはこの障害群に含まれる。これらの疾患は知的障害を伴わず，重複のない独立の疾患として扱われる。

b. 自閉スペクトラム症は，その発症に多くの遺伝的要因が関与する脳機能障害であり，有病率は人口の1％程度である。

c. 自閉スペクトラム症は、「心の理論」の成立に関わる内側前頭前野と視覚野のネットワークの脆弱性が指摘されている。

d. 注意欠如多動症（AD/HD）の臨床症状には、注意散漫、勘違い、計画性の欠如、落ち着きがなく動き回る、衝動的行動など、前頭前野で制御されるべき脳機能に問題がみられる。

e. 注意欠如多動症（AD/HD）の薬物治療として、シナプス間隙におけるドーパミンやノルアドレナリンの再取り込み阻害薬が用いられる。

f. 限局性学習症の中核的疾患である発達性ディスレクシアは、遺伝的要因が極めて高い。ウェルニッケ野とブローカ野およびこの間を結ぶ神経回路に問題があると考えられている。

2. 以下の精神疾患に関する記述で、正しいものをすべて選びなさい。

a. 精神疾患はこころの病気であり、遺伝的な要因はないとされる。

b. 統合失調症の原因として考えられているものに、ドーパミン仮説とグルタミン酸仮説があるが、これらは背反するものではない。

c. うつ病の治療薬として用いられる選択的セロトニン再取り込み阻害薬（SSRI）は、不安障害の薬としても使われる。

d. 近年うつ病の治療法として注目されているものの1つにMRIを用いた磁気刺激療法がある。

e. 不安障害の患者では、海馬の過活動がよくみられる。

f. 抗不安薬として用いられるベンゾジアゼピンは即効性があるが、依存性もある。

〈引用文献〉
1. American Psychiatric Association. (2013). *Diagnostic and statistical manual of mental disorders* (5th ed.). American Psychiatric Association Publishing. (日本精神神経学会（監修）, 高橋三郎・大野 裕（監訳）(2014). DSM-5 精神疾患の診断・統計マニュアル. 医学書院)
2. 内山登紀夫・宇野洋太・蜂矢百合子（編）(2017). 子ども・大人の発達障害診療ハンドブック. 中山書店
3. Bourgeron, T. (2016). Current knowledge on the genetics of autism and propositions for future research. *Comptes Rendus Biologies, 339,* 300-307.
4. 中井信裕・内匠 透（2018）. 自閉症の分子メカニズム. 生化学, *90,* 462-477.
5. Travers, B. G., Adluru, N., Ennis, C., Tromp, D. P. M., Destiche, D., Doran, S., ... Alexander, A. L. (2012). Diffusion tensor imaging in autism spectrum disorder: a review. *Autism Research, 5,* 289-313.
6. Allman, J. M., Watson, K. K., Tetreault, N. A., & Hakeem, A. Y. (2005). Intuition

and autism: a possible role for Von Economo neurons. *Trends in Cognitive Sciences*, *9*, 367-373.

7. Castelli, F., Frith, C., Happé, F., & Frith, U. (2002). Autism, Asperger syndrome and brain mechanisms for the attribution of mental states to animated shapes. *Brain*, *125*, 1839-1849.

8. 齊藤万比古（編）(2016). 注意欠如・多動症－ADHD－の診断・治療ガイドライン 第4版. じほう

9. Bush, G. (2010). Attention-deficit/hyperactivity disorder and attention networks. *Neuropsychopharmacology*, *35*, 278-300.

10. 玉井 浩（監修），若宮英司（編）(2016). 子どもの学びと向き合う 医療スタッフのためのLD診療・支援入門. 診断と治療社

11. Fias, W., Menon, V., & Szucs, D. (2013). Multiple components of developmental dyscalculia. *Trends in Neuroscience and Education*, *2*, 43-46.

12. 甘利俊一（監修），加藤忠史（編）(2008). 精神の脳科学. 東京大学出版会

13. 国里愛彦・片平健太郎・沖村 宰・山下祐一（2019）. 計算論的精神医学. 勁草書房

14. 井上 猛（2012）. 不安障害の薬物療法. 精神神経学雑誌, *114*, 1085-1092.

15. 河野和彦（監修）(2016). ぜんぶわかる認知症の事典. 成美堂出版

16. Heiss, WD., Rosenberg, G. A., Theil, A., Berlot, R., de Reuck, J. (2016). Neuroimaging in vascular cognitive impairment: a state-of-the-art review. *BMC Medicine*, *14*, 174.

第16章 神経・生理心理学と仕事との関わり

第16章

私たちを取り巻く社会環境は急速に変化しているが，人の本質すなわち「人間らしさ」について考える心理学は，今後も私たちの日々の暮らしを支え続けるだろう。本章では，心理学の一分野である神経・生理心理学が，日々の暮らし，特に仕事とどのように関わるのかを紹介する。取り上げる仕事は一部であるため，未来を生きる学生の皆さんには，余白に，更にこんな仕事の可能性もあると追記していただけることを願う。

16.1節 仕事との関わり

学生諸君には海外での活躍を考えている人も多いと思うが，ひとまず日本にいくつの仕事があるか調べてみよう。労働政策研究・研修機構の調査では，約17,000種類の仕事があると報告されている。総務省は国内産業を「日本標準職業分類」にまとめ，卸売・小売業，製造業，医療・福祉，建設業，サービス業などが，就業人口が多いことを報告している。卸売・小売業では，人の興味に関する知識や売上を数値化してトレンドを分析する能力が活きる。人が使うものをつくる製造業では，人の動きや使う側の気持ちに関する評価能力やアフォーダンス*に関する知識が活きるだろう。心理学はどのような仕事にもつながる。

脳の働きと人の精神活動について学びを深める神経心理学および神経科学の知識は，特定の何かの仕事に関わるというより，人間そのものを深く理解することで，自分や他者さらに社会とのつながりを合理的に説明する科学的思考の基盤になる。しかし，それではこの分野が仕事との関わりが希薄と誤解されるかもしれないので，具体例で仕事との関わり

---

*アフォーダンス：アメリカの心理学者ギブソン（Gibson, J. J.）による造語。環境が動物に対してアフォード（提供）する意味のこと。

を挙げてみたい。知覚に関する知識は住宅環境の整備や快適な情報コンテンツの作成に，またゲームプログラムの作成にも活かされる。社会脳といわれる前頭葉の発達・老化に関する知識や，脳が新たな事象を学習効率よく受け入れる感受性期に関する知識は，教育や福祉に関連する仕事に活かすことができる。注意に関する知識は交通関係や労働環境の整備に，ストレスに関する知識は人事関連の仕事や自己管理に，それぞれ活かすことができる。

　生理心理学では，生理学的手法でこころの働きや行動のメカニズムを解明していくが，その手法はさまざまな仕事で活かされる。脳波は住宅メーカーや入浴剤・寝具メーカーなどで快適性の評価や睡眠の質の評価に，視線計測は広告業界で人の興味の方向を知るときに，また教育・発達業界で学習障害の読みの問題や自閉症における共同注意の問題の評価に活用されている。心拍変動，発汗による皮膚電気活動，コルチゾール・唾液アミラーゼなどの生体信号を使ったストレス評価は，労務管理や科学捜査に活かされる。講義で，これらの手法を実際に経験することは難しいと思われるが，チャンスがあればゼミ等で経験されることを勧めたい。一般に，学部教育の中で脳磁界や機能的磁気共鳴画像を記録する機会に恵まれることは稀である。機会があれば大学院や研究機関等の実験参加者として経験すると知識の補強ができると考える。

16.2節 ｜ 公認心理師との関わり

　公認心理師となるために大学等で修めるべき科目は25科目・大学院で修めるべき科目は10科目である。公認心理師の養成課程，特に学部教育の特徴は，厚生労働省が所轄する他の国家資格の養成課程と比べて，この仕事がよって立つ学問領域すなわち心理学全般への理解を促すカリキュラムになっていることにある。このことは，公認心理師資格の成立に関わった多くの先人が，学問に対する揺るぎない尊崇の念をもって公認心理師の教育課程を設計したことを表し，長く役に立つ専門職であるために，また長く役に立つ人であるためには，その基盤として心理学全般への深い理解が必要であると考えた結果であろう。

　「神経・生理心理学」は，公認心理師の受験資格を得るために大学教育で単位取得すべき必須科目であり，こころの基盤を理解する科目である。そうした意味で仕事に直結した学問領域といえよう。

16.3節 職場での合理的配慮と神経・生理心理学

　1970年，障害者の自立および社会参加を支援するための施策の推進を目的に，「障害者基本法」が施行された。2016年，すべての人が人格と個性を尊重し合いながら共生する社会の実現に向けて，「障害を理由とする差別の解消の推進に関する法律」（障害者差別解消法）が施行された。障害者差別解消法の改正では，障害の有無や軽重にかかわらず，一人ひとりの特性によって発生する障害・困難さを取り除くための合理的配慮の提供が，すべての事業者に義務化された[1]。

　合理的配慮には，その前提として個々人の特性や困りごとに対する正しい理解が必要である。「神経・生理心理学」は，発達障害における前頭葉と側頭頭頂接合部のネットワークの脆弱性や感覚過敏における視床下部や視覚野・聴覚野の活動の問題点を明らかにしてきた。それらの知識は，発達障害児・者の困りごとや行動への正しい理解を助ける。また，ストレスによる心身の不調は，誰にとっても他人事ではなく，自身や他者を科学的かつ客観的に評価する神経科学の視点は重要と考える。心理学を学んだ学生諸君が，多様な「個」を認め合い，合理的配慮を提供し合える一人になることを願う。

16.4節 仕事に役に立つこと

　学会のシンポジウムなどに参加すると，そのテーマが技術的なものでない場合であっても，オーガナイザーがその内容を"明日からの○○に役に立つ内容であった"とまとめるようなことを見聞きする。しかしながら，ある学問が役に立つかどうかを決めているのは，その場で議論された学問そのものの価値ではなく，多くの場合は，その時点でその情報を受け取る側の力や立場さらに時勢を反映している。公認心理師に話を戻すと，その業務が国民のこころの健康の保持増進に寄与することを求められている以上，支援を必要とする目の前の人を助ける，つまり役に立つ力をもつ必要があることはいうまでもない。

　しかしながら，ある時点で役に立つとされるものの中には，短期間のうちにその有用性を失うものがある点を見逃してはならない。そのようなとき，学問は時代を超えて，"ああそういうことだったか"と腑に落ちるようなタイミングを与え，また"こうするとよいかもしれない"と未来を拓く力を

発揮するだろう。「神経・生理心理学」の知見は，そうした機能を内在していると考える。

　近年の機械学習を実装した人工知能（artificial intelligence：AI）の進化で，"AIが仕事を奪う"という表現を見聞きする。単純作業で繰り返しの多い仕事は代替されるかもしれないが，複雑なクリティカル・シンキングや物事を抽象化する力，多様な情報をもとに総合的に考える力，共感する力，今までにないものを創造する力など，人の神経系が進化の過程で獲得した優れた能力を必要とする仕事は容易にAIに代替されることはない。一方で，AIで感情を読み取る，バーチャルリアリティーで他人になりきることでこころに変化が現れる，トラウマの治療にバーチャルリアリティーが使われるなど，最新技術は新たな仕事を創生しつつある。そのような新しい技術が人の神経系にどのような影響を与えるか，「神経・生理心理学」と仕事との関わりは新たな段階を迎えていると考える。

〈引用文献〉

1．橋本創一・近藤武夫・梅永雄二・髙橋 智（2018）．合理的配慮ってどんなこと？．心理学ワールド, *81*, 21-28.

参考図書

荒木 力(2014). 決定版 MRI 完全解説 第 2 版. 秀潤社

浅場明莉(2017). 自己と他者を認識する脳のサーキット. 共立出版

Bear, M. F., Connors, B. W., & Paradiso, M. A.(2007). *Neuroscience: exploring the brain*(3rd ed.). Lippincott Williams & Wilkins.(加藤宏司・後藤 薫・藤井 聡・山崎良彦(監訳) (2007). 神経科学. 西村書店)

Carlson, N. R.(2013). *Physiology of behavior*(11th ed.). Pearson Education.(泰羅雅登・中村克樹(監訳) (2013). 第 4 版 カールソン 神経科学テキスト. 丸善出版)

Gazzaniga, M. S., Ivry, R. B., & Mangun, G. R.(2014). *Cognitive neuroscience: the biology of the mind*(4th ed.). W. W. Norton & Company Inc.

開 一夫・長谷川寿一(編) (2009). ソーシャルブレインズ. 東京大学出版会

Huettel, S. A., Song, A. W., & McCarthy, G.(2014). *Functional magnetic resonance imaging*(3rd ed.). Sinauer Associates.(福山秀直(監訳) (2016). fMRI：原理と実践. メディカル・サイエンス・インターナショナル)

Kandel, E., Schwartz, J., Jessell, T. M., Siegelbaum, S. A., & Hudspeth, A. J.(Eds.), (2013). *Principles of neural science*(5th ed.). McGraw-Hill.(金澤一郎・宮下保司(監訳) (2014). カンデル神経科学. メディカル・サイエンス・インターナショナル)

工藤佳久(2021). 改訂版 もっとよくわかる！脳神経科学. 羊土社

Martin, J. H.(2012). *Neuroanatomy : text and atlas*(4th ed.). McGraw-Hill.(野村 嶬・金子武嗣(監訳) (2015). マーティン カラー神経解剖学 第 4 版. 西村書店)

宮川博義・井上雅司(2013). ニューロンの生物物理 第 2 版. 丸善出版

宮内 哲(2013). 脳を測る. 心理学評論, 56, 414-454.

宮内 哲・星 詳子・菅野 巌・栗城眞也・徳野博信(編) (2016). 脳のイメージング. 共立出版

Pinel, J. P. J.(2003). *Biopsychology*(5th ed.). Pearson Education.(佐藤 敬・若林孝一・泉井 亮・飛鳥井 望(訳) (2005). ピネル バイオサイコロジー. 西村書店)

嶋田総太郎(2019). 脳の中の自己と他者. 共立出版

鈴木良次・辰巳仁史・宮原英夫(編著) (2020). 知っておきたい 医工計測技術入門. 朝倉書店

渡辺雅彦(2017). 脳神経ペディア. 羊土社

練習問題の答え

第1章
1. c, d
2. c, e

第2章
1. b, d
2. a, d

第3章
1. a
2. a, d

第4章
1. d
2. a

第5章
1. b, e
2. a, c, e

第6章
1. c, d
2. b

第7章
1. b
2. e

第8章
1. e
2. d

第9章
1. a, e
2. b, c

第10章
1. a, c, d
2. b

第11章
1. a, c, e
2. a

第12章
1. c, d
2. a, c, d

第13章
1. b, c, e
2. a, d

第14章
1. c, e
2. a, e

第15章
1. a, c
2. b, c, f

索引

事項索引

数字・英文

や行

ら・わ行

著者紹介（カッコ内は担当箇所）

早川　友恵（2章, 4章, 6章, 7章, 8章, 10章, 11章, 15.1節, 15.2節, 16章）
帝京大学文学部心理学科　教授。博士（心理学）。

田邊　宏樹（1章, 3章, 5章, 9章, 12章, 13章, 14章, 15.3節, 15.4節）
名古屋大学情報学研究科心理・認知科学専攻　教授。博士（医学）。

NDC 140　　239 p　　21 cm

公認心理師ベーシック講座　神経・生理心理学

2022年 1 月25日　第 1 刷発行
2024年 3 月22日　第 3 刷発行

著　者　　早川友恵・田邊宏樹
発行者　　森田浩章
発行所　　株式会社　講談社
　　　　　〒112-8001　東京都文京区音羽 2-12-21
　　　　　　　　販　売　(03) 5395-4415
　　　　　　　　業　務　(03) 5395-3615
編　集　　株式会社　講談社サイエンティフィク
　　　　　代表　堀越俊一
　　　　　〒162-0825 東京都新宿区神楽坂 2-14　ノービィビル
　　　　　　　　編　集　(03) 3235-3701

本文データ制作　　株式会社双文社印刷
印刷・製本　　株式会社ＫＰＳプロダクツ

KODANSHA

Printed in Japan

ISBN 978-4-06-526215-3